# 突破与贯通：

## 不确定常态下组织持续性变革与转型

TUPO YU GUANTONG:
BUQUEDING CHANGTAIXIA ZUZHI CHIXUXING
BIANGE YU ZHUANXING

潘　琼　著

中国财经出版传媒集团
中国财政经济出版社

**图书在版编目（CIP）数据**

突破与贯通：不确定常态下组织持续性变革与转型／潘琼著．－－北京：中国财政经济出版社，2023.9

ISBN 978－7－5223－2444－9

Ⅰ．①突…　Ⅱ．①潘…　Ⅲ．①企业升级－研究－中国　Ⅳ．①F279.2

中国国家版本馆 CIP 数据核字（2023）第 160457 号

责任编辑：李筱文　　　　责任校对：胡永立
封面设计：王　颖　　　　责任印制：党　辉

**突破与贯通：不确定常态下组织持续性变革与转型**
**TUPO YU GUANTONG：**
**BUQUEDING CHANGTAIXIA ZUZHI CHIXUXING BIANGE YU ZHUANXING**

中国财政经济出版社 出版
**URL**：http：//www.cfeph.cn
E－mail：cfeph@cfeph.cn

社址：北京市海淀区阜成路甲 28 号　邮政编码：100142
营销中心电话：010－88191522
天猫网店：中国财政经济出版社旗舰店
网址：https：//zgczjjcbs.tmall.com
北京财经印刷厂印刷　各地新华书店经销
成品尺寸：170mm×240mm　16 开　16.75 印张　181 000 字
2023 年 9 月第 1 版　2023 年 9 月北京第 1 次印刷
定价：76.00 元
ISBN 978－7－5223－2444－9
（图书出现印装问题，本社负责调换，电话：010－88190548）
本社质量投诉电话：010－88190744
**打击盗版举报热线：010－88191661　QQ：2242791300**

# 前言

外部环境变化的持续性和不确定性，使得企业时刻都面临着“组织—环境”的冲突。一方面，外部环境的极大变化性使得组织面临着连续不断的“不适应感”；另一方面，外部环境变化的不确定性使得组织常常面临着无法预知的冲突。在环境相对稳定的背景下，组织通常在一段时期内主要面临着某一种特定的冲突，并通过解决冲突进入相对稳定的下一阶段，而不确定性常态下，组织往往在响应某一种冲突的同时遭遇新的冲突，或者组织响应冲突行为引发新的冲突。那么，不确定性常态下组织应该如何行动以响应或承载冲突？进一步讲，组织如何转向更加适应不确定性常态情景下的变革过程，以获得更好的发展？

显然，在不确定性常态化环境下，试图通过建立明确的变革目标，遵循计划式变革执行过程达成组织的持续发展就显得非常困难了。为了适应快速变化的环境，持续性变化视角逐渐获得关注。持续性变化视角强调组织变革是外部环境与组织交互影响产生的结果，为理解冲突常态下的组织变革过程提供基础。通过对现有理论的总结，持续性变革对于组织适应和承载冲突，获得良好发展已经得到广泛的认同，然而组织持续性变革的驱动机制及实现路径仍然有待进一步地研究。

因此，本书围绕核心问题，具体从三个方面展开讨论：一是组织层面冲突响应过程如何影响持续性变革；二是场域层面的冲突承载过程如何影响持续性变革；三是传统组织如何实现间断性变革到持续性变革的转换。

通过对三个核心问题的分析，本书主要得出以下几个结论：

第一，动态双元能力是促成组织持续性变革的内核动力。通过对天府 TV 案例分析，发现传统的双元学习过程在“组织—环境”冲突常态下遭遇挑战：组织对于之前识别的冲突所作出的响应和学习过程常常遭遇新的“组织—环境”冲突而被打断。在连续、即兴的“探索—利用”学习转换的冲突响应过程中，动态双元能力逐渐生成并带动组织持续性变革。从利用学习转向探索的过程中，组织打破行为惯性，得以把握冲突带来的机会；从探索学习转向利用学习的过程中，组织聚焦核心资源与能力，降低冲突带来的不确定性风险。

第二，组织场域作为承载“组织—环境”冲突的空间，其变化过程直接影响组织持续性变革过程，构成组织持续性变革的系统动力。通过对云南农垦的深入分析，发现组织场域作为承载多重制度逻辑冲突的空间，其变化过程推动了持续性变革状态的转换。场域总是处于动态变化中的。在组织场域由单一到复杂、从整体到分化的过程中，场域内制度逻辑之间的冲突性逐渐显性化；场域内制度逻辑之间的冲突显性化导致非预期变化输出，促使组织从“解冻”状态进入“冻结”状态，随后转向“再平衡”的变革状态；场域内制度逻辑之间的冲突由显性转向隐性，输出预期变化，推动组织由“再平衡”状态转向“解冻”状态。

第三，冲突贯穿于组织变革和发展过程，传统组织从间断性变革转向持续性变革模式经历“迁移—受挫—尝试—选择”的过程。在简单冲突阶段，间断性变革能够帮助组织快速地应对冲突，解决困境。这样的认知和行动模式自然被迁移到下一阶段，然而随着环境的变化，间断性变革模式使得组织不但没有解决问题，反而被带入更复杂的冲突情景中。嵌套冲突的出现是企业从间断性变革转向持续性变革的重要激发情景。通过与前期思维和行动方式的对比，企业开始由变化跟随转换到变化融合，进行核心价值回溯，关注冲突双方的关联性和成员之间的联动。经历了各种尝试过程，持续性变革被选择出来，并逐渐惯例化。

第四，建立组织持续性变革适应机制从不同的主体出发，有两个不同的路径：一是组织成员协同带动的场域活跃过程。行动主体协同主要表现在两个方面：主动性创新和互助性响应。其中，主动性创新有利于行动主体能动地、快速地回应冲突，互助性响应则有利于形成行动主体之间的合力，以更好地推动创新。二是以领导者为中心带动的场域活跃过程——克制承接、角色后退和即时复盘。克制承接使得企业在抓住新趋势的同时，又留出了调整的空间，以更低的成本、更快的反应进行尝试。角色后退，即领导者不再是科层结构中最前端的变化感知传递者、变革掌控者，而是向后退，将更多的主动性释放给组织成员和业态系统中的各个关联者。即时复盘体现了领导者在角色后退之后的“托底”作用，避免团队成员在创造上过于分散，造成资源和能力的耗散。

通过对三个核心问题的论述，本书进一步探索了组织持续性变革过程的驱动机制，分别揭示了组织持续性变革的内核动力和系统动力，建立了组织从间断性变革到持续性变革的转换过程机制，为大量的管理实践者带来启示，基于归纳式提炼，构建了冲突常态下的持续性变革适应机制，并基于组织成员和领导者两个不同侧面构建了促进场域活跃的动态过程机制，对近年来倡导的超越冲突视角的冲突认知和应对作出了进一步的探索。

潘琼

2023 年 6 月

# 目 录

# 第1章　绪论

随着环境变化越来越快，不确定性常态化使得企业时刻面临着“组织—环境”冲突。不确定性常态下组织应该如何行动以响应或承载冲突？组织如何转向更加适应不确定性常态的变革过程，以获得更好的发展？持续性变化视角有利于重新审视冲突与组织变革之间的关系，为理解冲突常态下的组织变革过程提供基础。然而，回顾现有研究作者发现，虽然对于组织变革的研究取向逐渐从间断性变化到持续性变化转移，但是目前持续性变化取向下的变革研究仍然处于起步阶段，为本书结合组织学习理论和场域理论进一步探究冲突常态下的组织持续性变革机制的动态理论留下了空间。本章简要阐释研究问题产生过程、研究内容框架，并对涉及的核心概念、研究方法和创新点进行概述。

## 1.1　研究背景

### 1.1.1　现实背景

近年来，随着国际形势动荡加剧、移动互联网迅速推进、国内经济发展模式转型等，企业面临的不确定性和变化更加凸显。组织变革是组织适应环境变化，获得良好发展的唯一选择，然而不确定性和变化性的加剧让组织变革面临着很大压力。环境不确定性和快速变化让组织处于前所未有的冲突局面中。对于企业而言，不确定性常态化主要带来的挑战表现在两个方面：一是变化的持续性。外部环境的极大变化性使得组织面临着连续不断的“不适应感”。在环境相对稳定的背景下，组织通常在一段时期内主要面临着某一种特定的冲突，并通过解决冲突进入相对稳定的下一阶段[1]。而在当前背景下，技术更迭频繁，新趋势不断涌现，组织往往在响应某一种冲突的同时又会遭遇新的冲突，或者组织响应冲突的过程引发新的冲突。例如，在短短几年时间，信息技术实现了从 2G 到 5G 的发展，随之带来商业模式的不断更迭，新型商业模式不断涌现。例如，一些传统零售企业仍在进行传统电商模式和新零售布局的时候，直播电商等模式已然成风，抢占了大部分市场。

二是变化的不确定性。外部环境变化的不确定性使得组织常常面临着无法预知的冲突。著名的家电企业美的总裁方洪波在 2019 年的演讲中说：“以后每一年我们都要面临这样一个混乱的状态，混乱的现实，而不是我们以前想象的那样：每年都会增长。”① 又如近几年来国际供应市场和消费市场异常动荡，部分中国企业相继遭遇了美国政府和企业的技术制裁与垄断。2019 年 5 月 15 日，美国宣布将把华为及其子公司列入出口管制的“实体名单”，随后日本禁止华为使用美国芯片

① 不确定性将成常态，美的开启新一轮变革 https：//www. dahebao. cn/news/1341045？cid = 1341045.

设计软件、禁止含有美国技术的代工企业生产芯片给华为等类似的事情不断出现。冲突的不确定性意味着组织无法拥有一个明晰的变革目标，更不用说制定相应的变革战略了。华为公司的领导人任正非曾在访谈中提及“灰度哲学”①，认为组织面临着一种混沌常态，只能在方向上保持大致正确。冲突的不确定性还表现在变革过程中常常出现非预期结果[2]。例如，在企业的转型过程中，原本已经成功的商业模式突然被资源更加丰富的跨行业竞争者复制、一些商业尝试遭遇政策改革而不得不停止或者改变方向等。

显然，在不确定性常态化环境下，试图通过建立明确的变革目标，遵循“解冻—变化—冻结”的计划式变革执行过程[1,3]达成组织的持续发展就显得非常困难了[4]。为了回应快速变化的环境和持续的冲突，一些学者认为快速变化下的组织变革过程在于持续的调整[5,6]。这种持续的调整过程让组织在冲突情形下展现出更好的适应性和突破性，如本研究中重点关注的案例之天府 TV。天府 TV 的成长与转型过程可谓是传统传媒转向互联网时代的一个典型样本，它曾经是成都电视台下属的事业单位，以音像出版为主营业务。然而，随着时代的发展，传统的音像市场被新的影音技术和产品占据，大量的音像社只能寻求转型。天府 TV 的转型历程令人感到意外的是，它几乎不具备任何传统意义上的资源、地位和能力优势，但却凭着数十年不断的尝试、调整，最后摸索出一条自己的道路，并开始为同行业的企业转型输出经验和模式。类似于天府 TV 这样的转型过程更像是卡尔·维克提及的“苍蝇

① 任正非：《管理的灰度》，中信出版社 2010 年版。

故事”①，组织不断在环境这个“瓶子”中试探、碰撞、挫折、再尝试，最后有了出路。除了缺乏资源优势、能力储备，作为传统国有企业中的一员，成都音像出版社与其他国有企业类似在探索市场化的进程中受到较多的制度上和行业上的限制。这些约束随着环境的不确定性被放大，让组织发展过程充满冲突。同时也看到，天府 TV 能够在冲突常态下保持积极的行动调整，甚至在一次又一次的冲突刺激下不断更新企业发展模式。天府 TV 无疑是成功的，但更多的企业却在变化浪潮中沉寂，甚至消失。以同在文化传媒行业的书店行业为例，2010 年左右在电商模式的冲击下，全国一半以上的书店倒闭②；大量传统的百货零售商场也在电商、新零售等不断涌动的新趋势下应对乏力，相继缩减店面，甚至直接关闭③。那么，冲突常态下组织应该如何行动以响应或承载冲突？组织如何转向更加适应不确定性常态化的变革过程，以获得更好的发展？

### 1.1.2 理论背景

持续性（涌现式）变化视角④[5,7]给新时期的组织变革研究和实践都带来了很大的启发。持续性变化视角是建立在对间断性（计划式）变化视角反思的基础上提出的，该视角认为组织变革并不限于线性、

---

① 源自“苍蝇和蜜蜂”实验，研究者把 6 只苍蝇和 6 只蜜蜂放到一个玻璃瓶中，用光线照射封闭一端，没有光线一端有一个逃出口。实验结果是：6 只蜜蜂全部死在里面，6 只苍蝇悉数成功逃生。参见：卡尔·维克：《组织行为心理学》，贾柠瑞、高隽译，中国人民大学出版社 2009 年版。

② https：//tech. qq. com/a/20110803/000424. htm 新一轮传统书店倒闭潮到来独立书店何处安身？

③ https：//36kr. com/p/1511119794149120 中国最大百货公司，何解关店潮？

④ 为了厘清相似概念，特此说明：持续性变化是一种基于过程去审视组织的认识论，持续性变化作为认识论可以被运用到不同的研究领域，如组织变革、创新创业等；相对的是间断性变化；持续性变革是指在持续性变化下看待和理解的组织变革过程，与此对应的是间断性变革。

计划的过程，还受到内外部情景等多方面因素的影响[8-11]。在持续性变化模型中，组织是一个自然且持续经历变化以获得生存的复杂非均衡系统，这个系统不仅涉及组织自身，还包含影响组织的外部要素[12,6]。在持续性变化视角下，传统的组织外部环境并不只是组织变革的背景板，而是构成组织变革的一部分。组织与外部主体互动所呈现出的过程即为组织变革过程，这样的变化过程具有涌现性和持续性[9,13,14]。在这个过程中，变化需要以不均衡作为推动力，存在是一个在组织与环境之间自然发生的"震荡"状态[6]。在持续性变化视角下，组织变革可能在无意识、自发性和缓慢过程中完成，不稳定且偏离均衡状态的内外部关系为这一过程提供了原动力[16,2]。基于持续性变化视角和已有的相关研究的理解，组织变革并非只是组织层面变革行动的过程，也不仅是组织变革行动的结果，而是隐藏在不稳定的、非均衡的内外部情景与组织行动的连续交互过程之中[14,15]。因此，持续性变化视角有利于重新审视冲突与组织变革之间的关系，为理解冲突常态下的组织变革过程提供基础。

然而，回顾现有研究作者发现，虽然对于组织变革的研究取向逐渐从间断性变化到持续性变化转移，但是目前持续性变化取向下的变革研究仍然处于起步阶段，为本书结合组织学习理论和场域理论进一步探究冲突常态下的组织持续性变革机制的动态理论留下了空间。

首先，当前对于持续性变革的研究多应用于西方企业情景，因此研究者多数从相对微观的、组织内部的活跃交互过程探索变革的涌现[5,16,17]，这样的关注侧面与转型时期的中国经济背景和企业现象观察存在差异。西方文化中的个体主义倾向和完全的市场经济使得企业组织具有更大的自主权，组织成员的活跃度也相对比较高。相对而言，中国企业经历了很长时间的计划经济时期而后转向市场化改革，同时在改革的过程中企业受到国家层面的指导，尤其是那些市场导向的国有企业组织[18]，其发展过程更是紧密地嵌入在经济体制改革和社会变迁之中，面临着复杂的、变化快的外部环境。因此，有必要将持续性变化视角结合中国情景进行拓展，更加关注组织与环境的交互过程以发展更加贴合中国本土实践的理论。

其次，基于持续性变化的过程基点（Process - oriented），现有对持续性变革的研究着眼于揭示组织变革的过程如何[19]，强调了不同主体之间的交互过程，并在这个过程中关注了外部情景、管理者认知等发挥的作用[20]，尤其是研究者提出了持续性变革下领导者的领导模式需要发生改变，以更好地发挥出组织成员的创造力[21,22]，维持可持续的组织发展与变革。然而，目前这方面的研究还处于理论上的推演和建构的阶段，尚需要大量的研究结合实证数据或者案例从比较全面和系统的角度探究冲突常态下组织持续性变革适应机制。

最后，企业（尤其是一些成功的传统组织）对于组织和变革的认知是具有一定的惯性的[23]。现实中越是成功的企业往往也越容易在新的技术或者市场变化面前陷入“成功陷阱”而无法适应变革要求[24]。企业总是倾向于选择与自身惯例一致的输入，而不愿改变自身惯例去迎合输入方面的要求，从而使得其原本就内隐的惯例更加具有持续性，即便是在发生外部变革时也不容易改变。因此，对于不确定性常态下的企业而言，通过持续的学习来提高认知和判断新环境的能力，减少对以往经验的依赖是建立新情景下适应机制的必经过程[25]，这意味着间断性变革和持续性变革之间需要具有贯通的可能性。因此，关注企业如何逐渐转向和适应持续性变革，即建立间断性变革到持续性变革之间的贯通和转换机制很有必要。

## 1.2 研究问题及内容框架

环境不确定性使得冲突成为组织面临的常态，使得大量的企业实践者陷入困境中。通过对现有理论的总结，持续性变革对于组织适应和承载冲突，以获得长期的发展已经得到广泛的认同，然而持续性变革如何展开及其实现路径等仍然有待进一步的研究。研究的最终目的是建立冲突常态下组织持续性变革适应机制。为了回答这个问题，我们主要进行了两大板块的研究：一是组织持续性变革过程是如何展开的，以及是什么在推动组织持续性变革过程；二是传统组织如何实现从间断性变革到持续性变革的转换并建立持续性变革适应机制。结合冲突与组织变革相关研究成果的发展，作者进一步细化了本书的研究问题，子研究一和子研究二分别从组织层面和场域层面探究了组织持续性变革的内外部动力，主要回答第一个板块的研究问题。子研究三关注不同变革思维的转化过程，聚焦于从冲突响应到冲突承载的变化过程，主要回答第二个板块的问题。各个子研究的具体内容如下：

### 子研究一：组织的冲突响应过程与持续性变革

组织学习是组织持续努力改变或不断调整自身以适应持续变化的

环境的过程[26]。探索与利用是两种广泛应用的组织学习方式，已有研究大多聚焦如何使探索与利用处于相对均衡的状态[27-28]，从而达成组织的可持续发展，并相继提出了时空间分割[29]、结构分割[30]、情景双元[31]等均衡策略。然而，无论是时序双元还是结构双元，都是假定外部环境相对稳定，关注依靠组织自身实现“探索—利用”之间的平衡，具有一定的规划性且依赖于组织资源、结构和能力。对于一些面临众多冲突的企业而言，想要一开始就达成探索与利用的平衡显然是极具挑战的[32]。

为了实现对不确定性常态下的组织响应冲突过程的刻画，研究在对过程的诠释方式上进行了创新，以事件路径的方式将组织变革过程打开。同时，基于已有研究中双元学习的定义，将组织行动诠释到探索—利用两种学习行动上。探索指的是搜索、创新、尝试等；利用指的是复制、重组、借鉴等。研究发现，在大量的冲突约束下，企业往往需要经历长时间的从探索到利用，从利用到探索的交替过程，探索与利用两种学习方式的交替能够帮助组织在响应冲突的同时，减少变革行动带来的风险。两个学习方式不断交替的过程中逐渐生成组织双元能力，驱动持续性变革。

### 子研究二：场域的冲突承载过程与持续性变革

这部分主要探究环境在推动组织持续性变革中的作用机制。每个组织都存在于特定的物理、技术、文化和社会环境中，并与之相协调以不断演化、良性成长。环境，指的是组织之外的所有影响组织生存和实现目标的能力的重要因素[33]。环境包括作为组织服务对象和向组织提供为达到其目标所需资源的客户、制约机构或者顾客。除此之外，环境还涵盖了更广泛意义的文化背景、社会制度安排等。为了更加简洁和准确地刻画与组织最相关的环境，本部分引入场域的概念[34]。组织场域是围绕组织的主要供应商、消费者、监管机构以及其他生产类似服务或产品的组织，从这个角度看，场域概括的是组织相关行为者的总和[35]。包含一切与议题相关的组织和个体[36]，因此场域提供了一种对围绕在组织周围的环境的界定方式[37]，是承载组织与环境冲突的情景空间[38]。组织场域作为宏观制度环境与微观组织（个体）之间的中间层次，在这个层次上，不同的、相对隐性的制度逻辑[39]才会降低其抽象程度，显现为具体的惯例、实践和日常行为，表现出具体的冲突情景并给组织造成实质性压力[40]。

场域冲突表征的是组织与其密切相关的环境主体（包括相关企业、监管机构、顾客等）之间不协调、不相容的情景。本部分研究探索了场域冲突与持续性变革之间的关系，特别地根据已有研究对于变革过程中非预期结果的关注[2]，作者将预期与非预期结果纳入变革轨迹的刻画之中，建立场域冲突推动组织持续性变革的作用机制。

### 子研究三：组织冲突响应到冲突承载的变革思维转换过程

对于大量的组织，尤其是传统行业的组织而言，间断性变革模式和思维具有强大的惯性[41]，越是成功的企业往往也越容易在新的技术或者市场变化面前陷入“成功陷阱”而无法适应变化[24]，企业总是倾向于选择与自身惯例一致的输入，而不愿改变自身惯例去迎合输入方面的要求，从而使得其原本就内隐的惯例更加具有持续性，即便是在发生外部变革时也不容易改变。另外，作为影响组织发展核心的企业家也会因为过去的经历而陷入“能力陷阱”[42]，如那些在过去取得较大成功的组织领导者越容易满足于以往的绩效水平，并且具有更高的目标和自我效能感，更加执着于自己以往所采用的战略举措也因而具有较弱的从危机中搜索信息的能力。著名的家电企业美的总裁方洪波在2019年的演讲中说道：“问题出在主席台，问题出在管理层。”充满着不确定的环境，给包括美的在内的所有企业带来的最大的压力就是如何打破自我习惯。因此，当发生剧烈的环境变化时，以往的成功经验反而有可能使企业家陷入“胜任力陷阱”产生所谓的“成功悖论”现象。因此对于冲突常态下的企业而言，通过持续的学习来提高认知和判断新环境的能力，减少对以往经验的依赖是建立新情景下适应机制的必经过程[25]。本部分研究按照“冲突表现—组织行动—行动结果”的逻辑对两家典型企业进行了纵向的对比案例分析，发现冲突与组织行动之间的交互影响过程，揭示了组织从间断性变革到持续性变革的转换过程。通过子研究二已经知道，场域是影响冲突与组织行动交互的重要情景。一方面在场域视角下，组织不是孤立于外部环境的一个实体结构，而是场域内交互关系中的一部分；另一方面，外部环境变化会通过场域过滤为影响到组织的具体压力和冲突[31]，因此场域的变化将直接影响冲突与组织行动的交互过程。因此，本部分立足于如何实现持续的、良性的场域互动进行编码，构建了冲突常态下的组织持续性变革适应机制。图1-1简要展示了本书的核心内容框架。研究将持续性变革作为组织在冲突常态下实现持续成长的核心过程，围绕组织持续性变革如何展开，发展持续性变革适应机制展开讨论，期待更加逼近现实情景而形成理论创新。

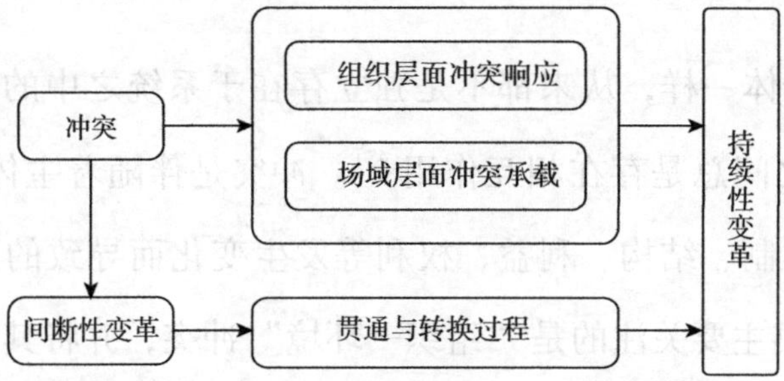


图1-1 内容框架

# 1.3 核心概念界定

## 1.3.1 持续性变革

持续性变革通常用来描述持续进行中的、演化的、积聚的组织变革[5]。这类变革通常被认为是涌现性的，这意味着它是“在没有明确的先验意图的情况下实现一种新的组织模式”，是基于工作流程和社会实践的持续更新。持续性变化是相对于间断性变革[1,3]而言的。间断性变革具有比较明确的目标导向，能够完成预期目标成为评判变革是否成功的标准，因此相关研究重点关注了变革的动因、影响变革成功的主要因素以及管理者及相关人员如何实施变革过程。与此相反，持续性变革则具有明确的过程导向，相关研究主要关注变化过程是如何发生的。

### 1.3.2 冲突

组织与个体一样，从来都不是独立存在于系统之中的，相关的主体（组织）之间总是存在相互作用[43]。冲突是伴随着主体之间活动，由于环境、体制、结构、利益、权利等发生变化而导致的互相对立的过程[44]。本书主要关注的是“组织—环境”冲突，并将其定义为场域冲突。场域冲突表征的是组织与其密切相关的环境主体（包括相关企业、监管机构、顾客等）之间不协调、不相容的情景，这种情形下组织感觉到约束与威胁。同时，组织环境是动态变化的，“组织—环境”冲突也总是处于不断变化之中。在具体的分析过程中，“组织—环境”冲突可以表现为组织与合作者（竞争者）之间的冲突、组织与监管部门的冲突、组织与消费者等相关主体之间的冲突。

### 1.3.3 双元学习

组织学习是组织成员不断获取知识、改善自身的行为和优化组织的体系，以在不断变化的内外环境中使组织保持可持续生存和健康和谐发展的过程[26]。March 将组织学习分为探索和利用两种行动[45]。其中利用强调的是在已有的经营活动领域内，整合资源、知识、能力，以满足短期效率的提升；探索则强调企业不断发现新的机会进而拓展业务空间，更多倾向于改变、试验、冒险、应变。对应到组织层面的战略调整和变革，探索往往意味着多元化和具有区分度的行为；利用则往往意味着组织聚焦化和缩小差异化的行为。随着研究的发展，探索—利用的含义逐渐被拓宽，延伸企业创新[46]、组织适应[47]等方面。

### 1.3.4 组织场域

场域是介于宏观社会环境与微观行动者之间的实践空间。经过场域的重新构造后，原本间接作用于置身在特定场域中的行动者的外在经济、政治、文化等情景要素将直接对场域成员产生影响[48]。DiMaggio 和 Powell 定义的组织场域为关键供应单位、产品资源、消费对象、监管单位和与此含义接近的产品或服务提供单位的集合[49]。在场域中，相对抽象的制度逻辑变得具象化，显现为具体的惯例、实践和日常行为，从而对场域中的行动主体产生影响。

## 1.4 研究方法及技术路线

### 1.4.1 整体研究范式

基于本研究的基本问题，作者希望从“问题导向”和“实践导向”[50]的背景下为组织变革与转型领域的研究作出贡献，为此采用了过程研究范式[51]对全书进行了整体设计。与因素理论化关注变量之间的关系不同，过程理论化关注事物或现象随时间的变化，是对现象随时间如何涌现、演化和终止的概念化和理论化建构。高度重视时间性，是过程研究范式的主要特征。这一范式强调时间是“唯一我们无法逃离和回避的事物”[52]。不仅改变、变革、演化等概念明示了时间性，稳定和均衡也应被视为动态过程在当下的暂时性结果[53]。那些看似稳定的事物其实并不是给定的，而是在持续互动的过程中被构建并不断发展的[54]。

过程研究范式根植于过程本体论，过程研究学者坚持的共同信念是世界由过程而非实体构成，万事万物处于不断生成、持续演化的状态。过程本体论视角下，组织是一个动态的特质集合，其中一些特质比另一些更持久，但是不存在永恒不变的事物和要素，而实体本体论则视组织为具有内在恒久特征的主体。Baygi 等进一步指出，实体本体论下，先有实体，然后实体间进行互动，其行动为主动性地“做”，但是在过程本体论中，并不存在预先存在的实体，而是先有活动和互动，然后实体被创造、被感知、被实现并不断变化，实体是在具体的过程中被动地经历着变化[55]。由于主观能动性在组织形成和发展中发挥关键作用，所以经验会影响主体，促进现象的持续改变。时间性强调事件、活动等都有时间上的先后顺序，而且以绵延方式产生影响，使过去、现在和未来成为一个不可分割的整体[54]。表 1 - 1 对过程研究范式与实体研究范式进行了比较。

**表 1 - 1　　过程研究范式与实体研究范式的比较**

| 特征比较项 | 过程研究范式 | 实体研究范式 |
|---|---|---|
| 本体论 | 世界由过程而非实体构成，万事万物处于不断生成、持续演化的状态 | 世界的基础是实体或存在，世界由事物或实体构成 |
| 组织假设 | 一个动态的特质集合，不存在永恒不变的事物和要素 | 组织为具有内在恒久特征的主体 |
| 变化的驱动因素聚焦点 | 内生的，活动逐渐产生实体 | 外生的，实体之间的关系发生变化变量，实体，相关关系，或然性结果 |
| 知识产出 | 过程（知“何”）型知识生成机制 | 对象（知“是”）型知识预测性规律 |

续表

| 特征比较项 | 过程研究范式 | 实体研究范式 |
|---|---|---|
| 图示 | 方框代表事件、活动、互动等箭头代表时间先后 | 方框代表变量箭头代表因果关系 |
| 模型化 | 由时间维度串联起来的过程模型 | 聚焦于变异量（方差）统计分析的线性或“U”形、倒“U”形模型 |

注：根据 Cloutier 和 Langley（2020）、王凤彬和张雪（2022）等资料整理。

社会科学研究过程是提出疑问，并通过一系列的研究验证回答疑问，最终建立一般性规律的过程[56]。更具体地，研究者需要在现象观察与现有理论之间反复对比与提炼，从而涌现出有价值的洞见。对于本研究而言，研究困惑的来源则更多始于观察到部分企业转型和组织变化现象，并与之前的研究进行对比，发现这些企业所经历的变化过程和路径无法用传统视角得以很好地解释，需要在理论上寻找新的视角，建立新的理论。在大致确定了研究方向以后，明确了研究更倾向于揭示尚未被充分解释的过程性问题，适合采用探索性的案例研究方法展开。按照案例研究的固有逻辑及本书研究的实际情况，涉及研究现场、数据收集、数据分析和模型构建四个模块的工作。本部分内容将在全书的第3章研究方案设计中进行更为详细的说明。

## 1.4.2　研究现场

通过前期对于组织变革与转型领域的研究梳理，并结合团队对于大量企业的调研，最终将本研究的研究现场框定在具有独特性和典型性转型和变化过程的企业组织。最终，作者从研究团队案例库中选择了其中四个企业作为本研究的重点分析对象。天府TV作为最早进行分析的对象，在与之前研究的对比之下，发现其能够在不具备传统优势（资源、能力、市场等），并不断受到外部干扰的情况下通过不断摸索成为行业内转型的标杆。从这个案例中，持续性变革视角被引进来，以更好地解释和解构组织变革过程。此外，本书的重点案例还有云南农垦集团，一家经历20年左右、曲折完成政企分离进入市场化发展的国有组织；寺库，一家在内外冲突中不断突破，从传统的奢侈品鉴定服务商成长为国内领先的高端生活方式平台企业；返空汇，一家基于传统物流运输产业进行互联网创业，并从消费互联网模式转为行业内产业互联网实践的典型。

### 1.4.3 数据收集

研究采用了一手数据为主，辅以二手数据的数据获取途径。其中，一手数据主要采用了实地调研和观察法、非正式访谈、半结构访谈的方式；二手数据主要是围绕研究问题从企业方、网络、相关档案机构获取的年鉴、大事记、官方新闻、媒体报道和评论等。在实际研究过程中，一手资料和二手资料的收集相辅相成。一般而言，预调研阶段通过使用实地观察和非正式访谈，在确定案例与现场相关，并具有潜在研究价值的情况下，研究团队进行大量的二手资料收集，为正式的调研和访谈做准备。在一手资料收集的同时，也会通过二手资料进行三角验证。

实地调研和观察是质性研究中获得研究对象直观印象和感受的重要途径。在本书中涉及的每一个研究企业，作者都采用了实地调研和观察法。相比于访谈和问卷，观察法通常在目标设定上较为宽泛，更容易发现一些预设之外的现象，并带动研究问题的反思和调整。每一次的实地调研和观察被及时记录为研究日志，以作为研究数据的重要组成部分。值得注意的是，随着现代技术和沟通的方式的发展，社交账号和活动情况也成为研究者观察案例对象的重要途径，如在添加案例企业高管的微信以后，其不定时与企业相关的“朋友圈”更新和行业讯息也构成了重要的资料来源。

非正式访谈是资料收集常用的方式之一。相比正式访谈，非正式访谈不会有太多的时空限制，容易帮助研究者在前期获取资料，因为在大多数情况下，对于一个企业的正式调研总是建立在一定的信任和合作之上的，在建立正式的沟通之前需要研究团队与企业进行一些非正式的交互，如行业协会组织的活动、集体拜访等。同时，非正式访谈在一些情况下也更加便利，如通过对方的社交账号进行简单的交流等。半结构访谈是本研究获取数据的主要途径。一个专业的访谈过程通常需要遵循以下步骤：形成主题、设计、访谈、誊录、分析、确认、发表，研究者根据现场判断和研究过程的推进在这些步骤之间进行来回修正[57]。本研究主要采用开放式提问（open - ended questions）的方法，通过面对面深度访谈和电话访谈的方式获得资料。值得注意的是，访谈的过程并不单单是研究者获取问题答案的过程，而是一个多方面的交互过程。研究者在访谈过程中需要注意被访者的语气、神态等，对相关的信息做出判断。同时，访谈过程中要允许预设问题之外的一些信息出现，研究者可以根据新的信息对研究问题进行相应调整。

二手资料收集是研究过程中重要的数据收集、补充和验证方法。由于访谈的时间一般是有限的，研究者只能尽量保证获取重要的、最相关的一些信息。在研究过程中，二手材料主要从两个方面承担作用：一是为了保证访谈的有效性，研究者需要在访谈之前制定访谈提纲，大量的二手材料的收集与阅读能够帮助研究者对企业有更多的了解，从而提出更加有针对性的访谈问题。二是在访谈数据之外，二手材料可以作为重要的资料补充，如行业发展历程、时代背景以及相关媒体的报道和评论等，这些信息都为研究者更好地理解组织变革和发展过程提供了重要帮助。

### 1.4.4 数据分析

本书的数据分析与数据收集过程是同步和循环进行的。当最初的研究主题逐渐细化，研究者就需要补充更多的数据，从而进行进一步的数据收集工作，并在数据收集的过程中对数据进行基础分析。本书用到的数据分析方法包括关键事件路径、叙事、归纳式主题分析、区间过程复制与对比。

关键事件路径分析是在事件路径分析的基础上发展而来的。事件作为探索事物发展过程的切入点，得到越来越多学者的关注[58]。事件路径分析方法可以有效地实现整体的、立体维度的现象分析，它可以在保证发展过程事件完整性的基础上，对组织的发展过程规律进行探究，这种方法主要适用于对某一活动主体的发展、成长或者演变过程的研究。事件路径分析方法将事物发展的“过程”视为连续的“情景”构成，而情景则是由一连串的事件构成。事件路径分析从分析事件出发，从整体上把握事物的发展，而不是进行要素分解。

叙事分析是处理过程数据的常用方法之一[59]。围绕研究主题、组织材料将一个有趣的“故事”讲出来，就是叙事的过程。在本研究中，叙事贯通于整个研究过程，在获取一定数量的数据资料后，作者被要求在研究团队反复“讲故事”，通过“讲故事”的过程，不断凝练现象，发现研究现场的价值。在研究过程中，不同的分析方法往往同时使用，如关键事件构成了叙事的重要部分。相对于其他类型的分析方式，叙事需要研究者嵌入高度的情景化，在一个真实的情景中去发现过程的独特性和丰富性[60]。

归纳式主题分析是通过对原始材料的逐层归纳并发展为主题构念，建立理论的过程，Gehman 等[52]提出的三阶段归纳是目前公认的一种严谨地实现归纳式主题分析的具体策略。首先是对原始材料进行意义识别，形成初步编码，然后比较这些编码的异同，并将编码合并至合理数量范围并竭尽所能站在被访者立场，用被访者的术语命名一阶构念。其次，站在理论视角去看待一阶构念，思考一阶构念下更深层次的内涵，将一阶构念抽象为具有理论内涵的二阶主题。最后，将相关的二阶主题进一步聚合为理论维度。

区间过程复制与对比是纵向案例分析中常用的一种方法。Langly 等提出在纵向案例分析中，样本并不是指案例的数量，而是观察的区间数量。例如，同一家企业的不同部门，同一个组织的不同发展时段[61]。该方法适用于比较情景或者要素在不同的单元或者时段内的异同，最后构成一个情景过程演变过程。在本研究中，区间过程复制与对比主要应用在子研究三部分。同样地，几种数据分析方法根据各自的优势被交替或者同时使用，如归纳式主题分析为区间过程复制与对比提供了一定基础。

### 1.4.5 过程模型构建

过程理论是相对于要素理论而言的，着眼于事物的发展过程，关注事物是如何、何时、为什么出现、建立、发展和终结的[61]。最明显的，过程研究弥补了横截面数据研究时，获取的是某一个情境或者时点的研究结果，不能有效地展示事物发展的纵向过程的缺陷[62]。过程研究尤其适用于通过观察时序上串联起来的事件来探索组织的发展和变化过程。同时，过程研究的方法也适合解决多层次和多单元的问题，通过定性或定量的方法对纵向事件或过程数据进行分析[59]。通过梳理与解释观察对象中某一个侧面的事件或者情景的纵向历程之间的因果逻辑，研究者可以构建过程模型[63]。

图1－2简要展示了本书的整体研究过程。在推动持续性变化视角理解冲突常态下的组织变革现象的整体目标下，通过对国内背景下组织变革与转型的研究进展追踪和变革理论的发展回顾，确定三个层面的子研究问题以及各个子研究的研究方案设计。本研究是质性分析为核心的探索性过程研究，整体上遵循在案例现场与理论之间不断对比迭代，以期获得一个较为满意的答案。

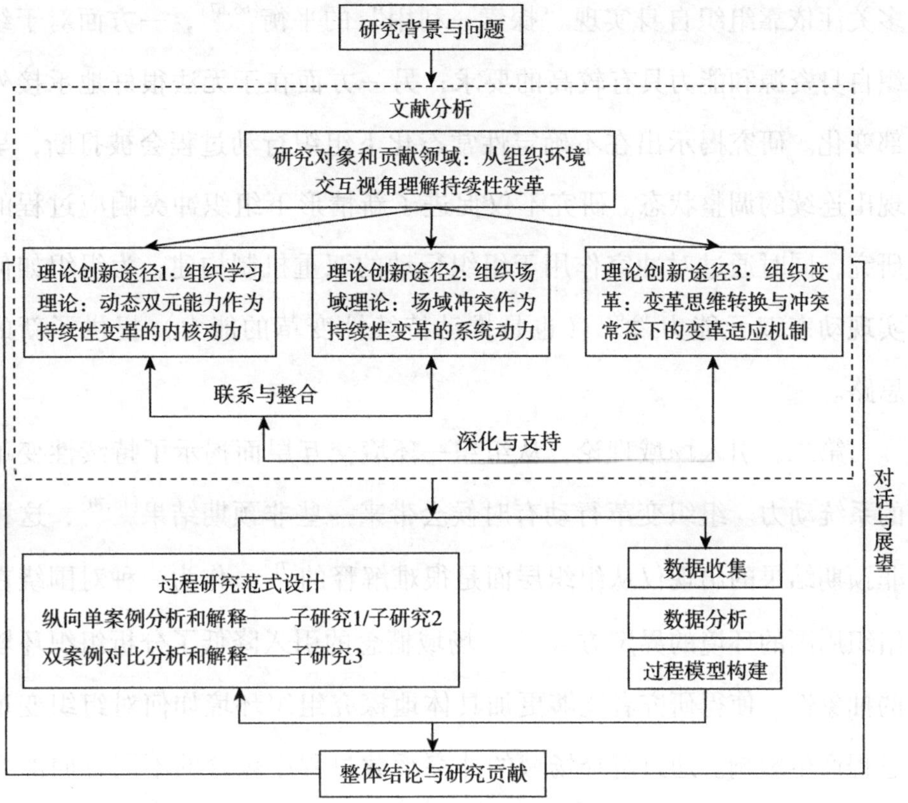


**图 1－2　技术路线图**

## 1.5　创新点

本书研究的创新点主要体现在以下三个方面：

第一，发展出动态双元能力作为组织持续性变革的内核动力，并揭示了组织层面的冲突响应过程到动态双元能力的生成过程。通过研究，本书将动态双元能力作为推动组织持续性变革的核心动力。双元学习作为冲突响应的一种重要方式已经被广泛关注[64,65]，当前研究大多关注依靠组织自身实现“探索—利用”的平衡[66,67]，一方面对于组织自身资源和能力具有较高的要求；另一方面在于无法很好地承接外部变化。研究揭示出在不确定性常态化下组织行动过程会被打断，呈现出连续的调整状态。研究不仅促进了新情形下组织冲突响应过程的研究，同时通过对冲突作用于组织行动的双重机制构建，为组织如何实现动态双元能力[68,69]（也是推动持续性变革的能力）提供了新的思路。

第二，引入场域理论，从组织—环境交互层面揭示了持续性变革的系统动力。组织变革行动有时候会带来一些非预期结果[16,70]，这种非预期结果的出现仅从组织层面是很难解释的[71]。作为一种对围绕在组织周围的环境的界定方式[72]，场域概念的引入降低了分析组织环境的抽象性，使得研究者能够更加具体地探究组织环境如何对组织变革过程产生影响。通过解释场域的冲突承载过程中蕴含的不同方向的变化输出（预期变化和非预期变化）[73-75]，以及这些变化输出如何进一步影响组织变革轨迹，从而推动了对不同的组织变革轨迹及其系统影响过程的刻画。在持续性变化视角下，传统的组织外部环境并不只是组织变革的背景板，而是构成组织变革的一部分。组织与外部环境交互所呈现出的过程即为组织变革过程，这样的变化过程具有涌现性和持续性[7,15]。

第三，本书进一步探索了冲突与组织行动的相互作用过程，发现了组织从冲突响应到冲突承载的变革思维转换过程机制，弥补了现有研究的不足，并为广大实践者提供了经验借鉴。现有研究对于持续性变化应该具备什么样的认知[21,22]已经有所涉及。然而对于大多数传统组织而言，间断性冲突响应是组织在相对稳定的情形下形成的固有变化逻辑，具有一定的结构惯性[76]，这也导致了大量组织转入新的情形下所面临的主要困境：如何在新的发展逻辑与原来逻辑之间取舍、过渡[77]，本书基于案例归纳，发现了组织在两种不同的变化逻辑之间实现转换必须经历的调整过程（迁移—受挫—尝试—选择），弥补了现有研究在实现过程研究上的不足，也为大量的管理实践者带来启示。

第四，研究基于归纳式提炼，构建了冲突常态下的持续性变革活动机制。Weick 和 Quinn[5]通过变化的重新认知，提出了“冻结—再平衡—解冻”的持续性变革过程模型，Tsoukas 和 Chia[6]进一步基于过程基础观，对组织进行了反思，认为组织并不是一个相对固态的结构，而是环境变化之下的时序性展现过程，冲突将直接影响和塑造组织过程。Putnam[78]在研究中提出了新的视角下冲突是一直存在的，建议管理者能够跳出组织视角对于冲突双方的对立面的关注，寻求在更广泛的空间里对冲突进行重新架构和对话。在本部分研究中，作者将场域活跃视为“组织—环境”冲突承载的核心过程，并基于组织成员和领导者两个不同侧面构建了促进场域活跃的动态过程机制，对近年来倡导的超越冲突视角下的冲突认知和应对[79]做出了进一步的探索。

## 1.6　结构安排

围绕建立不确定性常态下组织冲突响应与持续性变革适应机制的研究目标，本书涵盖了七个章节的内容，其中前三章分别为绪论和理论回顾及研究方案设计；中间三个章节为本研究的三个主体研究内容；最后一章对全书进行总结。

第1章，绪论部分。绪论部分通过现实背景和理论视角的结合，点出本研究的研究动机，在此基础上提出核心研究问题：不确定常态下的组织变革过程如何展开？并围绕核心问题构建三个子研究问题。针对研究问题设计研究方法，描述概念框架图和技术路线图，并对创新点进行归纳。

第2章，文献回顾与研究综述。主要对研究所涉及的基本理论及发展脉络进行梳理，主要包括四个板块的内容：一是组织变革理论及相关研究述评，围绕本书的研究主题，对组织变革的相关概念进行澄清，然后以两种不同的变革取向的转移过程为线索，回顾组织变革领域研究现状以及存在的研究机会；二是冲突的相关概念及冲突与组织变革的相关性；三是组织学习研究述评；四是组织场域理论及相关研究述评。

第3章，研究方案设计部分。本章详细介绍了本书的研究动机和研究过程，围绕研究问题定制的研究方案。具体包括研究设计的整体思路、如何选择恰当而具有意义的研究对象以及研究现场的基本信息、如何获取数据及总体的数量容量、分析数据的方法和过程。

第4章，主要呈现子研究一的主体内容。通过对天府TV案例的深入分析，从组织层面揭示了持续性变革的驱动过程，研究表明积极的冲突响应在通向持续性变革的过程中是至关重要的。在探索—利用两种不同的响应方式的调整过程中，组织逐渐获得自主驱动双元学习的能力，从而促进组织的持续变化和发展。

第5章，主要呈现子研究二的主体内容。通过对云南农垦案例的深入分析，从场域层面揭示了持续性变革的驱动过程，研究表明场域内制度逻辑冲突变化影响变革状态的转换，从而驱动持续性变革过程。

第6章，主要呈现子研究三的主体内容。按照“冲突表现—组织行动—行动结果”的逻辑对两家典型企业进行了纵向对比案例分析，发现冲突状态与组织行动之间的交互影响过程，揭示了组织从间断性变革到持续性变革的转换过程。同时，文章立足于如何实现持续的、良性的场域互动进行编码，构建了组织持续性变革适应机制。

第7章，结论与展望部分，总结研究过程中得出的主要结论，论述理论贡献以及管理实践启示，归纳研究的不足并提出研究未来展望。

# 第 2 章　理论综述

本书的核心目标是探索不确定性常态下的组织冲突响应与持续性变革过程。为此，首先通过对变革理论的发展演化过程进行梳理，寻找合适的研究视角，明确本研究的主要贡献领域。围绕着对组织假设的变化，组织变革研究取向经历了从间断性变化到持续性变化，其中持续性变化取向更能对接和理解组织—环境冲突常态下的变革行为和过程。同时，在开展具体子研究的过程中，组织学习理论为分析持续性变革提供了契机，探索与利用两种不同的学习方式用以解构组织的冲突响应行为，并进行了研究创新。组织场域理论提供了具象化界定和分析组织环境的途径，有助于进一步理解组织—环境冲突的来源及组织持续性变革过程的系统动力。

# 2.1 组织变革

## 2.1.1 相关概念辨析

(1) 组织变革 (Organization Change①)

组织变革从研究以来已经形成多种定义，大量的深入研究也丰富和扩展着内涵。Dessler对组织变革的定义是：组织在经营过程中面临无法协调的环境改变时的调整行为和过程[80]。德鲁克认为组织面临发展过程中内部累积的矛盾已经无法适应经营环境的状况时，企业在环境压力下形成的组织调整行为定义为组织变革，组织调整内容包括组织架构、交流方式、组织文化、组织工作方式等，通过组织调整并结合企业成员的观念和行为的改变实现组织转型[81]。组织变革研究中侧重点的差异性形成各具特色的定义，但其都拥有相同的内涵：组织变革的核心内容之一是组织为了适应外部经营环境，通过感知外部环境变化，调整内部行为优化组织生存状态，从而获得更好的组织发展。

随着对组织的假设发生变化，组织被认为是一个自然且持续经历变化以获得生存的复杂非均衡系统。组织变革指的是内部行为主体通过与外部互动形成的新经历。有学者认为这样的组织变革是以过程为基础的，组织变革的过程也构成了组织化的过程[82]，将组织视为连接

① 牛津词典中对“change”的定义为“to pass from one state or form into another; to make somebody/something pass from one state or form into another”。

正在进行的事件的相互关联的经验，而不是事物。改变不是发生在已经存在的组织上的事情；相反，它通过不断展开的活动链组成组织，在这些活动链中，环境也在不断演变。

（2）组织转型（Organization Transformation①）

与组织变革不同的是，组织转型强调了组织在模式、结构或者类型上实现的全面的变化[83]，这种变化体现在核心流程、企业意识、创新能力和组织内部结构等方面[84]，是在组织受到内外部威胁时进行的改革行动，在充分利用内外环境改变带来的差异形成自我发展的机会和能力。Porter 从产业中观层次分析认为，组织转型意味着跨出原有产业，进入更优势的行业中去[85]。换句话说，当企业所在的行业开始成为企业发展的阻碍时，企业需要确定是否进行转型。同时，国内部分学者也将研究关注点聚焦于企业转型，主要方向包括：①企业转型类型为跨行业或者跨领域，具体如企业生产经营行业转变、从原有技术领域转入其他领域[86]，或企业在自有领域无竞争力、企业所处行业进入夕阳末期迫使企业转型来寻找企业发展方向[87]；②企业转型类型为组织层面转型，具体如内外部环境改变下企业适应变化，或者企业提高组织运营效率的降本增效，企业在自身组织架构、管理结构和组织管理方式等层面的组织转型[88]。可见，国外学者对转型的界定并不一致，但核心思想都认为企业转型是一种经营策略的改变与变革过程。

（3）企业升级（Enterprise Upgrade）

学者主要从全球价值链和企业层面对企业升级的概念做了界定。例如，Porter[89]从产业集群和价值链的角度对企业升级进行了定义，认

① 牛津词典中对“transformation”的定义为“a complete change in somebody/something”。

为企业升级是企业通过提高产品质量、生产效率或者进入技术含量更高的活动从而获得更高收益的过程。Gereffi 定义企业升级的角度为全球价值链，认为企业升级是获利能力的提高和技术密集型的转变[90]。从企业层面角度，有学者认为企业升级是企业基于获得的技术和市场能力，来促进竞争能力和从事高收益的经营[91]。Poon 认为，企业升级就是企业从劳动密集型企业和低价值产品制造商向技术密集型企业和高附加值产品制造商角色转变的过程[92]。

国内在企业升级研究中主要存在两个方向：一是将企业转型升级归为整体性概念，企业升级的目的是企业提高自身产品在市场的竞争力和提高企业提供的服务附加值，推动企业经营转变，企业转型升级最终落脚点就在于经营转变[93]；二是有部分学者融合企业升级与战略更新概念，主要差异在于认为企业转型升级是企业在战略结构、组织文化、业务流程等方面的优化与更新，目的是通过在与企业长远期发展密切相关的领域的更新来适应内外部环境变化，形成可持续发展的有利局面[94]。

（4）组织演化（Organizational Evolution）

组织演化的概念来源于西方组织研究对生物进化理论的引进，认为内外部环境的共同作用使得组织演化存在与“生物进化”类似的选择和变化机制。从生态进化的法则与规律看，物种之所以会发生不断的演化，是源于物种自身存在着变异性。因此，组织演化是指组织通过惯例或者变异适应环境以获得长期生存和发展的过程[95]。在当前研究中，组织演化通常与生态系统理论、自组织理论关联在一起。

如表2-1所示，通过对几个相近概念的梳理和分析可以看出，组织变革是一个更为广泛性的对组织在一定时期内的变化现象的描述，它可能是剧烈的变动，也可以是渐进的变化过程。组织转型则强调了一种更加全面和彻底的变化，通常涉及核心架构或者组织战略。企业升级则是侧重于产业链和价值链的提升，属于组织转型中在产业转型这一个类别，因此国内常常有研究将转型升级作为一个整体性的概念。组织演化则更像是组织变革中渐进的、持续性的一类变革，强调组织作为一个开放系统，融入生态系统之中。经过斟酌，本书采用的是有着更加广泛意义的“组织变革”这一概念来描述组织在冲突常态下的变化过程。

### 2.1.2 研究定位：在什么领域作出贡献？

本书的研究旨在探究不确定性常态下组织持续变革的过程特征及规律。从对象看，内容直接贡献于组织变革研究领域，本小节对现有组织变革研究进行了分类，并将研究定位于庞大的组织变革研究体系中，为进一步评述持续变化取向下的组织变革过程研究做必要准备。

对组织变革现象的关注可以追溯到1947年勒温提出的著名“解冻—变化—冻结”模型，此后奠定了组织变革领域的理论基础。在不同的制度和地区，组织变革现象被描述为不同的概念，如组织变革、组织转型、企业升级、组织演化等。通过上一小节对几个相关概念的比较，本书的组织变革指广泛意义上的，随着时间的流动的组织变化现象[7]。经过70多年的发展，组织变革领域的研究成果可谓汗牛充栋。虽然已有研究在不同的年代，从不同的角度对组织变革领域发展进行过评述，但本书依然对发展至最新一两年的组织变革研究进行了分类评述。需要说明的是，本书的分类评述并不能穷尽该领域的所有研究成果，其主要目的是找到本研究的准确定位。具体地，按照两个维度——组织变革基本假设和分析层次——将组织变革研究划分为四个类型（见表2-1），并简略呈现各个部分的核心关注点、理论基础和代表性文献。第一个维度是关于组织变革研究的基本取向。组织变革的基本取向源头不同的研究者对于组织基本假设（本体论）的差异，涉及如何看待组织、组织是一个实体还是一个过程[7,14]。第二个维度是组织变革研究的分析层次，主要分为组织层次和组织—环境层次，组织层次主要基于组织内部相关因素或者过程分析组织变革现象，而组织—环境层次主要基于组织与环境互动的层次分析组织变革现象。

**表2-1　　组织变革相关概念及辨析**

| 相关概念 | 内涵及界定 | 核心关注点 | 代表性文献 |
|---|---|---|---|
| 组织变革 | ①在感知外部环境的基础上，调整内部要素以适应外部环境的过程 | 环境适配 | 德鲁克，2006；张钢和张灿泉，2010 |
| | ②企业内部行为主体通过与外部互动形成新经历在时序上的展现 | 行动主体与外部交互 | 刘洪，2006；Langley、Mallman 和 Tsoukas，2013 |
| 组织转型 | 企业经营策略（跨行业、跨领域）的改变与变革过程，通常是比较彻底的、重大的组织变革 | “看得见”的、重大调整和改革 | Lary 和 Merry，1986；吴家曦和李华燊，2009 |
| 企业升级 | 企业通过提高产品质量、生产效率或者进入技术含量更高的活动从而获得更高收益的过程 | 价值链升级、追求效率提升 | Porter，1990；邓少军，2010 |
| 组织演化 | 组织通过惯例或者变异适应环境以获得长期生存和发展的过程，通常与生态系统理论、自组织理论关联在一起 | 组织惯例和变异 | 邓向荣等，2004；Weick，1979 |

关于组织变革研究基本取向，已有研究依据不同的本体论假设大

致分为两类：一类是以组织为实体，假定组织相对稳定，变革以偶然性事件为基础[96,97]；另一类是组织为过程，假定组织一直流动，变革为组织常态为基础[5,14]。在这样的基础上，组织变革过程的研究经历了从工业经济时代建立起来的间断性（计划式）变革取向到近年来颇受关注的持续性（涌现式）变革取向的发展和转变。

间断性变革通常被用来描述一种非常态的、不连续的和意图性的组织变革。研究者早期对组织的假定是相对稳定的、具有惯性的[72]。这种稳定性体现在以下几个方面：组织内部亚单位之间紧密耦合的紧密依赖关系；以效率为核心价值观；专注于短期适应而不是长期适应；以制度化的看不见的手的形式限制成员行动；嵌入强大的亚文化规范；模仿是改变的主要动机。在这样的组织假定下，变革通常体现为一种间断均衡模式[97]，这种模式将组织描述为相互依赖关系的集合在相对均衡状态下的收敛和稳定，并以牺牲对环境的长期适应性为代价。因此，当适应性落后，效率降低，变革的压力就相应增加了，一种革命性时段又开始了。随着这种压力越来越大，导致组织进入活动模型或者人员的彻底改变，为实现新的均衡阶段而努力。对基本假定的梳理可以看出间断性变革通常是具有很强意图性，即帮助组织达成新的均衡状态。通常涉及战略层面的更换，从而涉及范围更大，卷入的层级更高。

持续性变革通常用来描述持续进行中的、演化的、积聚的组织变化。Weick 和 Quinn 指出，持续性变革取向下变化被认为是一种常态，变化过程其实就是组织化的过程[5]。更具体地，持续性变革建立在不间断的互动过程中。这类变化通常被认为是涌现性的，这意味着它是“在没有明确的先验意图的情况下实现一种新的组织模式”[98]，是基于工作流程和社会实践的持续更新。Tsoukas 和 Chia 提倡从本体上对组织变革做出重新思考，变化在本体论上应该比稳定具有优先地位，变化是第一位的，组织应该研究宏观过程再到研究微观过程。在此方法的基础上，他们提出了“组织形成”（Organization Becoming）的概念[6]。不同于间断性变革，持续性变革取向下所描绘的组织形象总是围绕着即兴[99]、释译[5]和学习[26]。即兴，指的是组织是行动主体在面对变量时启动的对于工作实践或者关联方式持续修正的自组织过程。围绕释译理念构建的组织形象是一种不断采用和编辑理念的情景[100,101]，这些理念绕过了计划变革的机制，通过与手头目标的契合、制度显著性和机会的结合产生影响。学习本身被定义为组织反应的变化过程[102]。即改变的是一系列明显的或者潜在的技能和知识，而不是具体的行动。表 2－2 从组织假设等关键维度对间断性变革与持续性变革两种不同的变革取向进行了对比。

**表 2－2　　间断性变革与连续性变革**

| 类别 | 间断（计划）性变革 | 持续（涌现）性变革 |
|---|---|---|
| 关于组织的假设 | 组织存在惯性特点；变革存在稀有性、间断性、目的性特点 | 组织是渐变性出现，变化在组织中具有常态性和动态性特点 |
| 关于变革的设定 | 线性过程（从一个状态转换到另一个状态）；进取性（从相对劣势的状态转换到更好的状态）；目标性（对结束状态有具体的预期）；非均衡性（变动过程需要非均衡性）；分离性（变革行动的计划和管理并不在系统内） | 循环过程（首尾相接，不断重复）；过程性（变动过程是时序性的行动的循环，并产生非均衡性）；长途旅行假定（没有一个明确的结束状态）；均衡假定（内部干预主要是为了维持均衡和平衡）：适应性（以幽默的方式去矫正行动）；变化性（没有任何事物是保持不变的） |
| 实现途径 | 突破现有均衡状态，制造不均衡 | 由不均衡状态至均衡状态的实现过程 |
| 典型模式 | Lewin：解冻—变化—再冻 | Weick 和 Quinn：冻结—再平衡—解冻 |

续表

| 类别 | 间断（计划）性变革 | 持续（涌现）性变革 |
|---|---|---|
| 对变革的理解 | 适应内外部环境变化的被迫选择，是变革控制层的实施结果 | 组织与内外部环境交互形成的一种常态化结果 |
| 变革过程 | 线性的，从状态 A 到状态 B | 非线性的，循环的 |

资料来源：根据 Weick 和 Quinn，1999；Marshak，1993 整理。

第二个维度是关于组织变革研究的分析层次，已有研究大部分都集中在组织内部和组织—环境两个层面。组织内部的相关分析主要体现在组织内部人员行动、组织群体之间、组织资源或者能力等方面对于组织变革的影响或者在变革中起到的作用。组织—环境之间的相关分析主要体现在组织与组织之间、制度因素或者更大范围的国际市场因素等对组织变革的影响或者在变革过程中起到的作用。通过图 2 - 1 大致可以看出，已有大量研究正在经历从间断性变革到持续性变革的研究取向转换[6]，并提倡为了适应快速变化的环境，转向更多地关注组织—环境角度探索组织变革过程规律等相关问题[14,15,103,104]。

**图 2 - 1　组织变革文献分类**

#### 2.1.2.1　基于间断性变革取向和组织内部分析的组织变革研究

这一板块的研究主要关注两个方面：一是组织层面来看，成功的变革或者转型的影响因素是什么？二是组织的变革更替过程。惯性是间断性变革研究的核心关注点[105]。正如基本假定中所提及的，这样的研究通过认为组织是一个相互依赖关系的子单元的集合，而通常这种相互依赖是紧密的，不容易受到干扰的。这种相互依赖往往深嵌在组织结构、组织文化、组织身份、技术标准等惯例中。随着时间的增加，组织惯性也将变化得更加明显，组织在面对环境变化的时候所表现出的无能也显得更加突出。

部分学者认为大部分企业变革不成功的主要原因，是企业组织惯性表现形态的认知不彻底和惯性形成根源的认知缺失[41]。吕一博等利用柯达、索尼、诺基亚三家企业为分析对象，认为企业组织惯性在五个层面形成九种表现形式[106]，具体包括：决策层面的企业认知和组织战略惯性；资源层面的资源惯性；执行层面的组织制度、组织流程和组织惯例惯性；网络层面的组织结构和组织关系惯性；文化层面的企业文化惯性。

基于能力的观点认为组织能否成功实施变革，或者连续进行变革，最主要的是组织的变革能力[107,108]。从当前研究成果来看，研究者在对组织变革能力的认知上基本达成一致：认为组织变革能力是一种多维的、动态性的能力，具体体现在组织既能将已有能力充分发挥出来，又能在变革的过程中培育新的能力[109]。Heckmann 等观点同样认为变革能力具有动态和多维特征，变革能力最终变革的目标是有不同类型和规范的，且基础是可持续[107]。Meyer 和 Stensaker[110]认为组织在日常运营保持能力、具体变革执行能力和持续变革执行能力的综合平衡即是组织变革能力，同时作者将组织变革发展阶段性文献和结果中的管理策略总结为结构化、参与、节奏与顺序化、常规化和招募五个类别，并在日常运营保持能力和持续性变革执行能力的维度层面评估了这五种管理策略。

白长虹和孙旭群[111]在我国多行业的大型企业的实证研究基础上总结了我国企业变革的五种核心影响要素：①组织的目标是否得到组织成员认可成共同目标；②员工自身职业发展与员工对企业投入程度；③领导层与普通成员对变革的紧迫感；④企业是否具备变革相关的能力与工具；⑤企业纪律与沟通能力。于斌和林勇[112]基于实证数据的收集和验证，发现企业组织变革关键影响因素间关联性结论：a. 变革急迫感正向促进组织内共同目标的生成；b. 组织长期目标促进急迫感形成并正向促进组织内的变革认同；c. 组织长期目标决定变革工具；d. 组织长期目标基于变革工具促进变革认同。

随着研究的发展，对待变革态度的相关研究也不断深入，研究者从认知角度[20]、情绪角度[113]、行动角度等方面对其进行了详细的探索，希望为管理者在变革实施过程中提供理论启示。其中，基于行动角度的研究拓展得最为深入，研究者认为组织成员在行动上的抵制和不作为、与目标相背离的实施将直接影响组织内的变革氛围及变革结果。从关注的主体方面进行分类，可以分为以研究领导者、管理者为中心的过程研究，及以作为变革接受者的组织成员为中心的过程研究[82]。在 Armenakis[114]的综述中，领导者中心（Leader - centric）的相关研究主要关注以下几个方面的问题：变革型领导如何作为？如何制定变革的战略远景？企业达成变革目标最合适的战略方向和路径是什么样的？领导者发动的变革将如何增强企业的效能等。研究者用医学的隐喻来解释：需要变革的组织就像是一个病人，首先需要进行“诊断”，然后实施变革评估和制度化。在 Armenakis 研究中他非常新颖地指出，单纯用成功和失败来评估一次变革可能并不合理，并提出为什么不把退却当作暂时的不足，分析形势基于对形势的评估修改组织结构变革过程并继续实施组织变革？

同时，另外一些学者则认为变革过程如何展开很大程度上取决于组织成员的支持程度，由此将目光关注于组织成员在面临变革时如何思考及行动。研究证明，组织成员对于变革环节的实质性参与，而非任务执行是非常重要。一些信念的建立是让组织成员更加积极地参与到变革过程中的重要前提。Armenakis[114]归纳了五条核心信念：①差异性，即组织成员需要了解企业当前状况与理想中存在差异；②适当性，即组织实施变革来处理这种差异性是合适的；③效能性，组织相信能够成功地完成变革；④实质性支持，即组织成员相信这次的变革是带有正式严肃的承诺的，不是昙花一现的尝试；⑤效价，组织成员明白自己将如何从变革中受益。

更替过程也是间断性变革分析的重点关注内容。它通常假设变化是通过替换发生的[115]。在工业经济背景下，Lewin 提出了著名的“解冻—变化—冻结”模型，他发现组织中存在着驱动力和抑制力这两种力量，组织可以根据自身需求改变对立关系，实现变革目标[1]。具体过程包括：①“解冻”阶段需要促进变革，增强有利于变革的力量并削弱阻抗力量。为推动解冻过程，可以借助与外部新环境、外部信息和新观念的交流，使组织成员认识与外部环境的差距从而形成危机感和变革意识，因此解冻方法可以是感知外部环境。②“变革”阶段为了变革行为的顺利进行，需要提供变革对象的行为模式，并通过组织结构和程序的改变形成新的行为准则、企业价值观等，并体现于组织的面貌和行为中。“变革”阶段组织成员需要理解变革的目的，通常方法有组织沟通交流和组织教育培训，成员在了解变革的目的时还能够获得新的技能。③“再冻结”阶段组织成员获得并增强新的企业结构，包括企业文化、组织结构、企业政策等。

勒温模型在很长时间内影响了组织发展与变革的理论与实践。后续研究在其基础上不断进行拓展，如 Bullock 和 Batten[116]提出的四阶段模型、Cummings 和 Huse[117]提出的八阶段模型等。Isabella[3]在勒温三阶段模型基础上，探究了不同的变革阶段管理者应该如何对关键事件进行意义诠释，并传递给组织成员。Armenakis 和 Bedeian[118]对之前的过程模型进行了整合，形成了一个归纳性的分析框架，可以在这三阶段模型中找到其对应的位置。虽然这些研究具体关注的点不同，但基本都对应着统一的内在逻辑（见图2－2）。建立在计划式变革的经典模型之上，变革主要由管理者发起并控制，变革过程的顺利展开受制于两个方面的努力：一是如何降低或者消除抵制变革的力量；二是如何维持和增强推定变革的力量。因此，变革研究在关注对待变革的态度的方面分量重大[119]。早期研究认为，由于变革通常是管理者发起的制度、组织结构、流程等方面的破除或者更新计划，组织成员大多处于被动接受的位置[120]。变革管理者在目标上的“求变”与大多数组织行动者在目标上的“求稳”构成了两方力量之间的地位差距，成为引发变革问题上的冲突的根本原因。

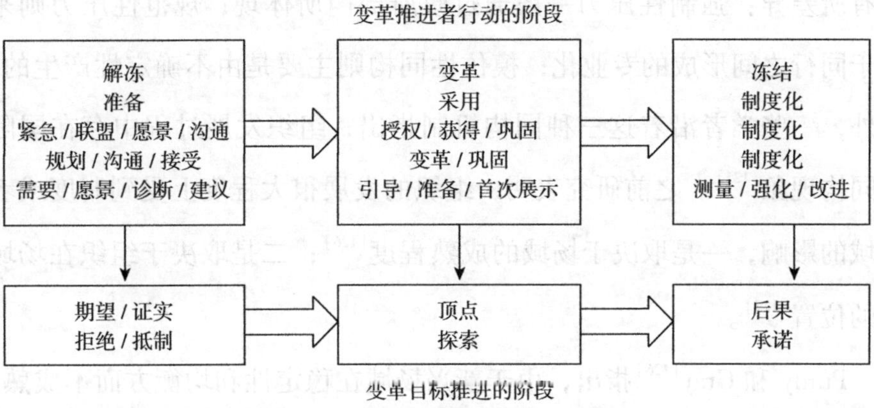


**图 2－2　间断性变革的典型过程示意**

### 2.1.2.2　基于间断性变革取向和组织—环境层次的组织变革研究

在最初的研究中，外部环境因素是组织间断平衡演化的触发因素，如公共政策变革、产业动荡、新兴沟通和管理技术、突发性事件以及自然灾害五类。Tushman 和 Romanelli[97] 提出市场变化驱使产业重大调整和动荡，进而改变组织演化轨迹。该观点在后续实证研究中得到证实。例如，石油危机破坏产业平衡态引发组织结构和系统间断平衡变化；快消市场品牌非线性演化“营销地震”会打破市场平衡态引起战略调整[121]。Ballinger 和 Rockmann 提出“锚定事件”会促成组织间断平衡走向，如“9·11”事件引起美国航空运输业商业战略应变能力变化[122]；奥林匹克运动会对“财富 1000”公司慈善捐助的时间范围产生影响[123]。

随着研究的深入，这一板块的研究多聚焦在环境中的各种外部制度对组织产生的影响。Krücken 等[124] 以德国高等教育为分析对象，发现场域中的学校或者相关机构倾向于在模式上保持一致，这种一致性同时受到了强制性、规范性和模仿性压力的影响，但是施加影响的主体有所差异：强制性压力一般通过政府部门所体现；规范性压力则来源于同行之间形成的专业化；模仿性同构则主要是由不确定性产生的。此外，一些学者沿着这三种同构机制指出，组织发展过程中存在国际化同构现象[125]。之前研究表明，组织的发展很大程度上受到制度或者场域的影响，一是取决于场域的成熟程度[126]；二是取决于组织在场域中的位置[127]。

Purdy 和 Gray[126]指出，由于新兴场域在稳定性和均衡方面不成熟，新兴场域中制度化的新组织形式往往并未完全固化，制度化过程需要让参与者认为所建立的原型和共享的逻辑是理所应当的，而且需要将逻辑和惯例转变成组织形式。尹珏林和任兵[128]就中国直销行业进行案例研究，分析了中国直销业形成组织场域，建立实用、道德和认知合法性的过程。苏郁锋、吴能全等[129]基于企业协同演化理论，探讨互联网金融行业制度化过程和机制，以此来揭示“互联网+”背景下，新组织场域基于多主体互动的“知识扩散—权力影响”的制度化过程。这个研究揭示了在“互联网+”的背景下，新组织场域具有“融合”特性，这意味着看似位于边缘的组织能够动员资源发动变革，中心组织则具备一定的变革动机以适应环境变化，在这种情形下每个主体都会尝试成为制度创业者，新情景下的研究推翻了原来认为边缘组织缺乏资源、中心组织缺乏动机的制度创业悖论。与新兴场域比较起来，成熟场域由于现有的规则和惯例约束，演化过程比较缓慢，且常常需要强烈的外部变迁和冲击[130]，因此成熟场域中的组织变革往往不太容易发生，但一旦发生则是颠覆性的。

Greenwood 和 Hinings 详细地分析了不同的制度情景和市场情景对组织变革的发生有何影响[125]。研究认为由于组织嵌入一个制度结构中，收敛型变革是常见的类型，并且组织嵌入制度结构的程度越深，越有可能发生颠覆性变革，而不是渐进式的变革。相比于紧密耦合型的制度情景，松散耦合型的制度情景更容易让颠覆式变革发生，而紧密耦合型的制度情景下一旦发生颠覆式变革，通常是革命性的。作者通过有机结合情景要素和利益结构、价值承诺、权力依赖和行为能力的四个组织内在能力，形成了组织变革中内在动力机制模型架构。其中，利益分布和价值承诺是导向变革的酝酿动力（Precipiting Force），而权力依赖和行动能力则是导向变革的决定动力（Enabling Force）。

#### 2.1.2.3 基于持续性变革取向和组织内部分析的组织变革研究

与间断性变革主要关注促进成功的变革的策略和路径不同的是，持续性变革更加关注变革是如何发生的，即变革过程的涌现问题。研究者普遍认为，研究的发生是一个组织内部各层次交互、并不断积聚的过程。偶然事件、崩塌、机会和环境都会对变化过程产生影响。变革是一种持续的反应性和前瞻性修改的混合体，以手头的目标为指导，而不是在稳定时期的间歇性中断。Weick 和 Quinn[6] 基于组织社会心理学，总结出持续性变革视角下组织变革的三状态循环模型，即“冻结（Freeze）—再平衡（Rebalance）—解冻（Unfreeze）”（见图 2-3）。其中，“冻结”是指一种瞬时审视，使用认知图式诠释当下发生的事情；“再平衡”是指对过程进行重新释义，重新贴标签，使用吸引力的逻辑减少阻碍；“解冻”是指有意识地推动组织即兴和持续学习，承接变化。

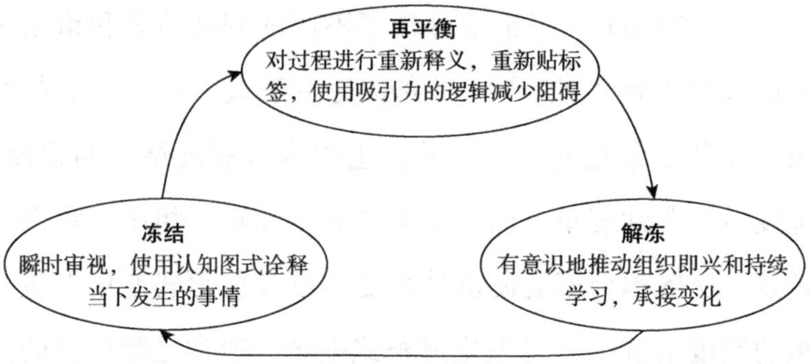


**图2－3　持续性变革过程模型**

Wee 和 Taylor[17]基于涌现的概念，首先关注工作单元（work－unit level）成员和管理者的认知搜索机制，以说明如何通过两个独特的过程将工作单元层面的常规变化放大到组织中：组合和汇编涌现。其次，讨论了管理者在创造连贯感方面的作用，以及随着时间的推移这些涌现性变化积累的意义。在持续性变革取向下，微小的事实并不意味着它们是微不足道的[131]。正如复杂性理论和第二控制论所表明的那样，微小的变化并不总是很小的。如果小的变化发生在混乱的边缘，那么它们可能是决定性的。此外，在相互关联的系统中，没有边际变化这回事，正如 Plowman 等[19]在研究英国一家教堂逐渐成为当地的慈善活动中心一样，微小的变化也逐渐演化为颠覆性的改变。Wiedner、Barrett 和 Oborn[132]从一家医疗机构中不受重视的心理健康合同管理的变革过程研究中也得到了类似的结论。

另一个颇受研究者关注的是变化过程中的非预期结果。组织变革是一个情景决定、不可预测、非显性的过程，在这个过程中，一些意图性的战略通常导向意料之外的结果[2]。Balogun 和 Johnson[16]的研究中，意图性的战略变化导向意外的结果主要是由于战略变化过程是一个涉及组织内部各个人群，尤其是管理者之间的复杂社会交互过程，在这个社会交互过程中，不同层级管理者之间的意义给赋（Sense－gaving）与意义构建（Sense－making）之间并不完全等效。De Rond 和 Thietart[133]认为对于“非实在”过程观而言，组织情景是相关或者不相关的行动者的决定的交互过程的非计划涌现。通过纵向观察一个加拿大的自动化公司的高管团队行动与企业的战略变化过程，研究发现意图性战略选择与环境共同作用产生变化结果（预期的或者是非预期的），然后这些结果又返向影响管理者的选择及周边环境。值得注意的是，由于变化的涌现性，持续性变革的展开需要运用的是吸引力逻辑，也就是要让人们到达一个新的位置或者状态，必须让他们为这样的变化所吸引和激励。Kotter 指出，变革管理更多是告诉人们应该怎么做，而变革领导则是向人们展示如何做[22]。在间断性变革中，大多数的管理者都认为变革是由具有权力的人来告诉那些不具有权力的人怎么做，他们忽略了吸引力逻辑和它对于变革推动的力量。

#### 2.1.2.4 基于持续性变革取向和组织—环境层次的组织变革研究

近10年间，少量研究开始从将行动主体交互的空间和层次拓展到组织与环境之间，以更好地探讨 VUCA 时代①的组织变化和转型现象。张钢和张灿泉[20]在研究中指出，虽然外部环境变化对组织变革的影响是重要的，但组织认知程度（最终体现为组织中个体成员认知）决定了这些变化是否能够对组织产生实质性的影响，并认为组织内外部环境、组织成员认知水平和组织行为相互影响共同形成组织变革。黄胜

① VUCA 是 Volatility（易变性），Uncertainty（不确定性），Complexity（复杂性），Ambiguity（模糊性）的缩写。

忠和刘怡[134]以阿里巴巴为案例研究其生态组织变革过程，认为企业发动变革一方面是互联网时代的发展，去中心化、渠道化趋势释放出了更多的顾客差异性；另一方面也是企业内部规模不断扩大，灵活性降低，难以在过去的模式上实现可预见范围内的持续增长。王凤彬、郑腾豪和刘刚[104]基于海尔和IBM双案例跨时期的比较分析，抽象出组织变革过程中由情境、观念、模式、制度和人性五阶段要素构成的闭合螺旋式动态演化系统。学者对组织变革的关注点逐渐转移到组织多层动态交互的持续延展过程中，顺应了组织研究视角从静态、客观转向动态、开放和持续的大趋势。

Panayiotou、Putnam和Kassinis[2]研究表明，变化是三个不同组织层面上的冲突、反应和意外后果之间的一种反射性相互作用。研究阐明了微观、中观和宏观层面上与变革相关的活动和事件如何重构组织。这些水平是不断变化的，并且相互影响，因此一个竞技场中的变化与其他竞技场中的变化相互关联，有时是连续的，但往往是同时发生的。这一过程是自反的，因为改变的行为反映并改变了改变的过程本身。因此，改变是一种持续的体验，因为与选择和选择结果相关的冲突关系会在组织过程中产生更多的冲突关系，进而促进进一步的改变。Plowman、Baker和Kulkarni等[19]观察到一个有趣现象，一个很小的变化导致一家教堂发生了彻底变革。针对该组织产生变革的因素以及具体变革过程，他们发现彻底性变革可能在无意识、自发性和缓慢过程中完成，不稳定的外部情景为这一过程提供了摇篮。表2-3梳理了持续性变革视角下相关研究的主要内容和关注点。

表2-3 近年来持续性变革取向下的核心研究及关注点

| 相关研究 | 研究内容 | 关注点 |
|---|---|---|
| Weick 和 Quinn，1999 | 从基本假定、分析框架等五个维度对间断性和持续性变革进行对比，并建立了持续性变革的状态循环模型 | 在理论上对两种不同的变革取向进行界定和比较 |
| Balogun 和 Johnson，2005 | 意图性的战略变化导向意外的结果主要是由于战略变化过程是一个涉及组织内部各个人群，尤其是管理者之间的复杂社会交互过程，在这个社会交互过程中，不同层级管理者之间的意义给赋与意义构建之间并不完全等效 | 战略变化中的意外结果 |
| Plowman、Baker、Beck、Kulkarni 和 Travis，2007 | 一个很小的变化导致一家教堂发生了彻底变革。针对该组织产生变革的因素以及具体变革过程，他们发现彻底性变革可能在无意识、自发性和缓慢过程中完成，不稳定的外部情景为这一过程提供了摇篮 | 细微的行动的不断积聚形成彻底性变革的过程 |
| 张钢和张灿泉，2010 | 理论研究，组织变革是基于环境、组织认知和组织行为三者共同作用之后产生的结果 | 关注各层面交互之下产生的变化 |
| MacKay 和 Chia，2013 | 纵向观察一个加拿大的自动化公司的高管团队行动与企业的战略变化过程，研究发现意图性战略选择与环境共同作用产生变化结果（预期的或者是非预期的），然后这些结果又返向影响管理者的选择及周边环境 | 从外部环境和高管团队的交互过程探索持续性变革过程 |
| Bartunek 和 Woodman，2015 | 理论研究，基于之前研究归纳变化的时序性维度构架一种时序性的变化模型 | 时序性变化关注的维度及内容 |
| Wiedner、Barrett 和 Oborn，2017 | 观察到一家医疗机构中不受重视的心理健康合同管理成功变革的过程。研究发现那些备受管理者关注的组织变革并不一定取得很好的效果，而一些被忽略的地方往往发生了变革。战略变革中人们对资源的评估和分配利用才是能否成功的关键因素，未受到重视的那些部门由于处于监管的松散地带而具有更自由的资源化空间 | 变革发展的非预期性 |

续表

| 相关研究 | 研究内容 | 关注点 |
| --- | --- | --- |
| Wee 和 Taylor，2018 | 关注工作单元（work－unit level）成员和管理者的认知搜索机制，以说明如何通过两个独特的过程将工作单元层面的常规变化放大到组织中：组合和汇编涌现 | 从内部交互探索持续性变革的涌现过程 |
| 王凤彬、郑腾豪和刘刚，2018 | 基于海尔和 IBM 双案例跨时期的比较分析，抽象出组织变革过程中由情境、观念、模式、制度和人性五阶段要素构成的闭合螺旋式动态演化系统 | 关注各层面交互之下产生的变化 |
| Panayiotou、Putnam 和 Kassinis，2019 | 变化是三个不同组织层面上的冲突、反应和意外后果之间的一种反射性相互作用。研究从而阐明了微观、中观和宏观层面上与变革相关的活动和事件如何重构组织 | 从外部变化和内部反应的交互探索持续性变革过程 |

## 2.1.3 组织持续性变革：如何贡献这个领域？

如上节所述，本书主要贡献领域是基于组织—环境交互层次分析组织持续性变革过程（第四象限）。然而这个领域中已有的积累很难做出实质性的创新，因此研究需要借鉴同一个变革取向下——持续性变化取向下组织层面分析（第三象限）和间断性变化下组织—环境分析（第二象限）——的研究成果，并深入探究两者之间的关联性和契合点，明确理论缺陷和潜在的研究贡献点。据此，本小节综合评述已有的组织变革理论的缺陷和联系，并提出本书的核心问题和解决方法。

第一，当前对于持续性变革的研究多应用于西方企业情景，因此研究者多数从相对微观的、组织内部的活跃交互探索变革的涌现[5,16－17]，这样的关注侧面与转型时期的中国经济背景和企业现象观察存在差异。西方文化中的个体主义倾向和完全的市场经济使得企业组织具有更大的自主权，组织成员的活跃度也相对较高。相对而言，中国企业经历了很长时间的计划经济时期而后转向市场化改革，同时在改革的过程中企业受到国家层面的指导，尤其是那些市场导向的国有企业组织[18]，其发展过程更是紧密地嵌入在经济体制改革和社会变迁之中，面临着复杂的、快变的外部环境。因此，有必要将持续性变革结合中国情景进行拓展，更加关注组织与环境的交互过程以发展更加贴合中国本土实践的理论。

第二，基于持续性变化的过程基点（Process - oriented），现有对持续性变革的研究着眼于揭示组织变革的过程如何[19]，强调了不同主体之间的交互过程，并在这个过程中关注了外部情景、管理者认知等发挥的作用[20]，尤其是研究者提出了持续性变革下领导者的领导模式需要发生改变，以更好地发挥出组织成员的创造力[22]，维持可持续的组织发展与变革。Bushe 和 Marshak[135]在研究提出，基于持续性变化思考的组织发展实践往往不像之前那样按照固有的理论或者模式进行的，而是先有组织发展实践再形成理论，他们将其概括为“对话式”的组织发展模式。Bartunek 和 Woodman[136]在 Bushe 和 Marshak 所提出的对话式组织发展研究基础上，提倡通过对变化中存在的顺序、时间点、步调、节奏和变化韵律维度的注意，去构建一种接近于时序性的组织变革模型。Bushe 等提倡采用欣赏和肯定途径去研究组织成功的核心要素有利于组织完整性和绩效[137]，基于“发现—梦想—设计—实现”的完整循环过程[138]，主动发现并筛选组织内部具有价值和派生力最大的信息和经验，并加以利用构筑成积极的变革要素维持和促进组织成功变革。然而，目前研究主要从理论推演的角度提出模型框架和建议，尚未从实际案例或者数据中建立起比较全面和系统的冲突常态下组织持续性变革适应机制。

第三，企业（尤其是一些成功的传统组织）对于组织和变革的认知是具有一定的惯性的[23]。现实中越是成功的企业往往也越容易在新的技术或者市场变化面前陷入“成功陷阱”而无法适应变革要求[24]。Burke[139]指出对组织变革进行计划的前提是变革过程是线性的，而实际上非线性才是变革的本质属性。因此，计划变革范式下的企业适应机制在更加动态的环境中就遭到了颠覆。这一方面是因为以往成功的经验会在组织中形成惯例[140]。企业总是倾向于选择与自身惯例一致的输入，而不愿改变自身惯例去迎合输入方面的要求，从而使得其原本就内隐的惯例更加具有持续性，即便是在发生外部变革时也不容易改变。另一方面作为影响组织发展核心的企业家也会因为过去的经历而陷入“能力陷阱”[42]，如那些在过去取得较大成功的组织领导者越容易满足于以往的绩效水平，并且具有更高的目标和自我效能感，更加执着于自己以往所采用的战略举措，也导致其从危机中搜索信息的能力较弱。因此，当发生剧烈的环境变化时，以往的成功经验反而有可能使企业家陷入“胜任力陷阱”产生所谓的“成功悖论”现象。对于冲突常态下的企业而言，通过持续的学习来提高认知和判断新环境的能力，减少对以往经验的依赖是建立新情景下适应机制的必经过程，这意味着间断性变革和持续性变革之间需要具有贯通的可能性[25]。因此，关注企业如何逐渐转向和适应持续性变革，建立间断性变革到持续性变革之间的贯通与转换机制很有必要。

### 2.1.4　研究述评

通过对组织变革相关研究的回顾和分析发现，对于组织变革的理解逐渐从间断性变革向持续性变革视角转变，以适应愈加动荡和变化的组织环境。通过对持续性变革近年来相关研究的细致分析，其主要在两个方面对组织变革研究做出了推进：第一，持续性变革强调了变革的涌现过程，这种涌现的基础在于不同主体之间的交互。一部分研究从更加微观的层面，着眼于组织内部的交互如何构成自下而上的变革涌现过程。在这个过程中，各个层级的人员都发挥着非常重要的作用，而并不像间断性变革研究中主要关注变革领导的作用。一部分研究则从更加宏观的层面，着眼于组织与环境的交互如何构成变革涌现过程。本研究则主要关注组织—环境非均衡所导致的冲突常态下的组织变革过程，因此研究将主要借鉴持续性变革取向下着眼于组织与环境的交互过程，探索组织如何与冲突持续互动通向更好的组织发展。第二，持续性变革关注了变革过程中的非预期结果。一方面，部分研究关注了非预期结果的产生过程，也就是涌现过程的部分结果；另一方面，部分研究关注了预期结果在持续性变革中的作用，认为变化是三个不同组织层面上的冲突、反应和意外后果之间的一种反射性相互作用。对于非预期结果的认知是持续性变革的重要突破，在传统的间断性变革视角下主要关注变革执行的过程，非预期结果往往意味着组织未能达成变革目标而被标记为变革失败，同时这样的案例也不太成为研究关注的对象。

在对以往研究梳理和分析的基础后，本书从三个方面提出了组织持续性变革领域存在潜力和价值的研究空间。一是从组织与环境交互的层次分析组织持续性变革过程，以更加切合中国企业变革和转型实践的现实情景。二是从实际案例或者数据中建立起比较全面和系统的冲突常态下组织持续性变革适应机制。三是关注企业如何逐渐转向和适应持续性变革，建立间断性变革到持续性变革之间的转换机制。为了解决这样问题，本书进一步分析了冲突与组织变革的相关内容，并引入了组织学习理论和场域理论。

## 2.2 冲突与组织变革

关于冲突的研究由来已久，作为相互依存的情景中的个体总是处于冲突之中，并不断创造冲突并试图解决和管理冲突。组织与个体一样，从来都不是独立存在于系统之中的，相关的主体（组织）之间总是存在相互作用[43]，而当这种相互作用使得双方之间出现不相容的情景，如目标差异、利益冲撞等，冲突就产生了[141]。

### 2.2.1 冲突的概念与分类

(1) 冲突的概念

关于冲突的定义很多，Achinstein 的观点："冲突可以被理解为观点和行为存在分歧（或显著分歧）或者是感到某种程度的不兼容的情形或持续过程[142]"。换言之，冲突可以是个体或群体碰撞的事件，在事件中分歧的信念或行动得以呈现。冲突同样可以是个体或群体意识到存在差异、问题或困境，并因此开始区分他们信念或行动差异的性质的过程。在此意义上，冲突是一个社会互动过程，借此个体或群体可能感知到他们自己。总体来讲，研究者对于冲突的内涵在两个方面达成了共识：一是冲突是涉及两方及以上个体（组织）的交互过程；二是在冲突持续过程中，主体的认知和行为都将发生变化。表2-4呈现了不同时期学者对于冲突的代表性定义。

**表2-4　　不同时期研究者对冲突的定义**

| 研究者 | 定义 |
| --- | --- |
| Poudy，1967 | 一连串动态过程，涵盖过程中所有的冲突事件与现象，及每一个冲突都是由一连串有关的冲突事件组合而成 |
| Rahim，1986 | 冲突为社会组织内部或者组织之间所表现出的不相容、不一致或者不协调的交互过程 |
| 邓东滨，1992 | 冲突可以泛指各种不同的争议 |
| Wall、Canister，1995 | 冲突是一种过程，在这个过程中一方感知自己的利益受到另一方的反对或者消极影响 |
| Robbions，1997 | 冲突为“一个过程”，这个过程中A可以用某种阻扰的形式有目的地对B的行为进行干扰甚至破坏 |
| 杨滨灿，1998 | 冲突为团队或者组织内个体对于彼此之间也有相互矛盾的观点或人际对立的认知程度 |
| 黄丽莉，1999 | 冲突分为静态和动态，静态的冲突指的是双方之间对立、抵触的紧张态势；动态的冲突则外显为相互竞争、博弈甚至攻击 |
| Achinstein，2002 | 观点和行为存在分歧（甚至明显分歧）或者感到某种程度的不兼容情形或者持续过程 |
| 王琦、杜永等，2004 | 冲突可定义为行为主体之间因某种因素而导致的对立的心理状态或行为过程 |
| Fairhurst、Putnam，2014 | 组织（个体）遇到不相容和困境时所经历的紧张局面，具体可以表现为组织在某一种情境中作出选择和前进时感受到的压力、焦虑、不适 |

续表

| 研究者 | 定义 |
|---|---|
| 李旭文、齐中英，2019 | 冲突是一个动态过程，冲突是企业中的相关个体或群体由于对环境、目标、任务、方法等不一致的认知活动、情绪反应以及随之采取的相互影响的互动行为 |
| 李博臣，2020 | 冲突是伴随着主体之间活动，由于环境、体制、结构、利益、权利等发生变化而导致的互相对立的过程 |

（2）冲突的分类

Deutsch按冲突范围将冲突分为自我冲突、人际冲突、群际冲突、组织之间的冲突以及国家或民族之间的冲突五类[141]。这种分类方式也在后续的诸多研究中得到了认可和应用[143,144]。其中，管理学领域主要关注的是组织冲突，即发生在组织内部、对组织产生影响的冲突问题，主要涉及组织内自我冲突、人际冲突和群际（部门之间）冲突。随着研究的推进，组织之间的冲突逐渐被纳入组织研究，以制度、场域等视角探索其对组织产生的影响，而区域及国家冲突则通常在企业国际化研究中被关注。井润田等认为冲突包含个体、群体和组织三个层次[144]。其中，组织冲突分为组织内部冲突和组织外部冲突。组织外部冲突分为组织与环境的冲突和组织与其他组织的冲突。组织与其他组织的冲突分为企业与其他企业、政府、非营利性组织等的冲突[145]。

本书主要关注的组织—环境冲突。每个组织都存在于特定的物理、技术、文化和社会环境中，并与之相协调以不断演化、良性成长。环境，指的是组织之外的所有影响组织生存和实现目标的能力的重要因素[33]。环境包括作为组织服务对象和向组织提供为达到其目标所需资源的客户、制约机构或者顾客。除此之外，环境还涵盖了更广泛意义的文化背景、社会制度安排等。为了更加简洁和准确地刻画组织—环境冲突，并结合冲突的基本概念和对环境的认识和界定，作者将组织—环境冲突概念界定为场域冲突。场域冲突表征的是组织与其密切相关的环境主体（包括相关企业、监管机构、顾客等）[48]之间不协调、不相容的情景，在冲突情形下组织感觉到约束与威胁。同时，组织环境是动态变化的，组织—环境冲突也总是处于不断变化之中[146]。

### 2.2.2 冲突认知与应对方式

（1）冲突的认知

关于冲突的认知主要分为两个派别：一个是固有冲突认知，认为冲突嵌入在社会发展过程中的客观存在，是始终存在的，这些系统本质上是自相矛盾的，因为它们是由自我和他人、个体和集体，以及内部和外部之间的界限来定义的[147]；另一个是构建冲突认知，认为冲突是非客观存在，是由参与者的认知和言辞构建出来的。Cunha、Clegg和Cunha将悖论观点之间的分歧描述为外部世界固有的物质或我们生活经验的社会建构[148]。

（2）冲突的管理与应对策略

美国行为科学家托马斯[149]提出了冲突处理的二维模式：合作性一方试图满足对方关心点的程度和坚持已见一方试图满足自己关心点的程度。以“合作性”为横坐标，“坚持已见”为纵坐标，定义了冲突的二维空间，并组合成五种冲突处理策略：竞争（不合作，坚持己见）、合作（合作、坚持已见）、回避（不合作、不坚持已见）、妥协（中等程度的合作、中等程度的坚持已见）和迁就（合作、不坚持已见）。与托马斯经典冲突管理策略有着相似思路的，Hwang结合中国文化价值观，如关系、面子、人际和谐和恩惠等因素，建立了适合中国社会的冲突解决模型。在该模型中，Hwang 提出两个冲突管理维度：一个维度是追求或放弃个人目标；另一个维度是维持或忽视人际和谐。他认为如果一个人选择放弃人际和谐，他会选择直面对方，而如果一个人选择维持人际和谐，他会选择容忍对方[150]。Oliver[151]归纳出了组织面对场域中制度逻辑的冲突的几种常见反应：默许、中和、回避、对抗、操纵。研究者认为组织可以根据不同的压力情景选择不同的应对策略。默许，是指组织采纳外部机构成员要求的安排。折中，是指组织试图通过对需求的轻微改变、对回应的轻微改变或两者的结合，实现与所有机构期望的部分一致。回避，是指组织试图排除遵守制度压力的必要性，或规避使这种遵守成为必要的条件。对抗，是指明确拒绝至少一项制度要求，试图积极地重新消除矛盾的根源。蔑视可以通过驳回或无视机构规定、公开挑战或质疑所施加的规范，或直接攻击或谴责这些规范来实现。操纵是指积极尝试改变机构要求的内容，并影响其发起人。

相对于固定的冲突管理策略，权变理论[152]综合了情景要素提供了一种对紧张局势的反应。权变理论假设组织系统在内部要素和外部环境之间实现一致或匹配时最有效，此方法探索在竞争需求中进行选择的条件。Putnam 和 Wilson 认为，解决冲突其实没有固定的模式或者最好的办法，特定冲突策略的选择主要是依据决策环境而不是决策者个人的限制，而决策环境包括冲突特性、双方关系、组织结构和环境等因素[153]。Pache 和 Santos[154]在之前研究的基础上，将冲突分为目标层面的冲突还是手段层面的冲突，建立了不同制度冲突情形下的组织反应模型。研究认为，当组织主要面临手段层面的冲突时，更容易采取折中和操纵两种策略，而不是回避和对抗；而当组织主要面临目标层面的冲突时，更容易采取操纵策略。无论是相对固定的冲突管理策略还是权变式管理选择，冲突管理都是一个动态过程。Robbins[155]进一步将冲突过程分为潜在冲突、认知介入、冲突意向、冲突行为和冲突结果五阶段，提出了一个比较详细的冲突过程模型（见图 2 -4），揭示了冲突的演进时序。

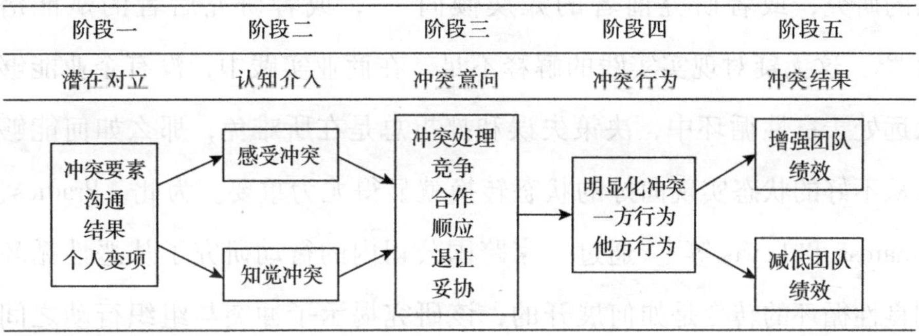


**图 2 -4　冲突的演进过程模型**

近年来，随着外部环境变化的进一步加剧，无论是研究者还是实践者都在思考，传统意义上的“稳定状态”在持续变化中是否存在[156]。特别是随着双元悖论视角[27]、建构主义[157]的兴起，研究者认为冲突一直贯通于事物的发展过程之中，组织变化过程就是组织理解和回应冲突的过程。

Smith 和 Lewis[65]通过对之前研究的整合，建立了在持续的冲突接纳和悖论式解决过程中实现组织可持续性，过程模型如图 2 -5 所示。作者认为由于组织的复杂性和适应性，组织流程中有矛盾且相互关联的因素，冲突是一直存在的，只是在多大程度上被组织成员感知到。当环境的复杂性和变化性加剧或者行动者开启悖论式认知的时候，冲突就变得显性化。一个促成良性循环的组织变革发展过程的关键环节是冲突的接纳。冲突接纳需要相对复杂和多元的认知和行动、情绪容纳能力和组织动态能力，反之如果行动主体坚持一贯的认知和行为，情绪上倾向于担忧和抵制，组织惰性无法克服，则会陷入恶性循环。悖论动态均衡模型促进了人们对于冲突与组织变革关系的认知，但研究对恶性循环和良性循环的理解主要来源于将其作为独立实体进行探索的研究，或者研究前者的瘫痪倾向[158]，或者研究后者的赋能潜力[65]，这无疑对现实实践的解释不足。在商业实践中，没有企业能够永远处于良性循环中，决策失误和挫折总是在所难免，那么如何能够以从不好的状态实现向好的状态转换就显得尤为重要。为此，Pradies、Tunarosa 和 Lewis 等[159]通过一家跨国公司内的行动研究了从恶性循环到良性循环的转变是如何展开的，该研究揭示了冲突与组织行动之间更加动态的交互过程。

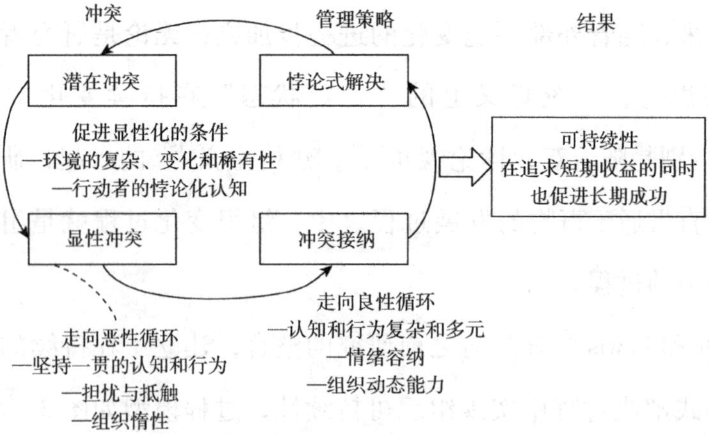


**图 2-5　通向可持续发展的悖论动态均衡模型**

与 Either-or 的冲突反应相比，Both-and 的途径有利于发展组织的悖论认知，促成危机情形下的快速反应，有利于即时性行动和调整。

不过，组织仍然陷入 Either - or 的犹豫不决中，整合的同时可以让对立重新浮现出来[160]；对于动态均衡的追求并不能取得满意的效果。因此，Both - and 的方式可能在短期内是有效的，但是对于组织管理冲突和悖论的长期策略却是一个较大的挑战。因此，应对矛盾的问题可能不是解决、应对甚至管理矛盾，而是如何从冲突局势中寻找能量并维持对立双方之间持续的相互作用[161,162]，将这种通过发展新的、具有创造性的整合去处理对立的两方的方式称之为 Janusian 思维①。从现有文献中进行分析，这类的处理方式主要有三个类别：①重构与穿越[163]；②构建第三空间、对话[160]；③自反性实践和非严肃性的运用[161]。

此外，随着中国管理实践在全球范围的突起，基于中国传统哲学和思维而构建的冲突认知和管理模式也逐渐获得了一些学者的关注。如席酉民[163-165]等提出的应对冲突的“和谐”管理模式。运用和谐管理理论进行冲突管理的主要思路如下：从分析组织所处的内外部环境出发，深入剖析组织冲突产生的动因，分离出引发冲突的物的要素和人的要素，针对物的要素和人的要素，分别在优化工具库（“谐则”）和不确定性消减工具库（“和则”）提取相应的工具，综合运用这些工具进行冲突管理，以使冲突维持在使组织绩效最大化的水平上。“和”定义为人及人群的观念、行为在组织中“合意”的“嵌入”；而“谐”是指一切物要素在组织中的“合理”地“投入”。Jing 和 Van de Ven[103]在研究中引入中国传统文化中的“阴—阳”思维通过识别与有意创造冲突形成组织

① Janusian 的想法是由精神病学家 Albert Rothenberg 提出的一个术语，用来表示同时考虑对立面的创造性益处。雅努斯（Janus）是罗马的开端和过渡之神，通常被描绘成两张脸朝相反的方向。罗森伯格认为，世界上一些最具创造力的思想家，在这种两面派的方式中，以“同时真实，又不真实”的观点，提出了自己的标志性观点。这可能会产生一些非常有创造性的想法。

变革的“势”以达到组织发展与变革的目的。在阴阳思维中，人们通过整体性的、动态性的和二元转化性的方式来认知和承接冲突[166-168]（见表2-5）。

表2-5 “超越冲突”视角下的途径归纳与呈现

| 类型 | 定义和特征 | 行动反应 |
|---|---|---|
| 重构与穿越 | a. 利用对立物之间的动态相互作用形成一个新的整体或一个新颖的视角；b. 在重构过程中，对立的力量相互包围，形成一个新的整体；c. 在超越中，对立的力量从边界转移到不同的意义层次；d. 可能引发意外后果 | a. 在新的关系中找到对立的位置<br>b. 发展超越性的话语<br>c. 寻找新颖和创造性的回应 |
| 构建第三空间、对话 | a. 关注对立的动态相互作用；从紧张中寻求能量；b. 开发新的模糊空间或区域；c. 将对立物视为同等重要、相互依存、相互交织的事物；d. 参与多方利益相关者学习；e. 需要时间、技能和专业知识 | a. 定位一个讨论性的站点，以加入悖论和矛盾<br>b. 发展利益相关者之间的合作对话<br>c. 对话中的对立物并置<br>d. 让多个声音分享差异 |
| 自反性实践和非严肃性的运用 | a. 利用张力打开意义，发展选择；b. 参与由情绪驱动的有目的的行动而不是理性的争论；c. 挑战正常边界 | a. 进行试错探索<br>b. 制定反思性定位<br>c. 从事幽默、讽刺和游戏 |

### 2.2.3 冲突发展方向和结果

综合目前的研究看来，冲突的发展方向可以分为两个方向：一种是冲突升级（escalation）；一种是冲突消减（de-escalation）。研究认为冲突发展结果或者方向取决于冲突双方的反应。就冲突升级而言，如果冲突的一方启动了严重的进攻行为，则相应引起另一方的加倍防御或者抵抗，使得冲突程度加剧[169]。相反地，冲突双方通过发出对对方表示友好的信号并采取一定实质行动，很容易缓解双方之间的紧张气氛。此外强调共同点、表现出建设性的问题解决态度、向对方道歉、共同谈判来协商如何解决冲突等都是有效的消减方式。冲突的高成本、冲突导致双方身心疲惫，以及随着时间流逝、冲突各方回顾反思最初冲突的目的等都可能使冲突消减[170]。

随着研究的推进，Pache 和 Santos[154]进一步探索了不同的应对策略可能带来的不同结果，从而为组织在冲突应对中更好地判断提供启发。表 2－6 展示了不同应对策略可能带来的影响。从最近的研究可以看出，无论是内嵌于组织场域中的竞争性制度要求，还是环境不确定性带来的其他冲突，组织对于冲突的响应都可能带来一些负面影响，这些负面影响形成新的冲突局面，进一步影响着组织的发展路径。例如，选择折中的方法可以增加组织的合法性和可持续性，却进一步增加了组织的复杂性和内部冲突的可能性[171]，并给组织身份带来新的挑战[172]。

**表 2－6　　不同的冲突应对策略及可能存在的影响**

| 不同的应对策略 | 折中 | 对抗 | 操纵 |
|---|---|---|---|
| 对反应的描述 | 尝试实现部分整合，以至少部分满足所有关键的制度要求 | 明确拒绝至少一项制度要求 | 积极尝试改变制度要求的内容 |
| 举例 | 混合（结构混合或融汇） | 抵制 | 合作<br>游说<br>制度创业 |
| 可能带来的正向影响 | 增加合法性<br>获得象征性和物质资源<br>可持续性 | 自主和自由裁量权<br>提高特定受众的合法性 | 增加合法性<br>可持续性<br>重新定义合法性标准和规则，以有利于组织 |

续表

| 不同的应对策略 | 折中 | 对抗 | 操纵 |
| --- | --- | --- | --- |
| 可能带来的负向影响 | 组织复杂性<br>效率降低<br>内部冲突<br>身份斗争 | 合法性的丧失<br>组织污名<br>非法行为对行业的溢出 | 内部政治冲突<br>治理危机<br>场域不稳定导致组织失败 |
| 更有利于策略实施的组织环境 | 领导技能：<br>了解多个选区<br>情绪能力<br>结构和过程：<br>谈判空间<br>社会化实践<br>包容性治理 | 领导技能：<br>印象管理<br>框架技能<br>结构和流程：<br>身份管理流程 | 领导技能：<br>弥合不同处方之间的差距<br>说服机构参照者的修辞和框架技巧<br>阐明新规范愿景的理论<br>结构和流程：<br>组织自由空间<br>濡化过程 |

### 2.2.4 冲突与组织变革

在间断性变革取向下，学者主要关注的是组织变革（转型）引起的不同群体或者部门之间的冲突，将冲突解决作为变革控制和达成的标志。在持续性变革取向下，研究者认为冲突一直贯通于组织化过程中，主要关注组织层面冲突（Tensions）的管理和承接过程。

#### 2.2.4.1 冲突作为变革的诱发因素

根据前面对于间断性变革的研究回顾可以看出，组织的内部结构与感知到的环境变化之间的不协调所带来的冲突是触发组织变革的核心情景，这种冲突表现在组织—环境之间[173]。在经典的勒温模型中，变革实施所面临的主要冲突则转移到组织内部。组织惯性和惰性的存在将对变化的实施产生巨大的阻力，在长期的互动过程中，组织无论是在结构、学习、知识、文化等方面都趋于稳定，这必然导致组织内部对于变化产生分歧的态度。一部分人更倾向于响应外部变化，积极变革，提升组织的适应性；另一部分则倾向于维持现状，抵制变革，保持组织的稳定性。

图2－6简单展示了间断性变革取向下，冲突与组织变革之间的关系。可以看出，在早期的研究中，组织结构与外部变化之间的冲突是组织变革启动的诱发因素，而变革驱动和变革阻力的冲突则是组织变革解决的主要问题，冲突解决意味着组织进入了新的平衡状态，是阶段性组织变革的最终目标。

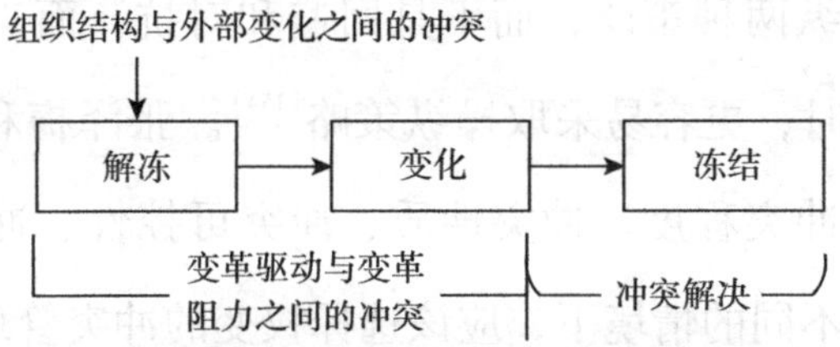


图2－6 冲突与组织间断性变革

#### 2.2.4.2 冲突作为变革管理的主要内容

对于事物的发展而言，潜在的冲突是一直存在的，但变革的启动往往将一些冲突显性化。在传统视角上，组织变革通常是针对某一外部变化或者内部需求的调整而发起的改变行动，这种行动一般都涉及人员调整、结构重组或者资源的再分配过程。人员、结构和资源的再分配意味着一部分人员将不再处于非常有利的位置，这使得组织成员之间的对立感变强，原来潜在冲突变得显性[174]。Raza和Standing认为组织变革常常导致冲突，而冲突往往隐藏在变革过程中[175]。处于转型或变革时期的组织通常面临着巨大的身份危机[176]，使内部成员感觉到模糊，同时也将会影响到已有的相关主体，如合作伙伴、竞争对象等主体对企业的印象发生变化，从而在与不同相关主体的交互过程中出现新的冲突。

对于实践者而言，冲突管理是组织变革是否顺利实施的关键。上两节的论述中已经看到研究者探讨了几种不同的冲突策略，以及这些不同的策略如何影响组织变化。冲突管理大致遵循冲突认知、冲突处理到冲突结果反馈几个关键过程，在冲突管理过程中，冲突识别和认知是冲突处理的前提。Pache 和 Santos 在之前研究的基础上，将冲突分为目标层面的冲突和手段层面的冲突，建立了不同制度冲突情形下的组织反应模型。研究认为，当组织主要面临手段层面的冲突时，更容易采取折中和操纵两种策略，而不是回避和对抗；而当组织主要面临目标层面的冲突时，更容易采取操纵策略[154]。张泽梅和陈维政通过对冲突力量对比、冲突程度、冲突性质、冲突可控性、冲突紧迫性因素的分析认为，在不同的情境下，应该选择权变的冲突管理策略[177]。

#### 2.2.4.3 冲突贯通于组织变革过程

近年来，随着外部环境变化的进一步加剧，无论是研究者还是实践者都在思考，传统意义上的“稳定”在持续变化中是否存在[156]，研究者倾向于认为冲突一直贯通于事物的发展过程之中，组织变革过程就是组织理解和回应冲突的过程。Jay[160]基于过程视角，揭示了混合组织中不同制度逻辑共存的情况下，制度逻辑之间的冲突如何贯穿于组织过程，并影响组织变革过程。在研究中，作者认为混合组织由于需要回应不同的外部需求，通常面临着不同制度逻辑冲突，导致出现一些悖论性的结果。意义构建在重新诠释成功或者失败的过程中扮演着非常关键的角色，从而引导组织身份的维持、修改或者改变，推动企业进入新一轮的变化。

意识到冲突一直贯穿于组织发展过程中，持续性变革取向下研究集中于组织变革中的冲突和悖论的发展和管理，特别是冲突如何随时间演变，参与者如何应对，以及这些行动和反应如何在变革过程中发挥作用。Panayiotou、Putnam 和 Kassinis[2]在研究中指出，之前的大量研究虽然看到了冲突视角带给组织变革研究转向更加动态的趋势，但大多停留在如何使得变革过程的冲突力量在组织层面处于一个平衡的状态。而他们认为基于过程观的组织变革实际是“组织化”的过程，在这个过程中，组织边界（跨越不同层级的）不是一成不变的[3]，组织边界应该是随着连接微观决策和中观—宏观行动的连续事件的变化而变化的（见图 2－7）。

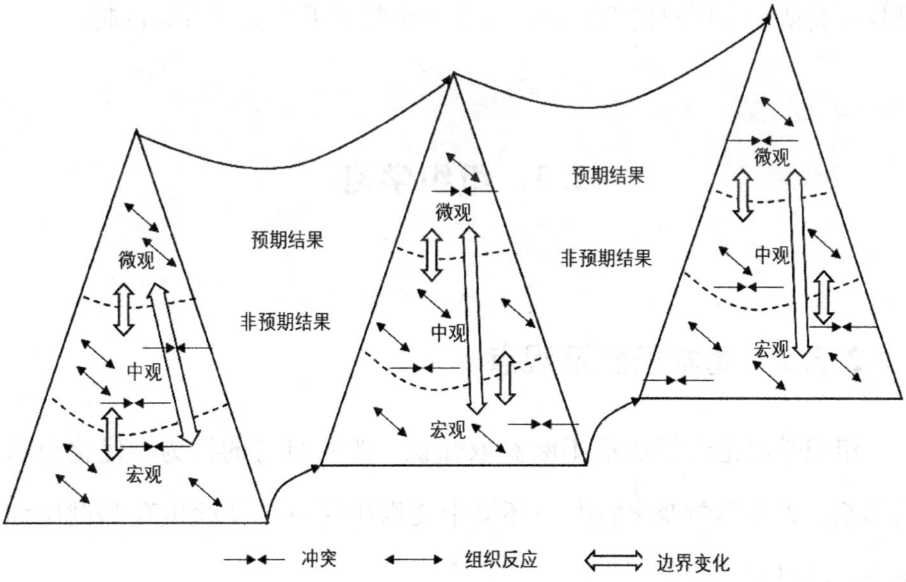


**图 2－7 多层次变化的反射性关系与组织变革过程**

### 2.2.5 研究述评

关于冲突的研究由来已久，无数的研究已经表明，作为相互依存的情景中的组织和个体总是处于冲突之中，并不断创造冲突并试图解决和管理冲突。组织冲突重点研究发生在组织内部、对组织产生影响的冲突问题，主要涉及前三个层次的冲突，即发生在组织内部的自我冲突、人际冲突和部门（群体）间冲突。更广层面的冲突表现在组织之间的冲突和地域国家冲突等。在这个过程中，之前学者多关注在组织冲突与变革之间的问题，缺乏关于场域冲突如何影响组织变革的研究。而在持续性变革下，场域冲突可能恰恰是推动组织持续变化的源头力量。场域冲突发生以后怎样演变？冲突升级或消减的原因是什么？这种演变过程能否人为控制等，对这些问题的研究有助于我们进一步寻找冲突认知和应对的新途径，建立冲突常态下的变革适应机制。

## 2.3 组织学习

### 2.3.1 基本概念及观点

组织学习是组织成员不断获取知识、改善自身的行为、优化组织的体系，以在不断变化的内外环境中使组织保持可持续生存和健康和谐发展的过程[26]。

组织学习是组织持续变化和更新的关键能力[178]。当前，认知视角[179]和社会交互视角[180]是组织学习研究的两大主要视角。其中，认知视角下的组织学习主要关注组织背景下的个体学习或者个体学习的集合，尤其是那些组织中的关键个体，如负责人、经理层人员的学习过程。组织学习是处理、解释和回应内外部显性信息的有效过程[181]，因此大量研究都关注了组织学习的关键过程以及不同模式。

社会交互视角下的组织学习起源于社会学习理论[180]，这种观点之所以被视为社会性的，是因为人们将通常发生在工作场所的社会互动作为组织学习的源头。在此基础上，组织学习侧重于个人解释或理解工作经验的方式[182]。社会视角意味着个体是社会性物种，他们共同构建对周围事物的理解，并从组织等社会系统内的社会互动中学习，由此，对话被认为是组织学习过程中的核心活动[183]，通过对话，组织集合了个体的学习、意义创造和对事情的理解。

### 2.3.2　组织学习过程

当组织学习被视为一个过程时，组织变革的过程的内核可以视为一个学习的过程。对于组织学习过程的研究也伴随着最基础的组织假设变化而不断发生着变化。在组织整体假设下，组织学习的过程更多关注在组织内部活动；当组织被视为环境系统的一部分时，组织学习的过程逐渐转移到外部环境与组织行动的交互过程。

Argyris 和 Schon[184]提出的四阶段模型是间断性变革模式下典型的组织学习过程，这个学习过程通常以某一个冲突情景为刺激而开始，经历发现问题—发明解决方案—执行解决方案—推广方案和规则的线性过程。这样的学习过程可能是简单有效的，但却被质疑不适合解决组织发展的长期问题，于是研究者认为组织学习应该是一个拥有反馈过程和知识库的闭环过程，以保证组织学习过程的持续性[185]。陈国权[186]进一步完善了这个模型，提出6P－1B模型，6P是指包含发现、发明、执行、反馈、推广和选择这六个过程，1B是指一个基础知识库。在这个模型中，研究者强调了组织与外部环境的及时交互，并将知识库和知识管理放在中心地位，知识库为过程中的每一个环节提供了原料，从而促进更高效和持续的组织学习。具体模型如图2－8所示。

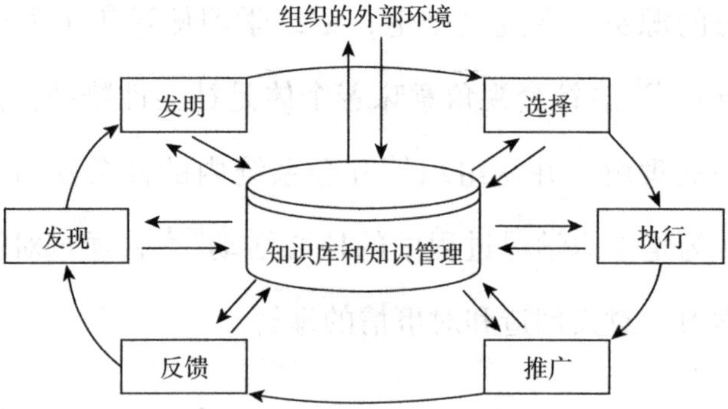


**图2－8　组织学习的6P－1B模型**

随后发展起来的基于信息处理和知识视角的组织学习过程，则更倾向于将组织视为一个信息处理和知识吸收、转化系统，而不是一个整体结构，更加契合组织变革解释从间断性（计划性）向持续性（涌现性）的研究转向。信息处理视角通常认为组织学习包含了信息获取、信息扩散、信息解释和信息记忆（储存）四个环节[187]。其中，知识获取指的是通过特定活动来获得信息和知识，具体过程有：先天学习、经验学习、替代学习、嫁接和搜索；信息扩散是组织学习发生和组织学习广度的决定因素，信息扩散最重要的一个方面是使信息拥有者和信息需要者快速找到对方；信息解释是指赋予信息意义的过程，也可以解释为翻译事件、发展共同理解和概念方案的过程；组织记忆是指信息和知识在组织中的存储，以备将来使用。

Slater 和 Narver[188]也认为组织学习包括信息获取、信息扩散、共享解释和组织记忆四个不断循环的过程，这四个过程是构成组织学习和行为改变的基础。他们进一步将组织学习分为适应性学习和创造性学习两种类型，适应性学习发生在已识别的或未识别的约束中，创造性学习发生在这些约束之外。当组织愿意质疑长期以来关于其使命、客户、能力或战略的假设时，创造性学习发生，适应性学习为了获取新的信息和获得新的解释，需要跨越学习边界寻求知识发展，而组织学习过程是限制在学习边界内的适应性变化。具体模型如图 2－9 所示。

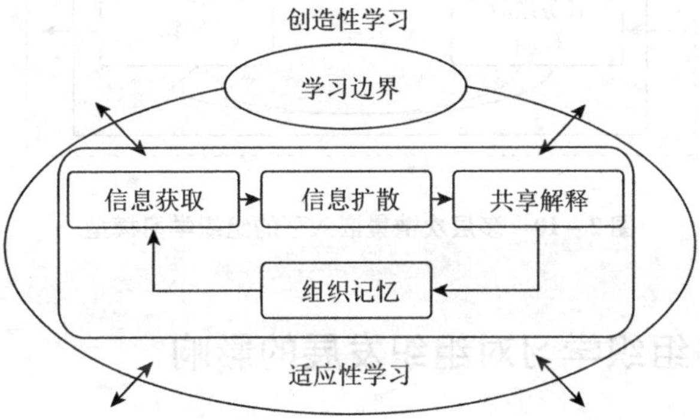


**图 2－9　围绕信息处理的组织学习过程模型**

伴随着实践的发展，时序性和情景嵌入性成为组织学习过程的重要考虑点。Argote 和 Miron－Spektor[189]在对组织学习相关研究发展进行归纳的基础上，指出组织学习在未来应该充分考虑到其嵌入在什么样的情景之中，这个情景包括环境的状况，如竞争者、监管者、制度等和组织自身的状况，再如组织的结构、文化和身份等。他们认为活动情境、任务绩效经验和知识三个要素是构成组织学习的三个关键情景。

具体来讲，组织过往任务经验与环境发生交互，从而形成新的知识，组织知识又包括知识转移、知识保留和知识创造三个子过程，知识创造是指新知识的产生。知识保留是指知识在组织记忆等存储库的储备，知识转移是指间接地从他人经验中学习。新的知识产生将影响组织对于外部情景的感知和解释，从而塑造新的组织活动情景，同时活动情景也受到环境情景的直接影响。活动情景下组织的行动过程又将成为保存在组织中的经验，一次循环。具体模型如图 2－10 所示。

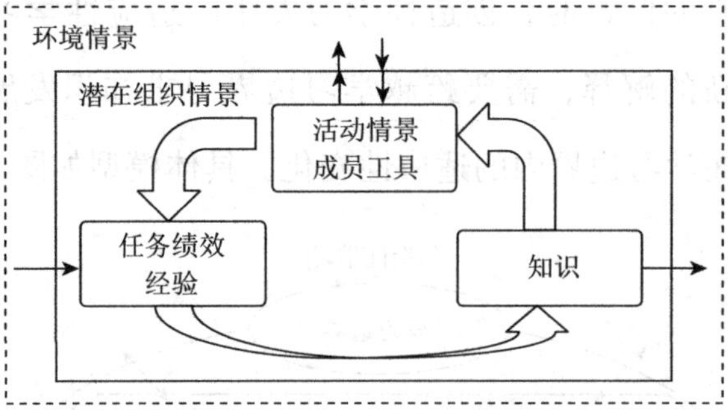


**图 2－10　多层次情景嵌入下的组织学习模型**

## 2.3.3　组织学习对组织发展的影响

作为改变组织认知和行动的主要途径之一[189]，组织学习在组织发展中的重要性一直受到高度关注。在研究过程中，组织学习首先被认为是组织克服和打破惯例的关键过程。人们认为阻碍组织发展的往往是组织惯例，组织学习将有组织惯例的更新[41]。王永伟等[140]研究认为，组织学习过程是联通变革型领导与组织惯例更新之间的桥梁。惯例的突破与组织创新总是相关的，不少研究发现了组织学习与创新之间的紧密关系。田庆锋等[190]验证发现组织学习显著正向影响商业模式创新。谢洪明等[191]发现组织学习显著正向影响技术创新和管理创新。

动态能力普遍被认为是组织在不确定环境中保持成长的重要保障，而组织学习促进了组织动态能力的提升[192]。动态能力是指环境感知能力、响应能力和重构能力的集合[193]，而对于变化较快的环境的感知、响应和重构都非常依赖组织对于新知识的搜索和吸收。焦豪等[194]认为动态能力源于一种系统的、稳定的组织学习机制，强调动态能力构建与提升应该具有学习性和连续性。因为外部环境变化下，组织已有的竞争力和知识总是落后的，组织学习通过搜索新的知识、更新知识结构，为组织应对变化的环境提供知识储备。曾萍和蓝海林[195]也认为学习机制是动态能力不断进化的根本手段。在适度动态的市场中，动态能力的进化强调相似条件下的差异化，即主要通过适应性学习修正组织策略和行为错误来适应环境，从而表现为协调整合能力的发展；而在高速变化的市场中，动态能力的进化则强调不断调整成长路径，即主要通过创造性学习和再学习，对组织既有的假设产生质疑，进而修正甚至建立全新的心智模式，主要表现为重组转型能力的提高。

组织学习通过对惯例更新、动态能力等影响，往往推动了组织战略变化和组织变革。芮明杰等[196]认为组织学习通过获取和更新知识，直接影响企业在转型过程中的战略目标确立和执行过程，从而影响组织的战略变化过程。李军等[193]研究发现组织学习显著正向影响战略变化的速度和幅度。

在过程基础观（Process - Oriented）下，组织变革就是持续的组织学习过程。Jay[160]基于过程视角，在研究中作者认为混合组织由于需要回应不同的外部需求，通常面临着不同制度逻辑冲突，导致出现一些悖论性的结果：从一种制度逻辑上看是成功的，但从另一种制度逻辑上看是失败的。意义构建在重新诠释成功或者失败的过程中扮演着非常关键的角色，从而引导组织身份的维持、修改或者改变，推动企业进入新一轮的变化之中。

### 2.3.4 双元学习和双元能力

根据组织学习的程度和方式，March 将组织学习分为探索和利用两种行动方式[45]。其中利用强调的是在已有的经营活动领域内，整合资源、知识、能力，以满足短期效率的提升；探索则强调企业不断发现新的机会进而拓展业务空间，更多倾向于改变、试验、冒险、应变。对应到组织层面的战略调整和变革，探索往往意味着多元化和具有区分度的行为；利用则往往意味着组织聚焦化和缩小差异化的行为。随着研究的发展，探索—利用的含义逐渐被拓宽，延伸到企业创新、组织适应等方面。

什么样的情景在影响组织的探索—利用行为选择呢？现有研究结论可以归纳为环境层面、组织层面和组织内部（主要是管理人员团队）。环境层面主要显示为环境的动荡性、竞争强度、专利归属状态等。部分研究者认为动态环境往往会使现有的产品和服务过时[197,198]，需要组织进行探索。同时，在稳定的环境中，探索性活动有更好的生存机会，动荡的环境有利于组织能够迅速利用新兴的机会。另外，后续有研究则认为，环境动荡性对探索的影响受到动荡程度和频繁度的影响[199]，持续动荡的环境将对探索成果的保留具有破坏性，同时造成组织资源的紧张。同样地，企业面临的外部竞争强度越大，越有动机去进行探索[200]。专利归属状态显示了组织的创新成果被保护的程度。通常情况下，专利归属状态好的国家和区域更容易进行探索，而专利归属状态差的国家和地区则更倾向于进行模仿。

组织层面的影响情景比较复杂，从最基础的企业年龄、结构，到企业的资源、能力、身份文化。一般而言，新创企业规模较小，具有较高的风险偏好，相比成熟企业更容易进行探索[201]。从结构上而言，机械化结构对于职位及功能的规定比较固定，容易形成工作常规和特定路径，更倾向于利用[202]，而有机型组织往往能更加灵活地进行新机会的搜寻，获得创新。组织的探索性行为与吸收能力紧密相关。吸收能力是组织评估外部知识的价值，将其内化和应用的能力[203]。组织的吸收能力增强了它与外部环境的相互作用[204]，并改善了发生在其亚单位内部或单元之间的学习。因此，吸收能力使组织能够主动运作并探索新兴技术和市场机会[205]。

组织资源与探索—利用之间的关系主要涉及资源冗余。资源冗余代表的是组织发展之外的资源总和。资源冗余与探索—利用之间的关系具有较大的争议性：一方面，部分研究者认为资源冗余为组织探索提供了空间和风险缓冲，更容易促使企业在现状之上进行拓展[206]。另一方面，一些研究者发现资源冗余通常显示出较强的市场占有率和竞争力，容易让企业感觉现状良好，没有必要进行探索[207]。组织的身份和文化为其成员提供了组织目标、使命和主导逻辑的视角，指导探索性和开发性活动[208]。随着组织的发展、成熟，逐渐建立起一套身份和文化系统，相对稳定的文化系统其实在很大程度上对成员的思考模式形成了框架，使得组织难以跳脱出固有的思维进行探索。因此，大量的企业也意识到了这一点，将创新本身就纳入文化建设，帮助组织进行探索性活动。

管理人员层面的影响情景主要涉及风险偏好、绩效反馈以及过去经历。当然，组织通常处于一种复合的情景之中，不同层面的情景常常被结合在一起进行考察[22]。例如，外部环境的动荡性对于探索—利用的影响受到组织风险偏好的影响，对于风险厌恶的经理人而言，越是动荡的环境越使其倾向于进行利用。

双元能力，是指企业具备在致力于创造新的知识的同时也可以不断提炼利用原有知识的能力[27]。双元性组织，是指具备双元学习能力的组织，它们能够根据企业内部资源和能力、组织目标和外部环境变化需要进行动态自适应，包括自适应性、动态性、创新性、灵活性、变革性。组织资源是存在限制的，在组织中探索和利用是无法同时兼顾的矛盾性行动。综合以往研究，探索—利用的权衡主要表现在短期效应还是长期效应、关注当下还是关注未来、稳定性还是适应性等方面。

组织有意识地作出选择，通过资源分配的决定来支持探索或利用活动，从而面临这些活动预期后果之间的权衡。组织权衡是存在选择目的性的，组织往往偏向于新知识和新机会的寻求而非在已有资源下的生产力优化和长期创新能力的提高。同样，通过将资源分配给现有技术的改进和现有能力的利用，而不是开发新的技能和能力，组织可以在未来面临过时风险的情况下实现即时可靠性[209]。这种紧张关系类似于决定现在是否应该为未来作出让步。此外，探索与利用之间的权衡还涉及在稳定性和适应性之间作出选择。通常情况下，选择变化或者灵活性策略倾向于探索，而稳定和组织惯性则常常与利用已经存在和知道的东西联系在一起[209]。如果一个组织专注于利用，则是以灵活性交换稳定性。这种情况下组织容易进入惯性之中，使其在环境变化时面临着巨大的威胁，反过来一个组织如果将大量的资源投入探索，可能会在很长一段时间内面临着极大的不确定性[210]。表 2－7 比较了不同的平衡方式。

表 2－7　　　　探索—利用的几种平衡模式

| 平衡模式 | 情景双元 | 空间分割 | 时序分割 | 领域分割 |
| --- | --- | --- | --- | --- |
| 关注点 | 个体和组织层面 | 组织层面 | 组织层面 | 组织层面 |
| 平衡机制 | 通过发展一种支持性的情景让成员能够自己选择，从而在整体层面达成平衡 | 将探索—利用活动分别归属于不同的组织单元 | 从时间上实现探索—利用的连续转换 | 将探索—利用活动分别归属到不同的方向和领域 |

## 2.3.5　研究述评

冲突常态往往意味着组织需要及时处理和响应更加复杂和多变的信息。组织学习是处理、解释和回应内外部显性信息的有效过程，学习能力是组织持续变化和更新的关键能力。已有研究已经充分认识到双元学习在动态环境下对组织成长和发展的重要性：通过同时转动探索式学习和利用式学习，有助于组织在利用冲突带来的新的机遇的同时，降低冲突响应的不确定性。

现有研究大多聚焦如何使探索与利用处于相对均衡的状态，从而达成组织的可持续发展，并相继提出了时空间分割、结构分割、情景双元等均衡策略。然而，无论是时序双元还是结构双元，都是假定外部环境相对稳定，关注依靠组织自身实现“探索—利用”之间的平衡，具有一定的规划性且依赖于组织资源、结构和能力。对于大多数的企业而言，想要一开始就达成探索与利用的平衡显然是极具挑战的。双元学习的实现过程还有待探索。

## 2.4 组织场域

无论是组织变革的研究取向由间断性变化转向持续性变化，还是在更加广阔的情景空间里探索组织—环境冲突的承接，都有必要将组织融入更加开放的系统之中进行分析。场域理论聚焦点在于组织和环境的交互与组织发展之间的关系，核心点在于组织所处环境具有开放式特点，而非孤立与封闭的系统。将场域理论引入组织变革的研究对于在中观层面上了解持续性变革的驱动过程是有帮助的。

### 2.4.1 相关概念及理论起源

在组织发展和组织能力建立过程中环境是关键条件，而场域理论能够给组织所处的环境带来一种定义方法。Burnes 和 Cooke[37]认为在组织变革的研究中应该多注重环境的作用，将场域理论应用至组织变革中去解释环境的作用机理是一种重要途径。

#### 2.4.1.1 场域

场域理论（field theory）创立于 20 世纪 20 年代的物理学中。场域在物理学用于定义空间中电荷或者粒子的运动状态和力状态。Back 研究将场域理论应用于社会科学，在场域的完整度、复杂度层面进行评价[211]。Lewin[212]认为场域是相互作用的整体共存事实其核心观点描述为准静止平衡，即在环境影响下群体存在准静止的平衡模式。Lewin[1]定义了力场（force field）概念用于描述驱动力与阻力，两者共同决定个体或者组织行为状态和状态变化量。同时将研究对准个体焦点，确立了三类受力：一是强度相同的正向力间；二是强度相同的负向力间；三是强度相同的正向力与负向力间的不同力冲突形式。为了减缓多种力带来的冲突和紧迫，个体层面上不同的个体形成的行动方式是存在差异的。

社会学的场域概念源于布迪厄对场域的阐述，他将场域定义为“客观存在的位置之间相互关系构成的网络体系，是具有相对独立性的社会空间”[34]。布迪厄认为，在社会生活中真正作为现实性存在的一定是各种社会关系，离开社会关系去谈论社会现象只能是观念中的抽象，只有在各种关系中发生复杂社会联系的社会因素才是真实的现实存在[25]。场域是宏观环境和微观行动者的实践媒介，场域将外部的经济、环境、政治、文化等要素重新组合重构，并反向加载于特殊场域的行动者上，且作用模式是间接形式[34]。布迪厄定义的场域是广义的而非狭义的物理环境，包括广义上的他人与个体存在关联的行为和对外部情景的感知。总结布迪厄的观点，场域存在狭义和广义两个层面：狭义层面，即现实物理场（physical field）；广义层面，即需要个体感知外部获得的心理场（psychological field）。心理场是来自物理场中的，且感知结果在个体上具有差异性。场域不是现实层面上具有界限的场地，而是客观而非主观地位于物理场中教育、文化、政治等环境中，且具有茁壮的发展潜力和活力。

运用到社会学分析中，场域作为分析的基础要素由多个群体共同构建。网络、位置和构型是三个关键概念。首先，网络是场域分析的基本概念，表现为各种关系的社会网络。其次是行动者在网络中的位置，占据不同的位置就会有不同的资本；最后，构型则是指场域本身有自己的结构和运行逻辑，是一种被参与者共同理解的文化和规则、制度所建构的。广义的场域是围绕着某一个议题而形成的聚合性社区，场域中包含的是一切与议题相关的组织和个体。在这个层次上，场域并不限于某一个行业或者产业，虽然很多时候一个行业或者产业因为长期的联系更容易被认为是一个场域[213]。在宽泛的场域定义下，场域根据议题的变化而变化，具有流动性和议题相关性[214]。

#### 2.4.1.2 组织场域

随着研究的深入，场域理论逐渐被引入组织研究之中。借鉴布迪厄的场域思想，DiMaggio 和 Powell[35]将组织场域定义为在经济活动中的各种要素的组织的集合，包括核心供应商、社会资源、消费者、监管组织、产品生产商和服务提供机构等。从这个角度看，场域概括的是组织相关行为者的总和。组织场域的构型与场域网络的复杂性相对应，场域中的各行动主体相互作用，持续影响场域的形成和发展。因此，场域的定型通常是社会构建的结果，是由行为主体之间相互作用引起的制度创业、资本争夺、治理机构发展、共同愿景设立、集体价值创造等一系列互动活动的结果[215]。因此，发展到组织研究中，场域的边界虽然是动态的，难以明确界定的，但相对于布迪厄提出的“场域的边界就是场域作用消失的地方”又更加明晰了一些。

场域应用到组织制度主义研究时被当作宏观与微观层面间的媒介，

用于连接制度环境和组织个体。制度逻辑在引入场域中介后，才从抽象落地到实际，具体到实际的组织实践和组织日常，抽象的冲突也才能通过实际行动施加制度压力至组织上[216]。简而言之，制度逻辑的实际参与者需要一个具体的场景用于承载逻辑间物理的或者广义的作用力，而场域正好给予组织这个功能。

### 2.4.2 组织场域的构成

组织场域的变化与组织变革过程密切相关[217]。作为制度理论研究中的一个重要概念，随着制度理论的发展，学者对于组织场域的认识也发生了变化，从最初关注场域的结构性特征（场域中的成员是如何排列的）[35]、场域成员之间的关系[218]，到关注场域内不同制度力量之间的发展趋势[219]。由此，制度逻辑也成为组织场域的重要组成部分，组织场域被类比为一种“制度战场”，研究者认为所有组织场域都包含了竞争性的制度逻辑，这些竞争性的制度逻辑通过对主导地位的不断争夺，推动了组织场域的变化。

#### 2.4.2.1 成员结构

DiMaggio 和 Powell 定义的组织场域为关键供应单位、产品资源、消费对象、监管单位和与此含义接近的产品或服务提供单位的集合[35]，可以列出和计算的可识别参与者构成一个场域。成员结构往往是场域分析的基础，在不同的研究中研究者首先通过识别和展示场域中的成员组织作为后续分析的起点[220]。如 Reay 和 Hinings[221] 在分析加拿大系统制度变化的过程中，识别出制度变化前后场域中包含的医疗机构、医疗监管部门、医生、私人诊所、医药公司等核心成员组织的分布情况及变化。程宣梅、谢洪明等[222]在研究中国专车服务制度变革过程中，识别出专车平台、专车司机、监管部门、出租车司机、出租车公司、消费者、投资人、媒体机构等核心场域成员。

#### 2.4.2.2 成员关系

Scott[223]通过关注成员之间的关系深化了对组织场域的领悟：场域的构建表明一个具有广泛意义的系统形成，系统内的成员的联系相比较外部成员更加紧密，且系统内的成员之间是相互关联的。布迪厄认为，权力是理解成员关系的核心标志。Everett[224]认为组织间存在因为权力和有利地位的竞争行为，场域是竞争行为的最终结果。同时，新制度结构会随着场域的权力架构变化而形成，基于权力拥有者竞争形成的场域也是权力和冲突的主战场。

大量研究已经表明，场域中成员交互关系的性质及关系变化往往是带动场域和组织变革的关键所在[225,221]。对于相对薄弱的成员交互关系，场域中成员交互越频繁，越容易引起新的变化产生[226]；同时，场域成员交互关系性质的变化，如从积极交互关系转为消极交互关系，或者从消极交互关系转为积极交互关系都可能导致场域的变化，并影响组织的变化和发展[227]。

#### 2.4.2.3 制度逻辑

组织场域所关联的“制度逻辑”概念来源于场域理论中的“惯习”。惯习概念中融合已有的经验，基于概括上连贯的系统方式回应场域的要求[35]。惯习是在过去的经验上再创造，具有创造性特点，能够在构建力量上左右场域发展。

组织场域中成员在长期互动过程往往收敛为集中不同的制度力量，

这些制度力量被定义为制度逻辑。制度逻辑是指社会建构的、历史性的文化象征符号、物质实践、假定、价值观和信念，支配着人们的日常生活并赋予其意义[228]，它塑造行为主体认知和行为的一系列信念和规则[229,230]。

制度逻辑的形成源于组织场域内行动者长期的社会互动和逐步建构，因此制度逻辑非常具有情景化特征。除了最初研究者归纳出的西方社会主导的集中制度逻辑（市场、企业、职业、家庭、宗教和政府）之外，组织研究者则根据不同的研究场景提炼归纳出不同的制度逻辑。例如，Thornton[231]基于高教出版社的案例归纳出市场逻辑和编辑逻辑；Reay 和 Hinings[221]分析了在加拿大的医疗改革，归纳出专业医疗的制度逻辑和健康预防的制度逻辑；Dunn 和 Jones[229]对美国医疗教育行业中医疗逻辑和科学逻辑的互动过程进行了研究，分析了两种竞争性制度逻辑相互重叠、冲突和替代的演化过程。Jaskiewicz、Heinrichs 和 Raud 等[232]研究了家族企业的管理者如何在领导人继任的过程中管理家庭逻辑和商业逻辑。

### 2.4.3 场域的形成与演化

DiMaggio 和 Powell[35]研究指出，组织场域的形成过程是一个结构化的过程。这个过程通常表现在以下四个方面：一是场域成员之间互动的频率和程度增加；二是场域之中逐渐出现明确的支配结构和联盟模式；三是场域内成员为了发展活动必须掌握和处理的信息量增多；四是场域成员由于具体任务关联在一起增加了了解并逐渐达成共识。一部分学者认为，场域一旦形成就意味着将在很长的时间内保持稳定[35,233]。这种稳定性来自于场域强大的同构力量，这种同构力量有可能是来自于监管机构的强制性规范[234,235]，也有可能是新进入组织处于成长和规避不确定性压力而进行的模仿行为[35]，或者源于专业化进程，专业化可以通过两种方式形成同构：一是基于高校专家所制定的认知性的正式教育和合法性制度；二是跨组织的，并且使新模式能迅速扩散的专业网络之间的合作。

后续研究在不同类型的场域中对场域的同构过程进行了分析。例如，Krücken 等[121]以德国高等教育为分析对象，发现场域中的学校或者相关机构倾向于在模式上保持一致，这种一致性同时受到了强制性、规范性和模仿性压力的影响，但是施加影响的主体有所差异：强制性压力来源于政府部门，规范性压力则来源于同行之间形成的专业化，模仿性同构则主要是由不确定性产生的。此外，一些学者沿着这三种同构机制指出，组织发展过程中存在国际化同构现象[122]。他们的研究表明，瑞典日用品零售商在国际化进程中存在跨国界的交互、活动和关系，也遵循着强制性、规范性和模仿性同构机制。其中，强制性同构压力主要来自于政府部门等参与者所施加的控制机制或法律法规；而在规范性压力下，组织往往开发出共享的规范和价值观；在模仿性同构压力下，组织认为场域中存在理所当然的惯例或结构，或存在最好的惯例，使得组织常常模仿其他组织。

场域并不是一种和谐、稳定的社会区域，而是充满了冲突和矛盾[236]，越来越多的研究开始关注场域的演化过程。之前有研究认为，场域演化的程度根据场域的成熟度有所差异。对于新兴场域而言，规则和管理都尚未建立，场域演化是一个从无到有的过程，显示出一种极大的不确定性。Maguire 等研究了加拿大艾滋病治疗组织场域的案例，提出了新兴场域制度创业的三个关键过程（见图2-11）[131]。新兴场域意味着缺乏主导成员，尚未建立稳定的关系，也缺乏统一的规范。因此，出现一个场域成员首先占据场域中的主导地位是新兴场域建立的基础。这个场域成员必须具有两方面的力量：一是动员分散的社会行动主体的力量；二是聚焦分散的社会资源的力量。首先，主导成员通过汇集不同的利益诉求和与不同利益全体建联盟关系建立起场域的相对稳固关系。其次，场域成员在频繁的互动过程中，逐渐将新的实践与旧的惯例结合，把新的实践与价值观进行整合，建立起场域的统一规范，完成制度化。

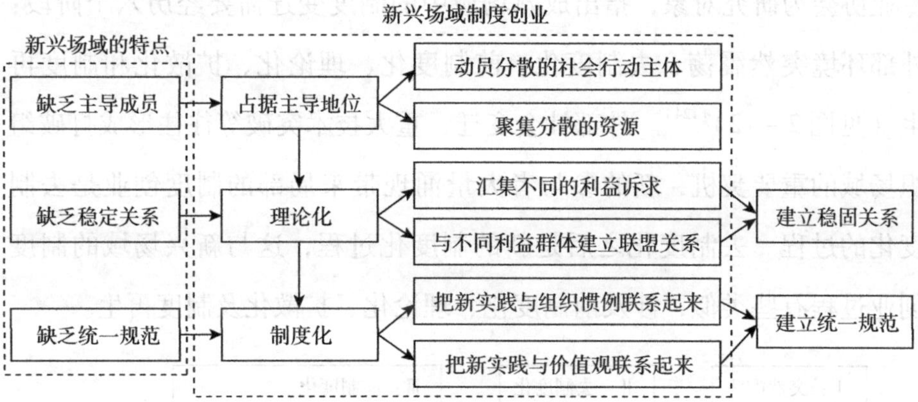


**图2-11 新兴场域的演化过程**

Purdy 和 Gray[123] 指出，由于新兴场域在稳定性和均衡方面相对不成熟，新兴场域中制度化的新组织形式往往并未完全固化，制度化过程需要让参与者认为所建立的原型和共享的逻辑是理所应当的，而且需要将逻辑和惯例转变成组织形式。尹珏林和任兵[125] 就中国直销行业进行了案例研究，分析了中国直销业形成组织场域，建立实用、道德和认知合法性的过程。苏郁锋、吴能全等基于企业协同演化理论，探讨互联网金融行业制度化过程和机制，以此来揭示“互联网 +”背景下新组织场域基于多主体互动的“知识扩散—权力影响”的制度化过程[126]。在“互联网 +”背景下，新组织场域具有“融合”特性，这意味着看似位于边缘的组织能够动员资源发动变革，中心组织则具备一定的变革动机以适应环境变化，在这种情形下每个主体都会尝试成为制度创业者，新情景下的研究推翻了原本认为边缘组织缺乏资源、中心组织缺乏动机的制度创业悖论。

与新兴场域比较起来，成熟场域由于现有的规则和惯例约束，演化过程比较缓慢，且常常需要强烈的外部变迁和冲击。Greenwood 等以专业协会为研究对象，指出成熟场域中的制度变迁需要经历六个阶段：外部环境突然震荡、去制度化、前制度化、理论化、扩散化和制度再生（见图 2－12）[124]。外部社会变迁、重大技术突破等往往形成打破组织场域的重要契机，新的参与者大量涌现带来局部的制度创业是去制度化的过程。去制度化之后是新的制度化过程，这与新兴场域的制度创业过程有些类似，涉及前制度化、理论化、扩散化及制度再生。

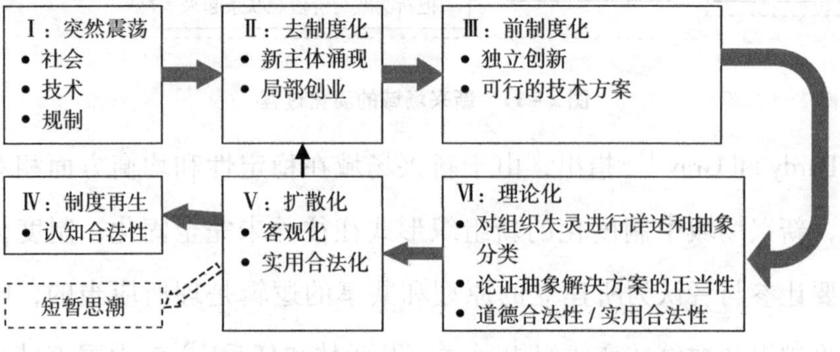


**图 2－12　成熟场域的演化过程**

不同于制度主义下的场域演化认知，Seo 和 Creed[237] 基于社会建构观提出了一个循环的场域演化过程（见图 2－13）。在这个模型中，社会建构、总体性、制度矛盾和实践四个基本元素相互关联，循环促成组织场域的持续演化。首先，社会互动的过程出现社会建构，互动主体对彼此之间的关系进行思考，并基于各自的利益诉求逐渐形成某一种共识。其次，辩证法中的基本思想是联系。总体性概念表明社会各种模式或形式间的内在关联，社会架构中的任何部分都是总体社会架构中的局部结构，总体社会架构具有多层次和多部门特点，社会架构中的局部结构之间存在关联性和相互渗透性。总体社会架构中存在多种社会架构，且社会架构之间存在差异性，各社会架构间存在相互关联但又相互离散，甚至各自独立自治。当社会建构持续发生，社会架构间的相互关联但又相互离散的关系会促进多样性和互不兼容的制度产生。再次，制度矛盾是现有社会架构间或者架构内的割裂和分歧导致的最终产出。社会建构的不断发生会形成大量具有一定复杂度的矛盾，且社会架构内和架构间冲突不断导致关联紧张，这会促进行动主体意识的重生。最后，行动主体在变革意识的引导下会主动接受变革行为，且在变革行动中行动主体间相关学习、相互影响构成社会互动，在架构重构的过程中也在进行着自身的重构。

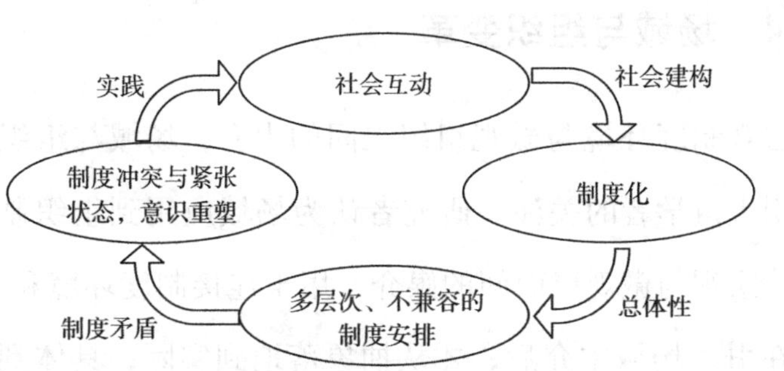


**图 2－13　基于社会建构观的场域演化过程**

Seo 和 Creed 模型中组织场域内存在四种潜在的矛盾：一是效率矛盾，相较于市场中其他机会的效率，在现行场域制度逻辑下存在效率降低；二是适应性矛盾，行为和思维模式的锁定导致组织场域不能适应外部冲击；三是不同层次制度间的不兼容性，原因是组织多处于多重、相互连接但相互矛盾的制度中；四是利益不兼容矛盾，场域现行的制度逻辑反应既得利益行动者诉求，却很难满足所有场域内行动者，尤其是劣势权力和资源的成员的利益诉求。与之前的研究相比，Seo 和 Creed 模型更侧重于从内生角度考察场域的演化过程。在这个模型中，场域中成员的实践和社会互动是影响场域演化的核心过程，而总体性的社会假设下多层次和不兼容的制度冲突和紧张状态构成了场域演化的根本驱动力。

基于社会构建观的场域演化过程更加贴近和适应动态环境下的场域变化规律，后续研究在此基础上不断创新，对城市产业体系[229]、产业集群[238]、社会组织[239]等现象进行了研究。如尤树洋[238]基于社会建构的场域观点，分析了我国乡镇企业产业集群的演化过程，研究认为，集群作为组织场域整体的制度性变革（同构化与制度创业）和学习（利用式和探索式）自加强（Self - Reinforce）效应所致。

### 2.4.4 场域与组织变革

作为宏观制度环境与微观组织之间的中介，场域与组织变革之间的关系吸引大量学者的关注。研究者认为场域应用到组织制度主义研究时被当作宏观与微观层面间的媒介，用于连接制度环境和组织个体。制度逻辑在引入场域中介后，才从抽象落地到实际，具体到实际的组织实践和组织日常，抽象的冲突也才能通过实际行动施加制度压力到组织上。组织在场域中实际感受到的复杂性和压力取决于组织所处的位置、组织结构、组织的所有权与治理及其身份，不同位置和权力的组织感受到的复杂性会呈现出差异[239]。也因此一些研究会将场域中的组织区分为中心组织和外围组织[240]。

混合性场域中的组织变革是目前最受关注的，如医院、公立学院、社会性企业、文化行业等。这些组织通常都面临着两种以上的制度逻辑。在多重制度逻辑同时存在的情况下，如果某一种制度逻辑成为主导制度逻辑，则很容易挤压甚至逐渐排除其他制度逻辑对组织行为的影响。因此，通常情况下，多重制度逻辑的长期共存意味着存在两种及以上的制度逻辑，它们之间存在竞争或者冲突[241,242]。

在研究的初期，制度逻辑冲突被认为不利于组织的成长。冲突的存在可能将管理者的注意力转移到内部矛盾的处理之上，而导致组织绩效降低，持续的冲突则有可能导致组织解体[243]。Reay 和 Hinings[221]在其研究中总结，之前研究主要从两个方面对如何管理竞争性制度逻辑进行了回答：一是组织发起变革，支持某一种制度逻辑获得胜利，成为场域内的主导逻辑，这样其余的制度逻辑也逐渐失去对组织的影响；二是一部分人通过“地下行动”积蓄力量，逐渐支持某一种制度逻辑成为场域内的主导逻辑。

对于混合性场域中的组织而言，组织变革的过程就是回应冲突性制度逻辑的过程。当组织需要面对多元的规则和期望的时候，往往陷入冲突性的需求体验中[154]。李晓丹和刘洋[244]在关于制度复杂性的综述中总结道：身份解释和政治活动是组织回应制度复杂性压力的两类主要策略。身份解释是指组织通过构建一种积极、有张力的组织身份对不同的制度逻辑进行回应[245]。在组织实践中，我们可以观察到很多的企业具有多重的身份，如非常典型的国有企业在改革的过渡时期通常实行“多块牌子，一套人马”的情况。同时，企业在界定名字和愿景上也更倾向于使用相对空泛和模糊的内容，如“美好生活方式的提供商”等。

Reay 和 Hinings[221]通过对加拿大阿尔贝塔地区医疗健康组织进行研究，提出了基于合作的形式对竞争性的制度逻辑进行管理。研究认为，虽然一开始的合作可能只是为了短期的利益，但是一旦发展成双方为了长期利益共同努力去形成一种新的制度化过程，那么之前的竞争性逻辑就会持续地被保留在组织之中。在他们持续观察的案例中发现，当一种新的制度逻辑（政府逻辑）进入原来的场域中（专业逻辑）时，很难说谁一定要成为胜利者或者失败者，并提出在以下三种情形下，竞争性的制度逻辑得以长期共存并带来较好的结果：一是不同的群体保持独立的同时能够支持共同目标的实现，将两者的冲突分隔在途径上，而不是结果上；二是在制度逻辑共存的情况下，不同的群体能够在保持自身独立身份的情况基于共同目标进行合作；三是在制度逻辑共存的情况下，在微观层面实现合作，而行动者在宏观层面能够提供合作的结构支持。

近年来，越来越多的研究从侧面验证了组织内竞争逻辑不仅可以交织共存[246]，甚至是维持组织生存所必须的[247]。不同逻辑的结合意味着可以实现资本、隐性知识或者判定规则的新结合。可以看出，近年来的研究逐渐不再将多元逻辑环境视为组织威胁，而是强调多元逻辑间存在兼容性，提倡组织“拥抱多元逻辑”[206]。一些研究也表明将多元逻辑视为一个整体并采取积极的响应策略，将有助于组织拓宽现有的领域、获取额外的外部资源、促进组织创新或者新的组织形式产生[248-249]。例如，Mair和Hehenberger[250]以慈善创业组织为例，研究如何通过不同的事件创造出协调空间，从而将不同类型的参与者链接在一起。研究构建了前台—后台空间的互动模型：公共空间中的前台互动对于公众能够接近不同的制度模板起到了重要作用，而受保护空间中的后台互动则允许一定程度的解构。前台和后台的互动过程能够促进重新架构制度空间，从而缓解不同行动者之间的冲突，增进合作。

### 2.4.5 研究述评

立足于场域本身的定义，场域理论为分析产业集群、新兴行业等现象提供了强有力的支撑。同时，作为一种对围绕在组织周围的环境的界定方式，场域概念的引入降低了分析组织环境的抽象性，使得研究者能够更加具体地探究组织环境如何对组织变革过程产生影响。从现有研究的发展来看，当前关于场域与组织变革之间的研究主要集中在混合性组织现象之上，如医院、公立学院、社会性企业、文化行业等，尤其是混合性场域内不同制度逻辑之间的交织过程对于场域内组织变革的影响。在冲突常态化下，场域作为承载各个行动主体交互的空间，应该可以拓展到更广泛的情景中。本书试图从以下两个方面对场域研究进行推进：

第一，当前研究已经肯定了场域的动态性对于场域内组织变革的影响，但鲜有研究关注组织行动如何反过来影响场域的动态性，从而带来新一轮的影响，尤其是当组织行动并不有意指向制度创业。在当前环境下，组织并非只是以某种相对固定的制度逻辑作为与场域的链接，而是以多种方式嵌入在场域中，任何的组织行动都直接或者间接地引发了场域主体或者主体之间交互关系的变化，从而产生非预期结果或者新一轮的变化。那么这个过程是如何发生的仍然有待于进一步研究。

第二，作为围绕在组织周围的环境的界定方式，场域为进一步探索冲突的承载空间、建立更加适应冲突常态的组织活动机制提供了有利基础。因此，本书在之前研究的基础上，基于场域视角通过案例归纳构建冲突与组织行动交互的活动机制，丰富场域理论在组织变革领域的应用。

## 2.5 本章小结

本章对组织变革研究现状、冲突与组织变革，组织学习和组织场域的相关研究进行了梳理，为现象问题寻找合适的理论切口及理论基础，进一步明晰本书的研究意义。

在对组织变革相关研究的回顾基础上，确立了将持续性变化作为分析冲突常态下组织变革现象的主要理论视角。冲突常态意味着组织需要在持续的、不确定性的冲突中实现变革，因此强调组织内主体之间交互、组织与环境持续交互的持续性变化视角显然比间断性（计划式）的应对方式更加贴切。因此，本书的研究问题锁定在持续性变革上，通过对现有研究回顾，进一步确定了持续性变革需要推进的课题：

首先，当前对于持续性变革的研究多应用于西方企业情景，因此研究者多数从相对微观的、组织内部的活跃交互探索变革的涌现。结合现象观察，本书认为有必要将持续性变革结合中国情景进行拓展，更加关注组织与环境的交互过程以发展更加贴合实践的理论。

其次，现有对持续性变革的研究着眼于揭示组织变革的过程如何，强调了不同主体之间的交互过程。在这个过程中，之前学者多关注在组织冲突与变革之间的问题，而缺少对于场域冲突如何影响组织变革的研究。组织冲突重点研究发生在组织内部、对组织产生影响的冲突问题，主要涉及前三个层次的冲突［即发生在组织内部的自我冲突、人际冲突和部门（群体）间冲突］，更广层面的冲突表现在组织之间的冲突和地域国家冲突等。在持续性变革下，场域冲突可能恰恰是推动组织持续变化的源头力量。场域冲突发生以后怎样演变？冲突升级或消减的原因是什么？这种演变过程是如何影响组织变革轨迹的……？对这些问题的研究有助于我们进一步寻找冲突认知和应对的新途径，建立冲突常态下的变革适应机制。

最后，企业（尤其是一些传统企业）对于组织和变革的认知是具有一定的惯性的，实现变革思维的转向本身就构成其组织变革的最大障碍，这意味着间断性变革和持续性变革之间需要具有贯通的可能性。因此，关注企业如何逐渐转向和适应持续性变革，即建立间断性变革到持续性变革之间的贯通机制很有必要。

冲突常态往往意味着组织需要及时处理和响应更加复杂和多变的信息。组织学习是处理、解释和回应内外部显性信息的有效过程，学习能力是组织持续变化和更新的关键能力。组织学习理论为分析持续性变革提供了契机，探索与利用两种不同的学习方式用以解构组织的冲突响应行为，并对进行双元学习研究进行创新。组织场域理论提供了具象化界定和分析组织环境的途径，有助于进一步理解组织冲突的来源及组织持续性变革过程的系统动力。

# 第3章　研究设计与研究方法

## 3.1　整体研究过程

本章以持续性变革为切入点，探索不确定性常态下的组织变化问题。研究团队常年关注企业的创新、转型现象，并逐渐发现独特的本土现象特征，为此本书选择了组织变革领域相对新兴的持续性变革视角探究组织发展与变革过程，并聚焦于冲突与组织发展、变革过程之间的关系，对于一系列“如何”的问题进行探索式研究，为此相关的质性研究方法成为本研究展开的主要途径。归纳性的案例研究适用于解释新的现象、提炼过程规律[251]。本书在初步的现象困惑中与组织变革相关理论研究进行对照，逐步聚焦凝练研究问题。在所研究问题的指导下对研究对象、数据获取、数据分析等进行研究设计。

总体上，作者以2015年1月开始的对于中国互联网企业20年成长历程的探究成为研究的萌芽和后续思路的起点，并于2016年5月正式开启对第一家企业——天府TV的调研，之后持续跟踪相关企业十多家，并从中选取了四家企业作为本书研究的核心分析对象。研究的具体历程分为以下八个阶段（见图3-1）。

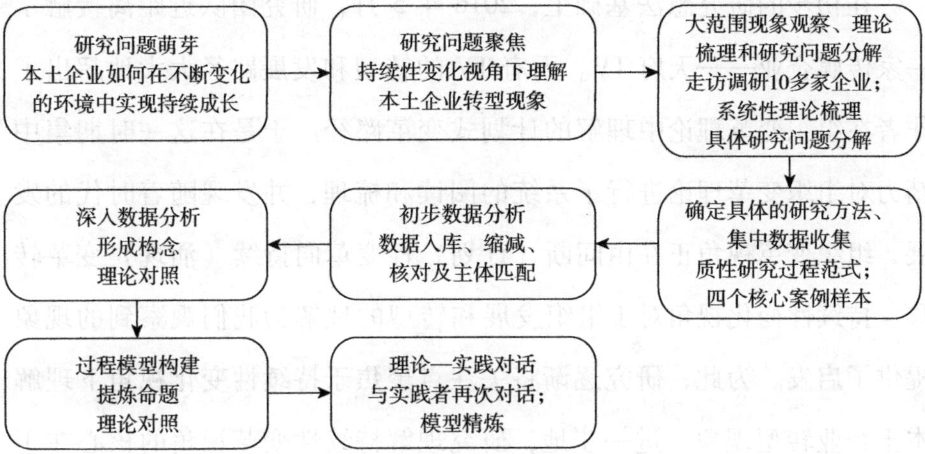


**图3-1　整体研究过程示意**

### 3.1.1　问题萌芽

作者于2014年10月提前进入研究团队开启硕博连读的研究生涯。此时，研究团队观察到中国头部的互联网企业从2000年左右起步发展至今在世界范围内实现了逆势超越。以BAT（百度、阿里巴巴和腾讯）加京东为代表的互联网企业从小到大，从弱到强，成为行业竞争中的佼佼者。彼时，不少的国内研究者也在探索中国企业发展的独特逻辑和路径。为此，作者对企业公开的“大事件”进行了详细的整理，并基于此不断分析提炼，尝试以一种比较原始和完整的事件路径方法展示企业的发展过程，尝试回答“中国互联网如何在不确定性环境中实现反脆弱发展?”此后将研究范围逐渐聚焦到“本土企业如何在不断变化的环境中实现持续成长?”

### 3.1.2 问题聚焦

在初步的研究想法基础上，2016 年 5 月，研究团队近距离接触了一家传媒企业——天府 TV。天府 TV 的转型和发展路径大大地超出了作者在组织变革理论中理解的计划式变革路径。于是在这一时期集中精力对组织变革理论进行了系统的阅读和梳理，并发现随着时代的发展，组织变革视角正在由间断（计划）性变革向持续（涌现）变革转移。持续性变化视角对于组织发展和转型的理解为我们观察到的现象提供了启发。为此，研究逐渐将关注点聚焦于持续性变化视角下理解本土企业转型现象。进一步地，研究理解持续性变革视角的核心在于两点：一是变革是组织与环境交互之下的延展过程；二是变革的过程是不稳定状态驱动的持续调整过程。

### 3.1.3 大范围现象观察和问题分解

带着研究问题，研究团队利用学校、学院平台资源陆续接触和观察了数十家历时较长、经历了明显变化和成长的企业。其中包括长虹电器集团、云南农垦有限集团公司、四川言几又文化、伊藤洋华堂（成都）、方所文化、轩客荟、寺库、积微物联、返空汇、每日经济新闻、小龙坎火锅、兴城人居地产等。在与企业管理者的交流过程中，一方面是发掘研究问题的现实意义；另一方面是进一步细化研究问题，以便更好地展开正式调研。在这个过程中，结合已有研究和现象作者认为不确定性、模糊性、“组织—环境”冲突是多数企业在当前背景下提及最多的问题。如何认知“组织—环境”冲突是影响组织发展路径的重点，而在转变视角之后如何承接不确定性力量是影响组织能否持续活跃、不断成长的关键过程。结合组织变革领域的研究现状，经过反复斟酌，明确了研究的最终目的是建立不确定常态下组织持续性变革适应机制。为了回答这个问题，主要研究两大板块：一是组织持续性变革过程是如何展开的，以及是什么在推动组织持续性变革过程？二是传统组织如何实现从间断性变革到持续性变革的转换，并建立持续性变革适应机制？结合冲突与组织变革相关研究成果的发展，作者进一步细化了本书的研究问题，第4章和第5章分别从组织层面和场域层面探究了组织持续性变革的内外部动力，主要回答第一个板块的研究问题。第6章探索了不同变革思维的转化过程，聚焦于从冲突响应到冲突承载的变化过程，主要回答第二个板块的问题。

### 3.1.4　确定具体的研究方法，集中数据收集

针对各个子研究制定具体的研究策略。对于子研究一而言，在大范围的现象观察和初步访谈中，最终选择了天府TV作为最终的分析对象，并对企业进行有针对性的实地调研和多次访谈。对于子研究二而言，作者希望深入地探究其过程机制，适用于纵向过程分析，并最终选择了历时30年不断改革的云南农垦集团作为分析对象，对企业进行了针对性的实地调研和多次访谈。子研究三源于研究团队在前期的接触中，发现一些组织仍然陷入在计划式变革的思路中，将“组织—环境”冲突视为洪水猛兽，管理者也屡屡受挫。同时，一些企业却能够在试错过程中转换变革方式，最终收获持续的增长和发展，其中经历了从传统二手奢侈品寄卖到互联网生活平台转型的寺库和经历从消费

互联网模式到产业互联网模式转型的供应链科技公司的返空汇都非常具有代表性。

### 3.1.5 数据初步分析、补充

基于现有数据库，分别对每个案例对象进行关键事件的梳理和解读，同时检验数据的准确性和完备性。准确性主要是对不同来源的数据之间进行对照，完备性不足的情况下则及时通过线上、线下各种渠道进行补充。部分子研究初步分析还涉及其他的理论基础，如双元学习相关理论、场域相关理论等。更加详细的数据分析过程将在各个子研究中进行阐述。

### 3.1.6 深入分析数据，形成相关构念

各个子研究遵循不同方法论的要求进行进一步的数据分析，在理论与数据之间迭代形成理论。除了阶段二对于组织变革理论的集中学习和理解外，作者在研究过程中也时刻跟踪最新的研究进展，保证研究的前沿性。这一步骤需要在理论和材料间不断对比，寻找基于材料形成的概念和逻辑对理论的贡献点，整个过程循环进行。最后，整合经过正式分析之后形成的构念、过程。

### 3.1.7 过程模型构建

通过分析建立构念之间的关系，并进行理论对照，构建过程模型。紧紧围绕“关注事物是如何、何时、为什么出现、建立、发展和终结”的核心思路，不断在案例材料与理论之间进行迭代，以实现一个较为

满意的过程模型构建。

### 3.1.8 理论—实践对话

研究关注本土企业，特别是传统行业企业在互联网时代的转型和发展问题，具有非常明显的实践倾向。研究也希望能够遵循“从现象中来，到现象中去”的学术愿望，因此研究团队时常将研究结论与企业的管理实践者进行分享、讨论，争取在理论创新的基础上，也给企业实践者带来启发。

## 3.2 研究现场及案例

本书主要关注当前背景下企业的变革和转型过程，将目光聚焦于那些持续经历变化，并具有比较明显转变过程的组织，尤其是传统行业组织经历新时期市场改革、互联网信息时代等重要时代变迁带来的组织转型。因此，研究选择的四家企业在观察窗口内都具有比较明显的变化轨迹。

案例的选择遵循研究问题的适用性、典型性和研究可行性原则。

第一，研究问题的适用性。有学者强调，一个好的案例应该是一头“会说话的猪”，帮助人们基于前人研究的基础上，发现新的理论洞见[252]。子研究一中的核心案例为天府TV，传统媒体企业在互联网背景下探索转型的过程中，它率先摸索出了一条转型路径，成为行业内企业借鉴和学习的榜样。同时，其探索路径不同于通常依赖于组织资源和能力的计划式变革路径。子研究二中选择了云南农垦集团作为分析对象，其长达20年的、令人意料之外的政企分离转型过程为作者从环境层面深入分析变革路径和轨迹提供了难得的窗口。子研究中三中的两个企业都经历了非常明显的变革思维转换，但在建立持续性变革适应机制上所依赖的路径又存在差异。

第二，案例典型性。案例典型性体现在通过“解剖一只麻雀”而看到更普遍的发展规律。本书中子研究一和子研究二所选择的企业都是行业内转型的代表。子研究三选择了寺库和返空汇进行双案例归纳对比研究，在研究团队的长期观察下，作者发现寺库和返空汇都经历了冲突情景、冲突认知和应对的变化和转换过程，有利于帮助探究组织如何实现不同冲突认知和应对方式的变革思维转换过程。同时，由于不同的企业背景，两家企业在实现变革思维转换和建立冲突常态下的变革适应机制方面又存在一些差异。作为国内奢侈品电商行业的佼佼者，寺库的领导人被描述为“我们老板根本不像一个懂奢侈品的，他看起来也不时尚”，同时在访谈过程中，企业的中层管理者认为：“其实我们并不明白老板到底讲了些什么，但是他会讲一些东西。”相反地，返空汇的创始人则在传统产业有着丰富而成功的经验，他表现出对企业业务的“高度理解和自信”。

第三，研究的可行性。首先，为了保证研究的信效度，纵向案例研究需要研究者与企业之间进行长期的交流，需要研究团队与这些企业建立长期的合作关系，能够保证获取丰富的、真实的研究材料，为研究的顺利进行提供基础保障。其次，研究所选取的分析目标能够获取大量公开的二手材料，使得研究者能够获得较为准确和丰富的研究素材。

### 3.2.1　天府 TV

天府 TV 的前身是成都广播电视局下属单位——成都音像出版社，主要业务是进行各类音像制品制作、出版、发行、销售。在 20 世纪 80 年代，伴随着改革开放，中国音像内容市场逐渐开放，音像社凭借销售录音带获得了良好的收益，创造出近千万元的产值。然而，伴随着新科技及内容市场的兴起，传统的录像、录音市场逐渐萎缩，大量的音像出版社开始陷入经营困境，如单一的盈利模式、呆板的传播方式、盗版产品的低价充裕等。2009 年年底，成都音像出版社响应国家层面事业单位转向企业的改革战略，在成都广播电视局领导下走向相对独立的经营转型。转型初期，这家音像出版社看起来毫无希望：负债累累、资金短缺、新旧市场交替、传统业务陷入坍塌、企业人员大量流失……通过近 10 年时间的摸索、尝试和发展，成都音像出版社从一个濒临淘汰的传统单一内容经营单位转型成为年产值 2.1 亿元、净资产 2400 万元、拥有“全网、全域、全屏”传播能力的行业内榜样型新媒体平台企业——天府 TV，旗下多档节目获得观众的喜爱和认可。

### 3.2.2　云南农垦集团

云南农垦集团的前身是成立于 1951 年的云南垦殖局，主要负责我国橡胶作物的种植和加工。随着不断地发展，云南农垦形成了包含 31 个国营农场，6 万名职工的“农垦小社会”。像我国改革开放前大多数国有生产性组织一样，这个组织是一个集生产加工、职工生活教育安保等为一体的“大家庭”。1978 年以后，随着国家改革开放各项政策的实施，云南农垦也开始踏上企业化、市场化的改革之路。1994年，为了积极响应和推进关于国有企业的深化改革制度，云南农垦总公司改制成为云南农垦集团有限责任公司（简称云南农垦集团），开启了政企分离转型。按照大多数企业的经验，这些组织实现政企分离有着清晰的路径：一是剥离社会职能；二是提高市场效率。但令人意外的是，云南农垦通过20年反复不断地摸索，直到2014年才真正实现政企分离，成为独立的市场主体，而此时大部分同类的企业早已经进入新一轮的改革。特别地，云南农垦最终以一种意料之外的方式完成“政企分离”转型：直接将集团最重要的农场资源全部归属给地方政府。此后，企业开始以资本为纽带重新踏入新的发展阶段，并获得快速发展。

### 3.2.3 寺库

寺库成立于2008年，起初只是一家做二手奢侈品寄卖的传统店铺。为了增强自身在奢侈品寄卖中的竞争力，企业派出员工前往日本学习专业的奢侈品鉴定知识，并打造了国内第一支专业的奢侈品鉴定团队，在行业内备受认可。随着移动互联时代的到来，奢侈品电商迅速成为行业中新的风口，寺库也顺应潮流，建立了自己的线上销售平台，并开始向奢侈品电商平台企业转型。但好景不长，从2011年年底开始，由于“奢侈品+电商”的模式不受奢侈品品牌、消费者认可，奢侈品电商行业的发展陷入寒冬期，持续走向低谷，尊享网、佳品网等奢侈品电商平台纷纷宣布关闭，寺库也受到很大影响，一度资金短缺。在巨大的困境面前，寺库重新审视自身，不断尝试和探索，不但没有消失在这个快变的时代，还实现了逆势发展，成为奢侈品电商行业的领跑者。

### 3.2.4 返空汇

成都返空汇网络技术有限公司成立于2014年，总部位于四川成都。作为近年来产业互联网创业的杰出代表，返空汇经历了消费互联网的高潮、饱和和产业互联网的逐渐兴起，这使得企业在发展期间同样一直面临着不同层面和程度的冲突。同时，该企业凭借着不断探索、调整，在持续的冲突中成长，目前已经是一家行业领先的分布式产业链科技公司。企业致力于推动传统产业链的数字化改造，公司开发了连接产业链上下游与运输工具的各类网络设备系统，包括可实现上下游协同的地磅感知系统、门禁感知系统、土方清运感知系统、货物流向管控系统、车载云镜系统等，已成为产业链新基建的探索者与先锋。通过搭建车货匹配信息平台、TCS运输协同系统、分布式电子商务平台，向参与产业链上下游交易的各类企业提供交易服务。平台通过集成银联、中金、光大、平安、易极付、微信、支付宝等多家支付工具，与网商银行共同开发了基于企业端的线上分级账户体系，打通了企业端的线上支付与多层次账户管理瓶颈。2019年，公司平台GMV超过450亿元，环比增长105%；网络货运业务承运量超过1.5亿吨，环比增长500%；供应链智能协同系统安装应用项目800余套，连接各类物联设备超5万台。研究中涉及的案例企业基本情况及研究问题适配性如表3-1所示。

表 3－1　　　　研究现场及案例选择

| 案例选择标准 | | 天府 TV | 云南农垦 | 寺库 | 返空汇 |
|---|---|---|---|---|---|
| 研究问题适用性 | 案例特征 | ·从传统的音像出版社成长为新媒体平台企业<br>·非线性（预期）的探索历程<br>·积极地组织行动 | ·以集生活生产为一体的小社会组织成为独立的现代农业集团公司<br>·非预期的探索结果<br>·复杂变化的组织场域 | ·从传统的二手奢侈品鉴定发展成为国内领先的高端消费服务平台<br>·经历明显的变革思维转移<br>·组织成员引领 | ·从大宗物流平台转型为产业互联网模式下供应链科技企业<br>·经历明显的变革思维转换<br>·领导力引领 |
| | 问题指向 | 子研究一 | 子研究二 | 子研究三 | |
| 典型性 | | 行业内榜样型新媒体平台企业 | 传统国有组织转型的代表 | 传统零售互联网转型的代表 | 传统行业产业互联网的代表 |
| 可行性 | | 可长期跟踪 | 档案资料丰富；可长期跟踪 | 网络资料丰富；可长期跟踪 | 可长期跟踪 |

## 3.3　数据收集

### 3.3.1　数据收集途径及过程

本研究中，作者主要通过正式（非正式）访谈、实地观察、二手材料搜索三种途径进行数据的获取。其中，由实地观察和访谈获取的一手资料构成研究的主要素材，二手材料为研究提供了必要的支撑和补充。表 3－2 描述了研究涉及的主要现场的进场时间和总体数据容量。研究涉及的数据收集工作开始于 2016 年 5 月，持续到 2020 年 8 月。研究的数据来源以正式访谈为主，非正式访谈和二手资料为辅，正式访谈均在访谈后整理为标准的访谈文本进行归档，非正式访谈多以研究日志的方式保留下来。

**表3-2　研究的数据收集途径及核心资料容量**

| 案例对象 | 调研时间 | 数据获取形式及具体情况（不同的岗位名称上置数字表述访谈的人次） | | 访谈时长 | 文本量 |
|---|---|---|---|---|---|
| 天府TV | 2016年5月—2020年6月 | 正式访谈 | 企业CEO[3]；企业高管[8]；中层管理人员[6] | 220分钟 | 56410字 |
| | | 非正式访谈：中层管理人员[2]；普通员工[4] | | | |
| | | 参与式观察：企业活动策划及执行讨论会7次；新员工制度培训4次 | | | |
| | | 二手资料：企业品牌宣传书、产品手册；官方网站及公众号新闻；企业高管演讲视频；行业相关新闻 | | | |
| 云南农垦 | 2018年1月—2018年8月 | 正式访谈 | 云南农垦集团中高层领导[6]；下属公司负责人[2]；云南省农垦局领导[2]；原云南农垦集团退休领导[1] | 800分钟 | 146700字 |
| | | 非正式访谈：云南农垦集团中层领导[2]；下属公司负责人[2]；下属公司普通职工[2] | | | |
| | | 实地参观：云南省农垦集团、云南农垦集团咖啡厂、云南农垦集团高原特色农业发展有限公司 | | | |
| | | 二手资料：《绿色潮涌 纪念云南农垦创建50周年》《云南省志——农垦志》《农垦工作文件资料选编》新时期云南农垦工作文件选编（一）、新时期云南农垦工作文件选编（二）、年度工作报告 | | | |
| 寺库 | 2019年4月—2020年6月 | 正式访谈 | 集团品控总监[5]；西南区总经理[1]；西南区品牌总监[1]；线上管家主管[2]；普通销售[1] | 575分钟 | 163454字 |
| | | 非正式访谈：集团品控总监[4]；线上管家[1] | | | |
| | | 参与式观察：企业西南区办公驻地参观，直播现场观摩 | | | |
| | 2019年3月 | 二手资料：寺库大事件（基础信息）中英文；寺库获奖情况（时间+荣誉）中英文；寺库集团文字简介；“奢侈品电商”行业新闻；200条寺库新闻；CEO李日学采访新闻 | | | |

续表

| 案例对象 | 调研时间 | 数据获取形式及具体情况（不同的岗位名称上置数字表述访谈的人次） | 访谈时长 | 文本量 |
|---|---|---|---|---|
| 返空汇 | 2015 年 7 月—2020 年 8 月 | 正式访谈　企业创始人[4]；企业高管[2] | 360 分钟 | 65900 字 |
| | | 非正式访谈：企业创始人[6] | | |
| | | 实地调研：返空汇公司 | | |
| | | 二手资料：公司官方网站资料、基于企业研究的学术论文汇总、新闻报道和评论汇总、企业文件和档案 | | |

第一，正式（非正式）访谈。访谈工作一般分为初始阶段和深入阶段两轮。在明确了研究范畴之后，针对企业情况制定访谈提纲。在通过二手资料对研究对象有一定的了解之后，结合研究问题进行初步提纲的制定，详见附录 1 的初始访谈提纲。根据研究问题，初始访谈提纲主要涉及企业的整体发展过程、企业发展现状（业务构成及行业位置）、企业所在的行业发展现状、企业对未来发展的认知等。初始访谈一是为了整体上了解企业的发展历程；二是确认企业是否具备案例选择的典型性。深入访谈是更加聚焦在各个企业的具体过程和细节中。附录 2 展示了研究现场包含的四家企业的深入访谈提纲。深入访谈提纲在研究框架和研究涉及的关键概念指导下设计，包括对企业发展过程中的关键事件的确认、企业发展过程中经历了哪些环境变化？面临的不同冲突是什么？企业是如何认知或者回应冲突的，结果如何等。访谈提纲是一个大纲，在与企业协商好调研及访谈对象之后，在访谈提纲的基础上针对不同的调研对象进行调整，如针对领导者的访谈、管理者的访谈及普通员工的访谈，调整访谈的细分关注点，确保访谈内容跟访谈对象的匹配度，获得更高质量的访谈内容。访谈小组一般由

3—4 人构成，1—2 人为主要访问人，其余人及时记录，并根据临场情况进行补充提问。访谈过程在征求被访者同意之后进行录音，然后在访谈结束之后迅速转换为访谈文本。访谈文本根据访谈时间和访谈对象进行编码，方便后续工作的数据归档和保存。值得注意的是，研究者完全可能在访谈过程中关注到新的有趣的问题，一般是在预备的访谈内容结束之后，相应做出调整或在下次进行补充访谈。研究共进行了正式访谈 1955 分钟，其中天府 TV220 分钟，返空汇 360 分钟，云南农垦 800 分钟，寺库 575 分钟；正式访谈共累计文本 423764 字，其中天府 TV 56410 字，返空汇 65900 字，云南农垦 146700 字，寺库 163454 字。

第二，实地调研与观察。相较于有针对性的访谈而言，实地调研和观察有助于研究者以更加开阔的视角对案例企业进行分析。实地调研和观察以后一般形成研究日志，作为研究的一手材料。例如，在天府 TV 的数据收集过程中，研究小组中的一位成员曾以实习工作人员的身份在企业工作一个月，形成观察体验和记录，并利用工作间歇与组织成员进行非正式的访谈。作者前往云南省农垦集团、云南农垦集团咖啡厂、云南农垦集团高原特色农业发展有限公司进行现场参观。在寺库的数据收集过程中，作者也多次前往寺库西南区办公室参观，下载寺库电商 APP 进行购物体验，参与观看寺库平台的直播活动。

第三，二手资料。一般而言，作者在对企业进行正式的访谈和调研之前，会先通过网络途径对企业的基本情况进行了解，并与研究小组一起就基本情况对企业发展过程中的关键点进行整理，为制定访谈提纲奠定基础。此外，二手材料也是非常重要的补充内容，如对于云南农垦这样长历史的组织而言，丰富的档案资料和年鉴是发展资料的重要补充，企业发展的环境背景、技术背景等材料，新闻报道等可以反映出企业的外部评价和认可等。

## 3.3.2 数据收集内容

本部分具体介绍每个案例企业的数据收集情况。

### 3.3.2.1 天府TV

该部分数据主要来源于现场访谈。从2016年开始，研究者与企业相关人员进行了频繁的接触和联络，以便更深入地了解企业发展过程及现状。研究过程中共进行正式访谈11次，涉及访谈对象19人，其中包括企业董事长在内的9名高层管理者，8名中层管理者以及2名普通员工。由于文章更多关注组织整体的转型和发展过程，由此在企业工作时间较长的管理者和员工进行访谈，特别是那些一直见证和参与企业转型的管理者。这些中高层管理者分布在企业的各个职能部门，便于收集更加全面的信息，同时实现信息之间的“三角验证”。访谈时间为30—90分钟，前期访谈主要基于半结构方式进行，方便研究团队成员能够更加开放地与企业管理者进行交流和沟通，并将访谈的整个过程进行录音。后期随着研究问题逐渐聚焦，访谈的目标和问题也更加具有针对性。每次访谈至少有两名研究团队成员参与，并在访谈后及时整理出访谈文本，随后对访谈文本记录进行归档编码，依照采访的时间顺序和不同的采访对象排列为F1—F22，具体如表3-3所示。此外，研究小组还于2017年对企业进行了为期3周的实地调研和观察，参与企业活动，进行多次非正式访谈，形成了研究日志作为分析资料，二手数据方面，通过多种途径收集了丰富的企业资料和相关信息。包括企业微信新闻、媒体报道、与企业相关的案例分析、论文研究等。

#### 3.3.2.2　云南农垦

在进行正式调研之前，作者通过预调研的方式获得了大量的文本资料，对云南农垦这个研究案例有整体把握，并通过与相关人员的访谈、沟通和交流，进一步了解云南农垦企业的发展状况和改革历程，掌握了云南农垦发展的最新动态。在预调研的基础上，作者对云南农垦的大事记进行系统梳理，并对事件序列中的重点事件和关键时点进行多次分析和讨论，以确定后续调研内容的方向和侧重点。经过多次讨论和修正，研究小组基于1994—2014年的关键研究时段对云南农垦开展第二次调研和访谈。为提升调研的有效性与可行性，每次调研均提前与企业或单位进行联系和对接，每位受访者都是亲身经历农垦改革或对云南农垦企业的历史较为熟悉的内部人员。为深入了解云南农垦的发展历史，作者通过文本搜集、实地调研、人员访谈等多种渠道收集研究所需数据，具体如表3-3所示。

为深入研究云南农垦的发展历程以及组织变革过程，研究团队对企业相关人员展开多次调研访谈。第一轮访谈共涉及7人，对云南农垦集团的部分管理层和员工进行了访谈和交流，对象涉及集团办公室、人力资源部、经营管理部、改革规划部、下属公司高管等，共计正式访谈时长6小时45分钟；非正式访谈时长4小时。第二轮访谈中，涉

表 3-3　　天府 TV 的数据收集内容

| 资料类型 | 时间 | 涉及对象 | 主要内容 | 编号[①] |
|---|---|---|---|---|
| 访谈 | 2016 年 5 月 6 日 | CEO 和 1 名高管 | 企业发展概况 | F1—F2 |
| | 2017 年 6 月 15 日 | CEO 和 4 名高管 | 企业转型的历史过程 | F3—F7 |
| | 2017 年 7 月 3 日 | 4 名中层管理者 | 企业发展过程 | F8—F11 |
| | 2017 年 7 月 25 日 | 1 名中层管理者 | 企业发展过程 | F12 |
| | 2017 年 7 月 30 日 | 1 名高层管理者 | 2015—2017 年企业主要发展经历 | F13 |
| | 2017 年 8 月 11 日 | CEO 及 2 名高管 | 企业现有业务规划 | F14—F16 |
| | 2017 年 11 月 9 日 | 1 名中层管理者 | 对关键事件的看法 | F17 |
| | 2017 年 11 月 14 日 | 普通员工 | 部门运作与工作特性 | F18 |
| | 2017 年 11 月 16 日 | 普通员工 | 部门运作与工作特性 | F19 |
| | 2017 年 11 月 20 日 | 1 名中层管理者 | 当前业务发展及挑战 | F20 |
| | 2017 年 11 月 24 日 | 2 名中层管理者 | 组织架构与工作内容 | F21—F22 |
| 实地调研及参与 | 2017 年 11 月 10 日—11 月 30 日 | 2017 年产品招商手册制作 | | T1 |
| | | “天府·宝岛”工业设计大赛活动现场执行 | | |
| | | 2017 年网络视听大会活动前期准备及现场执行 | | |
| | | 亚马逊招商合同拟定 | | |
| | | “任我行”旅游频道合作谈判 | | |
| 二手资料 | 2016 年 5 月 | 企业微信新闻及媒体报道 | | T2 |
| | | 与企业相关的案例分析、论文研究 | | T3 |

及正式访谈 4 人，对云南农垦局的相关管理层以及退休高层进行了访谈，其中共计有效访谈 8 小时 32 分钟；非正式访谈共计 3 人，共计有效时长约 3 小时。通过访谈，研究团队记录整理了超过 20 万字的文本材料，为本次研究积累了充足的一手资料。具体情况如表 3-4 所示。

① 为叙述方便，本书中对涉及的访谈事件、内容等进行了编号。编号由不同字母和阿拉伯数字组成，表 3-3 至表 3-6 对编号意义进行了展示。下文谈及相关事件、内容时用对应编号指出。

**表3－4　　云南农垦集团的数据收集内容**

| 资料类型 | 时间 | 访谈对象 | 访谈内容 | 编号 |
| --- | --- | --- | --- | --- |
| 半结构访谈 | 2018年8月1日 | 农垦局办公室副主任 | 变革中的关键事件描述及确认 | N1 |
| | | 集团原财务高管 | 变革中的关键事件描述及确认 | N2 |
| | | 农垦集团党办副主任 | 变革中的关键事件描述及确认 | N3 |
| | 2018年8月2日 | 集团原体改部副处长 | 变革中的关键事件描述及确认 | N4 |
| | | 集团办公室主任 | 组织变革过程及组织文化 | N5 |
| | | 集团党办工作人员 | 组织变革过程及组织文化 | N6 |
| | 2018年7月30日 | 农垦局原纪委 | 企业实现政企分离中面临的挑战 | N7 |
| | 2018年1月23日 | 集团办公室主任 | 企业当前发展状态及未来规划 | N8 |
| | | 人力资源部部长 | 企业人才及队伍发展 | N9 |
| | | 改革规划部主任 | 企业当前改革及未来规划 | N10 |
| | | 发展与规划部部长 | 企业当前改革及未来规划 | N11 |
| | | 经营管理部部长 | 企业当前业务结构及发展 | N12 |
| | 2018年1月24日 | 下属公司总经理助理 | 企业业务发展现状和市场位置等 | N13 |
| | | 下属西蒙公司人员 | 企业业务发展现状和市场位置等 | N14 |
| 文本资料 | 2018年3月 | 《绿色潮涌纪念云南农垦创建50周年》 | | NT1 |
| | | 《云南省志——农垦志》 | | NT2 |
| | | 农垦工作文件资料选编、年度工作报告 | | NT3 |
| | | 官网新闻及互联网报道等 | | NT4 |

为进一步了解云南农垦及其历史发展的沿革，作者进行了两次实地调研，前往云南农垦集团总部、云南农垦总局等地进行实地观察和交流。2018年1月底，作者等人对云南农垦集团总部开展了为期2日的调研，包括实地参观、高管访谈等，并参观调研了集团部分的下属企业，如高原特色公司、咖啡厂等。2018年8月初，作者在云南农垦总局进行了为期3日的调研，形式包括交流讨论、面对面访谈、座谈会等，涉及云南农垦总局办公室、集团党办、原集团体改委相关人员。经过两次合理有序的调研，该案例研究逐步得到有效的推进，为云南

农垦组织转型的研究做好扎实的铺垫。

通过知识共享平台、资源数据库等多种渠道，作者收集了广泛的文本资料，包括云南农垦相关书籍及纪念志、云南农垦集团工作文件、工作记录及总结、政府工作报告及红头文件等资料。此外，云南农垦官网、互联网等也为本研究提供了云南农垦发展历史、云南农垦县官新闻等较为可靠的文本资料。该企业和作者还对所获得的数据资料进行了整理和归纳，梳理了云南农垦的事件序列，形成云南农垦发展大事记。为了保证文本资料的客观性和真实性，作者将文本与访谈者之间、文本与文本之间进行多次三角验证，如云南天然橡胶产业上市失败的事件，在政府红头文件、大事记以及多个受访者的回答中都得到印证。

#### 3.3.2.3 寺库集团

研究主要采用访谈的形式进行数据收集。根据案例研究的要义，访谈的过程往往也是问题产生和逐步细化的过程。最初，作者主要关注的是寺库集团（以下简称寺库）作为一家奢侈品电商企业，如何平衡奢侈品传统价值与互联网电商趋势之间的冲突。在访谈过程中，发现更有意思的研究点，即寺库当下对于冲突的认知和回应方式并不是一开始就有的，而是经历了一个挫折和调整的过程，这为研究不同的变革模式的转换过程提供了契机，然后研究小组对相关成员进行更加具有针对性的访谈，访谈对象基本覆盖了企业的中高层管理及部分普通员工。

研究前后共进行正式访谈 12 次，在表 3 – 5 中以 S1 – S12 进行了编号。主要涉及企业的发展历程、企业业务结构及发展状态、核心业务的搭建过程等内容。除了正式访谈以外，研究还进行了大量的非正式访谈。二手资料包括企业提供的企业大事件、获奖情况、行业分析报告等；公开途径的资料包括企业和企业家相关的新闻报道，以 ST1 - ST3 进行编号。

**表 3 - 5　　寺库的资料收集内容**

| 资料类型 | 时间 | 涉及对象 | 主要内容 | 编号 |
|---|---|---|---|---|
| 访谈 | 2019 年 4 月 | 品控中心负责人 | 企业发展历程，门店、电商平台运营模式 | S1 |
| | 2019 年 7 月 | 品控中心负责人 | 线上鉴定业务的搭建背景、过程和结果 | S2 |
| | 2019 年 8 月 | 西南区总经理 | 线下门店与电商平台运营模式，西南区的定位即未来发展方向 | S3 |
| | | 西南区品牌总监 | 品牌推广、城市化运营推广 | S4 |
| | 2019 年 11 月 | 品控中心负责人 | 公司最新发展概况 | S5 |
| | | 线上管家主管 | 介绍线上管家、直播业务 | S6 |
| | | 线上管家 | 介绍线上管家、直播业务 | S7 |
| | 2019 年 12 月 | 品控中心负责人 | 具体介绍线上鉴定业务的搭建过程 | S8 |
| | 2020 年 4 月 | 品控中心负责人 | 介绍疫情期间寺库的响应措施 | S9 |
| | 2020 年 6 月 | 品控中心负责人 | 介绍疫情期间寺库的响应措施，重点介绍了直播电商 | S10 |
| | 2020 年 6 月 | 品控中心负责人 | 寺库的内部管理 | S11 |
| | 2020 年 3 月 | 品控中心负责人 | 2011 年至 2015 年发展概况 | S12 |
| 二手资料 | 2019 年 4 月 | 2018 年品牌事件，寺库 x 微博高端消费影响力白皮书、2018 年奢侈品电商白皮书 | | ST1 |
| | 2019 年 4 月 | 寺库大事件（基础信息）中英文、寺库获奖情况（时间 + 荣誉）中英文 | | ST2 |
| | 2019 年 3 月 | “奢侈品电商”新闻、200 条寺库新闻、CEO 李日学采访新闻 | | ST3 |

### 3.3.2.4 返空汇

在对返空汇网络技术有限公司（以下简称返空汇）从创立以来近 10 年的持续跟踪、交流与对话中，研究团队保留了大量的访谈日记，在表 3 - 6 中以 D1 - D8 进行了编号。不同于事后访谈基于当下心境还原过去的经历与感受，适时性访谈日记能够使我们准确和真实地呈现企业管理者当时的所思所想，减少回溯性偏差，提高案例研究的内部效度。同时，在本研究主题指引下，我们对企业相关人员进行了多次补充性访谈，包括多次正式与非正式交流，具体形式包括半结构化访谈、对话、沙龙活动分享等。涉及企业人员包括企业创始人、联合创始人、区域经理、行政经理等。对话和非正式访谈以访谈日记的形式保存下来；正式访谈则在被访者许可的情况全程录音，随后整理出完整的录音文本，以I1－I5进行了编号，具体数据收集工作及相关信息如表3－6所示。

表3－6　　　　返空汇的数据收集内容

| 资料类型 | 时间 | 涉及对象 | 主要内容 | 编号 |
|---|---|---|---|---|
| 访谈和对话 | 2015年7月14日 | 创始人 | 互联网与传统企业转型，返空汇初期发展 | D1 |
| | 2015年8月2日 | 创始人 | 创业企业初期面临的一些问题 | D2 |
| | 2015年11月15日 | 技术负责人 | 返空汇商业模式现状 | D3 |
| | 2015年12月23日 | 技术负责人 | 参观嘉华研发中心，传统行业的互联网思维 | D4 |
| | 2016年12月2日 | 创始人 | 返空汇近期发展及未来设计 | D5 |
| | 2017年2月21日 | 联合创始人 | 互联网时代下大数据如何发挥价值 | D6 |
| | 2017年7月2日 | 联合创始人 | 如何在情景化存在中去理解创业 | D7 |
| | 2018年7月15日 | 董事长 | 介绍大宗产业链特征、返空汇的发展历程 | I1 |
| | 2019年6月20日 | 经营负责人 | 企业的商业模式的变化历程及当前状况 | I1 |
| | 2019年10月20日 | 创始人 | 2019年发展情况，管理者近期管理思想转变 | I2 |
| | 2019年10月20日 | 创始人 | 细致回顾返空汇创业历程 | I3 |
| | 2020年5月7日 | 创始人、区域经理、行政经理 | 疫情之下管理者的思考和企业的发展变化 | I4 |
| | 2020年8月19日 | 创始人 | 创始人回顾创业以来的变化过程 | I5 |
| 二手资料 | 2020年8月 | | 人物访谈、评论及新闻汇总 | FT1 |
| | | | 企业简介、发展历程、合作伙伴等 | FT2 |
| | | | 企业创始人经历及传统行业经验 | FT3 |

契合研究问题，访谈主要关注企业从初期发展到现在经历的变化过程，企业面临的主要冲突，以及不同时期内的活动和行为模式。此外，团队还收集了大量的二手资料，包括人物访谈、评论及新闻汇总，由企业提供的文档如企业简介、发展历程、合作伙伴等，以FT1 - FT3进行了编号。

## 3.4　数据分析和处理

根据传统的质性研究分析策略，研究主要的数据分析过程经历了数据缩减、初步编码、二次编码与构念陈列、结论验证四个过程。这四个过程相互迭代，直至获得一个较为满意的研究结果。例如，在根据研究主题进行数据的缩减下可能涌现出对材料的初步感知，并构成初级的概念意义，在构念涌现和陈列的过程可能构建起完整的过程叙事，构念之间的逻辑关系也开始显现出来。同时，在构念陈列的过程中也可能发现某一部分的材料存在冗余或者不足，而回到数据缩减或者收集工作中。在结论及验证阶段，如果发现存在数据不充分或逻辑不完整的地方，则会回到数据收集阶段，或补充关键数据，或对存疑数据进行追访修正。下面介绍研究涉及的核心概念及具体的数据分析方法。

### 3.4.1　核心概念

伴随着对案例企业数据的持续收集，作者分别为它们建立了案例数据库。后续对数据的分析和处理都是基于数据库展开的。同时，数据收集与数据分析的过程是迭代的，作者往往在数据收集过程中即对数据进行初步分析，也会继续补充数据库。研究从持续性变革的角度探究组织变革过程，涉及冲突、双元学习、组织场域和持续性变革四个层面的概念，这些概念在本研究中的内涵及应用如表 3 – 7 所示。

**表 3 –7　　研究涉及的核心概念及分布关系**

| 核心概念 | 内涵 | 研究应用 | 对应案例 |
|---|---|---|---|
| 冲突 | 对一种状态的描述，组织（行动者）与其他主体交互的过程中，感受到一种选择的压力 | 冲突隐性/冲突显性；简单冲突/嵌套冲突/冲突常态化 | 天府 TV、云南农垦、寺库、返空汇 |
| 组织学习 | 组织应对外部变化或者获取新的知识与技能的两种相互关联又相互排斥的行动 | 探索/利用 | 天府 TV<br>寺库、返空汇 |
| 场域 | 一种实践空间，是宏观社会环境与微观行动者之间的中介，外在的经济、政治、文化等因素，经过场域的重新构造后，间接作用于置身在特定场域中的行动者 | 结构 | 云南农垦、寺库、返空汇 |
| | | 交互关系 | |
| | | 制度逻辑 | 云南农垦 |
| 持续性变革 | 内部行为主体通过与外部互动形成新经历在时间上的延展过程 | 持续性变革的特征、持续性变革过程 | 天府 TV、云南农垦、寺库、返空汇 |

本书的研究即是将组织变革过程视为组织行动与冲突的相互作用过程，因此冲突作为贯通全书的核心概念，被应用到每个案例之中。根据各个子研究问题的侧重点不同，在数据处理过程中对于冲突的处理略有差异。在天府 TV 分析过程中，主要根据冲突的定义对组织行动调整的引发情景进行归纳；在云南农垦的案例分析过程中，则聚焦了不同的制度逻辑的冲突变化，表现为隐性冲突和显性冲突的变化；在寺库和返空汇的案例分析过程中，则根据冲突的复杂程度进行了情景

分类，分为简单冲突、嵌套冲突和冲突常态化几个不同的状态。具体的识别过程会在第4、第5、第6章中进行更详细的阐述。

作为贯通全书的核心视角，持续性变革的内涵和相关研究也被应用于各个案例中，根据各个子研究问题的侧重点不同，在数据处理过程中对其应用略有差异。在天府TV的案例分析过程中，持续性变革更多被视为一个解读现象的视角，帮助作者更好地诠释现象；而在云南农垦的案例中，持续性变革的三过程模型则被直接应用到分析过程中，用来探索非预期结果在变化过程的影响。在寺库和返空汇案例中，主要分析组织如何实现从间断性变革到持续性变革的转换过程，持续性变革的内涵和特征也被直接应用于分析案例材料，从而识别不同的思维模式。具体的识别过程在第4、第5、第6章中进行更为详细的阐述。

此外，研究还涉及双元行为和组织场域两个核心概念。作为冲突认知和承载的不同侧面，双元行为被应用到各个案例的分析过程中，并在不同的案例中有着不同的具体体现。组织场域分析涉及结构、交互关系和制度逻辑三个层面，其中场域结构和成员交互关系被运用到云南农垦和寺库的研究中，制度逻辑的相关分析则主要被运用到云南农垦的分析过程中。具体的识别过程会在第4、第5、第6章中进行更为详细的阐述。除了已有研究提供的概念之外，研究还通过主题归纳的方式发现了一些新的构念，以建立整体过程模型。

### 3.4.2 数据分析方法

针对各个子研究问题的侧重点不同，研究使用了关键事件路径分析、叙事、归纳式主题分析、区间过程对比与复制几种分析方法。其中，天府 TV 的数据处理主要采用了关键事件路径与叙事分析，云南农垦的数据处理主要采用了叙事和区间过程对比与复制分析，寺库和返空汇主要采用了归纳式主题分析和区间过程对比与复制分析。具体如表 3－8 所示。具体的数据处理过程在后续第 4、第 5、第 6 章中将进行更为详细的阐述。

**表 3－8　　　　数据处理方式及分布关系**

| 研究 | 研究目的 | 数据分析方法 |
|---|---|---|
| 1 | 组织层面的冲突响应驱动持续性变革的过程：探索与利用两种不同的学习过程如何逐渐生成组织双元能力，驱动持续性变革？ | 关键事件路径和叙事分析 |
| 2 | 场域层面的冲突承载驱动持续性变革的过程：场域中多重制度逻辑冲突变化如何影响变革状态的转换，驱动持续性变革？ | 叙事和区间过程对比与复制分析 |
| 3 | 传统组织如何实现冲突响应到冲突承载的变革思维转换？ | 归纳式主题分析和区间过程对比与复制 |

## 3.5　过程理论化

过程理论化是过程分析之后结合现有理论的创新过程。王凤彬和张雪在对近年来比较突出的过程性研究结果进行剖析的基础上，总结出现有的过程理论化模型，呈现四种类型：一是将事件和构念进行线性关联，得到历时性的顺序过程的线性模型；二是平行演化模式，平行演化模式通常是两条以上的路径共同或者分别影响组织的演化和发展轨迹；三是复现模式，复现模式理论化有较为宽泛的覆盖面，包括互动、循环、系统、辩证、演化五种类别[253]。互动理论化旨在通过揭示要素之间互动、相互影响过程来解释现象的生成、稳定和变化。循环理论化着眼于构建内嵌反馈机制的圆环，即过程发展的终点又返回到原点，开启新一轮的发展过程。这类理论化模式的潜在假设是所研究的过程，并不随研究时间窗口的关闭而结束，而是会持续循环和发展下去。这一理论化模式的优势在于挖掘“动力”，是动态性研究的关键，系统动力学和反馈环控制理论[254]等可以被吸收和融合来促进循环理论化的深化。系统理论化通常将宏观现象解构为由微观要素构成的动态系统，然后探寻微观机制和宏观现象之间的动态连接。王凤彬等[104]对企业组织变革的过程进行研究，构建了由情境、观念、模式、制度和人性五要素构成的动态演化螺旋，阐释了组织变革的微观机制，明确了企业实现内生性变革的过程机理，是复现模式下系统理论化的典型例证。

## 3.6　本章小结

本章对整体研究过程进行了陈述，包括研究动机、研究现场与案例、数据收集与分析及过程理论化过程。本研究在初步的现象困惑中与组织变革相关理论研究进行对照，逐步聚焦凝练研究问题。研究采用质性研究方法，覆盖四个典型案例，使用关键事件路径分析、叙事、归纳式主题分析、区间过程对比与复制几种分析方法对数据进行分析，最终归纳不确定性常态下组织持续性变革与转型过程机制。

# 第4章 组织的冲突响应过程与持续性变革

面对“组织—环境”连续、不确定的冲突，计划式的间断性变革已经无法很好地解释组织响应“组织—环境”冲突的动态过程，持续性变革的重要性逐渐突显。本章采用纵向案例分析，基于“探索—利用”的双元学习理论，解释了连续冲突下的组织响应行为及过程规律。研究发现：动态双元能力是促成组织持续性变革的核心动力。在连续的、即兴的“探索—利用”学习转换的冲突响应过程中，动态双元能力逐渐生成并带动组织持续性变革。

## 4.1 研究背景

“组织—环境”冲突常态情形下的组织响应与传统相对稳定情形下的响应相比有着较大的差异，在相对稳定情形下，组织—环境冲突引发组织进入变革[173]，变革有着比较明确的目标，即提升组织适应性，缓解或者消除冲突[1]。这种响应过程往往需要较为正式的统筹计划，强有力的执行力和匹配的资源[107-108]。而在冲突常态下，组织往往无法制定明确的行动目标，或者在响应的过程中被新的冲突打断[2]。那么在新的情形下，组织响应需要发生什么样的变化？什么样的响应过程能够帮助组织通向持续性变革？本章选取天府 TV 作为分析对象。2009 年年底，成都音像出版社响应国家要求，积极稳妥推进事业单位转向企业的改革战略，在成都广播电视局领导下走向相对独立的经营转型。转型初期，这家音像出版社负债累累，资金短缺、新旧市场交替、传统业务陷入坍塌、企业人员大量流失……通过近十年的摸索、尝试和发展，成都音像出版社从一个濒临淘汰的传统单一内容经营单位转型成为年产值 2.1 亿元、净资产 2400 万元、拥有“全网、全域、全屏”传播能力的行业内榜样型新媒体平台企业——天府 TV，旗下多档节目获得观众的喜爱和认可，表 4－1 展示了天府 TV 所获得的行业荣誉与核心资质。

**表 4－1　　天府 TV 的企业荣誉、核心资质和核心品牌展示**

| 企业荣誉 | 核心资质（行业许可） | 核心品牌 |
|---|---|---|
| 全国版权示范单位 | 互联网文化经营 | 数字音像出版互联网内容集成分发平台 |
| 国家级数字内容资源知识服务模式试点单位 | 网络出版服务 | 党管媒体导向的互联网全媒体生态系统 |
| 四川省媒体融合示范单位 | 电子出版物出版 | 网络音像（视听）内容审核平台 |
| 四川省首批文化产业重点企业 | 出版物经营 | 数字版权综合服务平台 |
| 四川省数字出版转型示范单位 | 广播电视节目制作 | |
| | 音像制品出版 | |
| | 营业性演出等 | |

天府 TV 的冲突响应过程有什么样的特征和规律？为什么不具备传统优势资源的组织能够在不断的行动调整中实现良好发展？冲突常态

往往意味着组织需要及时处理和响应更加复杂和多变的信息。组织学习是处理、解释和回应内外部显性信息的有效过程，学习能力是组织持续变化和更新的关键能力[178]。已有研究已经充分认识到双元学习在动态环境下对组织成长和发展的重要性[45]：通过同时转动探索式学习和利用式学习，有助于组织在利用冲突带来的新的机遇的同时，降低冲突响应的不确定性[32]。现有研究大多聚焦如何使探索与利用处于相对均衡的状态，从而达成组织的可持续发展，并相继提出了时空间分割[29]、结构分割[30]、情景双元[31]等均衡策略。然而，无论是时序双元还是结构双元，都是假定外部环境相对稳定，关注依靠组织自身实现“探索—利用”的平衡，具有一定的规划性且依赖于组织资源、结构和能力，这对于冲突常态下的组织而言，显然是具有挑战性的。那么企业如何在冲突响应过程中获得动态双元能力，从而支撑持续性变革还有待进一步的探索。

## 4.2 数据处理与分析

随着资料的不断收集，开始进行初步的数据分析。例如，在每一次的访谈结束之后，都会及时与研究小组进行讨论，收集到的数据是否与研究问题密切相关，并对各个来源的数据进行反复比对，保证数据的准确性，保证数据的信度与效度。对于所缺少的数据，或者存在出入的数据，及时与企业进一步确认或者在下一次访谈中补上。

由于试图探究是组织变革的过程，在对各个途径收集到的数据进行比对和校验之后，首先建立了时间序列上的历史事件库，并将历史事件库中的关键变化串联起来，完整描述企业实现转型的过程。之后，在不断地分析和讨论中，将过程中涌现出的一些关键特征与已有的研究视角、理论进行关联，最后通过不断验证与比较，发现规律，提炼出过程理论。研究团队自2016年3月开始与企业接触，经历了3年多的时间，在现象与理论之间不断迭代，以期获得一个相对满意的解释结果。

表4-2中列出了研究涉及的主要构念及内涵识别。作为不同的组织学习方式，探索性学习通常表述为搜寻、变化、冒险性、试验性、灵活应对、发掘、创新；利用性学习通常表述为重组、选择、产出性、效率、执行、实施等。结合对应的关键词进行纵向分析，发现在企业实现变化和转型的过程中，经历了探索性学习和利用性学习交替主导，然后逐渐发展为探索性学习和利用性学习交互存在的发展过程。在解释不同的响应行为的转换过程中，研究归纳了“组织—环境”冲突对组织学习方式转换的影响：冲突的驱动作用和冲突的聚焦作用。

**表4-2　　主要构念及内涵识别**

| 相关构念 | | 识别 | 来源 |
|---|---|---|---|
| 响应行为 | 探索 | 变化、冒险性、试验性、灵活应对、发掘、创新等 | March，1991 |
| | 利用 | 重组、选择、产出性、效率、执行、实施等 | March，1991 |
| “组织—环境”冲突影响 | 驱动 | 识别冲突之后由利用式学习进入探索式学习的过程 | 现象归纳 |
| | 聚焦 | 识别冲突之后由探索式学习进入利用式学习的过程 | 现象归纳 |
| 双元学习能力 | | 组织同时进行探索与利用学习，兼顾短期绩效与长远发展的能力 | Tushman和O’Reilly，1996 |

## 4.3 案例描述

面对浩渺的质性分析材料，近年来不少学者开始关注其中的“事件”，通过对事件的再认识发展出新的一些方法，如 Morgeson 和 Mitchell 等[255]认为事件不单单是一种表征和记录，更是人们描述自己的生活或者组织发展的中心，因此事件应该作为相对独立的研究对象受到重视。Hussenot 和 Missonie[256]认为组织通过是一连串的组织事件编织出的稳定常态与新奇动态的结合体，研究了持续呈现的事件结构，包含着过去和预期的未来。杜义飞等[257]基于前人的研究并结合存在主义哲学提出一系列事件的完整串联就构成一个动态的“存在”过程。通过对于连续的事件的诠释和解构，可以还原组织的发展过程。

首先，我们从企业的转型过程中选择了关键事件，整理如表 4－3 所示。这些事件被选择为关键事件，主要有以下几方面的依据：一是在访谈过程中，管理者会反复提及和强调这些事件；二是这些事件对企业的发展具有比较大的影响，如 2011 年的新的商业模式使很多企业扭亏为盈，支撑了企业的下一步生存；三是研究小组结合研究主题的讨论得出，这些事件符合构成描述转型过程的关键节点和组成部分。

表 4－3　天府 TV 转型过程中的关键事件

| 时间 | 情景/事件/行为 | 编号 |
|---|---|---|
| 2011 年 | 探索出新的商业模式——“媒体＋商品销售” | E1 |
| 2012 年 | 新的商业模式意外获得成功，支撑了企业生存 | E2 |

续表

| 时间 | 情景/事件/行为 | 编号 |
| --- | --- | --- |
| 2012 年 | 前期模式的市场遭遇强烈竞争，即兴寻求新的业务发展——边远地区文化传播模式 | E3 |
| 2013 年 | 迎合互联网市场，尝试建立天府 TV 模式 | E4 |
| 2015 年 | 天府 TV 平台企业构建获得多方认可，促进企业实现转型 | E5 |
| 2016 年 | 建成全国首家“数字音像出版互联网内容集成分发平台”——天府 TV | E6 |
| 2017 年 | 建成全国首家党管媒体导向下的互联网生态系统，获得良好发展 | E7 |

然后，整理关键事件对应的材料，从详细的材料中对关键事件进行归纳，以便构成一个完整的叙事故事。表4-4呈现了关键事件对应的相关背景和话语陈述，以及归类识别的过程。

**表4-4　天府 TV 转型过程中的关键事件及相关描述分析**

| 事件编号 | 围绕关键事件的相关描述及分析 | 事件维度识别 |
| --- | --- | --- |
| E1 | “我就去找台里做了这么一件事情，去上级单位请求台里的“空闲时间”，早上八点之前，晚上10点半之后，给我放点广告片（边缘资源挖掘）。我的一个朋友他就给我介绍了一个企业，在简阳的一家手工面条，叫若男挂面。这是我们转型之后的第一个商业模式”。（F2，王）<br>“我就给他出了个招，面必须要懂得包装。这个企业想要做大，就必须投广告，但是他投不起广告。我就把面按照品牌给他进行包装，给他面取了个名字，叫做若男挂面，隐去石桥镇生产的，可以提升格调。拍好之后电视台投放，当时我这一下赌对了，（没有明确预期的），因为早上8点晚上10点过还在看电视的，就是家里的老人，他们看完了之后上午就去买菜，刚好跟广告联系上。这个时候我又打通了商超渠道，我手头有商超渠道的资源，比如伊藤、王府井、新世纪等。这一卖，第二年就做到了1700万元（相关资源整合）”。（F2，王） | 探索 |

续表

| 事件编号 | 围绕关键事件的相关描述及分析 | 事件维度识别 |
|---|---|---|
| E2 | “这种模式（若男挂面）开始起步，我们尝到甜头，第二个就是三勒浆”。（模式复制、迁移）（F2，王）<br>“若兰挂面那个模式成功了以后，我还卖过鸡蛋，蔬菜，猪肉，猕猴桃这些。比如猕猴桃，我看了一个企业在苍溪县，猕猴桃基地，深加工产品，那么市场渠道很健全，我只是提炼它的价值，做价值服务，提炼了之后，它在商场里面的销量就上去了”。（模式复制、迁移）（F1，王） | 利用 |
| E3 | “我们就去了地市州，去了万元、宣汉，去了稻城、西昌。因为我当时评估了一下，音像社当时在成都大型的活接不到，一般活动是大型企业和成都政府，成都商报、博瑞传播、成都电视台、四川电视台在对接，这个竞争是很激烈的。相比之下我们没有优势的。我们就干苦活，我们就去大凉山。那里比较偏远，对于成都来的媒体企业是相信的，加上我们之前做音响的时候，他们听过很多的歌曲磁带，开始信任我们（边缘资源挖掘）。我们就开始合作，做康定国际情歌节、火把节，我们是三大执行公司。后面还有达州的运动会，宣汉的龙舟赛”。（新的业态模式）（F2，王） | 探索 |
| E4 | “当时是没有内容，没有技术，没有平台，没有人才，就音像社这个牌子先拿过来。最开始他们想做好的内容，作为互联网的内容提供商，往大的视频平台分发获取内容版权费”。（原有资源利用）（F3，贺）<br>“最开始确实是花了很多钱，差不多每一集投 1 万—2 万元，时长 5—10 分钟。最早的视频，真的是花了血本做的。作为互联网内容提供商。这样子来做天府 TV，后来发现烧不起这个钱。一旦要想做好的内容，一定要有明星，这个成本太高。在企业融不了资的情况下，是试行不了的”。（模式复制）（F3，贺） | 利用 |

续表

| 事件编号 | 围绕关键事件的相关描述及分析 | 事件维度识别 |
| --- | --- | --- |
| E5 | “王总的想法就是不能跟央视、成都电视台这种大的媒体比，要不我们就学习新媒体，借助较权威的身份，有公信力，还有一些老客户，然后我们就把中小企业，我们免费给你做，流水从我这里过，利润我们分，这样子就做起来了”。（F3，贺）（现有资源利用）<br>“客户市场那块，包括黄老五（本土很大的民营企业）、央视的农业频道、乐视、亚信、爱奇艺这些都有业务往来。四川本土的规模比较大的农业企业的，都需要媒体做宣传”。（F3，贺）（潜在资源整合） | 双元<br>（探索 + 利用） |
| E6 | “我们举个最简单的例子，比如说你创作了一个歌曲，你没有进行版权认证，你传到网上去，很多人都可以听，其他人如果用你的歌曲创造了商业价值，他是不构成侵权的，因为你没有进行版权申明，自有价值没有得到保护。知识产权的认可，这是第一步。第二个，做出版是为他提供了更便捷的出版发行渠道，天府 TV 能够联合的是全国五大视频网站，从天府 TV 分发出去的，在五大视频网站上可以同步看到，比你自己去找爱奇艺要便捷很多”。（F2，史）（核心资源利用）<br>“传统媒体要么就死掉，要么就借助网络传播，借助这个资源，实现媒体的高度融合，实现多元化转身，否则死路一条。天府 TV 这个是具有超前思想时代意义的创举”。（F1，陈）（融合创新） | 双元<br>（探索 + 利用） |
| E7 | “我们这个媒体大数据已经作为国家重点项目落实了（业务创新），实际上尤其是在中国这个背景下，监控舆论这一块阵地，它有一个监控的作用。这个资质是很难拿的，川内视听这一块就我们有这个资质”。（F1，赵）（核心资源利用）<br>“还有引进，像爱奇艺它就没有这个引进的资质，我们前不久还在跟他的企业联系没跟他们谈，他们想引进国外大片，只能通过其他有资质的方式引进，现在他们是通过北京的一家公司，但那家公司越来越贵了，然后我们这边还没开始做这个事，现在马上开始做这个事，有这个资质，今年准备先引进 200 部美剧，电视剧电影都可以”。（F1，赵）（基于核心资源的业务拓展） | 双元<br>（探索 + 利用） |

企业转型初期，按照常规的做法，一开始设想的从上级单位获得一个频道或者内容作为主要营业内容，但这种计划遭遇了失败。无奈之下，企业去电视台里要了一些“空闲时间”①放广告片，这是对边缘资源的挖掘。随后企业抓住了中小企业广告宣传的计划，将“空闲时间”用来播放宣传片，同时打通线下的商业超市为广告商品铺货，这样一来企业获得了生存的收入。对于传统的售卖录像带的音像社而言，对于边缘资源的挖掘和整理都是一种尝试和冒险，就像企业的 CEO（首席执行官）在模式获得成功之后所说的那样“我这一下是赌对了！（F3）”。对于传统的音像社而言，这一商业模式包含了新的合作主体和经营方式，并且在开始尝试的时候也具备一定的不确定性，体现了一种倾向于探索的行动。随着这一模式的盈利，企业将其复制到其他的企业客户当中，如针对高考学生的保健品三勒浆的宣传推广、针对苍溪县猕猴桃的包装推广等。企业虽然在合作对象越来越广，但合作的基本模式跟前期基本一致，明显地表现出一种利用性学习倾向。当这样的模式在市场上遭遇竞争时，尚没有足够优势的企业又不得不转头谋求新的模式，于是有了第二种主要的经营方式，即联合偏远地市州政府进行文化推广和宣传的模式，典型的活动品牌包括：康定国际情歌节、火把节、达州运动会、宣汉龙舟赛等。“当时只有 12 名员工，我们就接了大中型的活动……（F14）”这个过程是在没有足够多资源的基础之上的尝试。

2010 年至 2013 年间，企业完成了基本的组织架构，并偿还了历史

① 主要是指一天当中不太具备收视（听）率的时间段，通常是当日 22：00 至次日 6：00 这个时间段。

债务。在变化的市场和政策环境下，新的模式发展受阻，企业进行很多的尝试和探索，如决定开创性地发展互联网内容，建立了“1990 创意工厂”，进入新一轮的探索性学习之中。“当时是没有内容，没有技术，没有平台，没有人才，就这个媒体的牌子先拿过来。最开始他们想做好的内容，作为互联网的内容提供商，往大的视频平台分发获取内容版权费（F3）”。而在成为互联网内容提供商的发展设想遇到阻碍后，企业发掘自身作为党政媒体所具备的监管端口[①]优势，基于这个“老本行”不断发展。“像爱奇艺他们没有这个引进的资质，我们可以买进，从我们这里分发出去，我们就可以得到包括版权、招商、流量等这些收入，相当于它是一本万利，只要引进（F1）”。

近年来，在获得核心资质认可之后，企业充分认识到自身的发展情况，决定利用新媒体的发展方式，结合并利用具备的监管资质优势综合发展，取得很大成功。而在遇到融资的约束之后，企业又不得不收缩发展，回到原来的方式，等待时机。在整体转型过程中可以看到，企业常常没有明确的方向和目标，更谈不上计划。企业依靠变革过程中根据内外部情况所作出的即兴尝试获得不断地发展。因此，通过对整个过程的分析，发现企业持续性变革的过程是一个在“探索—利用”之间不断平衡和调整的过程。这种不断平衡和调整的经历使得企业在转型后期能够将两种看似不可兼顾的行为整合起来，以更好地促进企业发展。例如，后期建成的“天府 TV 数字版权综合服务平台”“天府 TV 网络音像（视听）审核播控平台”都是依托在成都音像出版社互联

① 为了营造健康和谐的信息传播环境，所有媒体（包括自媒体）在引进、传播相关文化、信息作品或者进行经营活动时，需要接受具备内容出版、传播等资质的机构监管和审查。

网出版许可等核心资质之上，抓住机遇，与新技术进行融合而实现的审核技术和运营模式创新。企业将基于核心资质的“利用”与基于新机遇，新模式发展的“探索”融为一体，推动了企业进一步发展。图4－1描述了用关键事件串联起来的天府TV变革的大致过程。

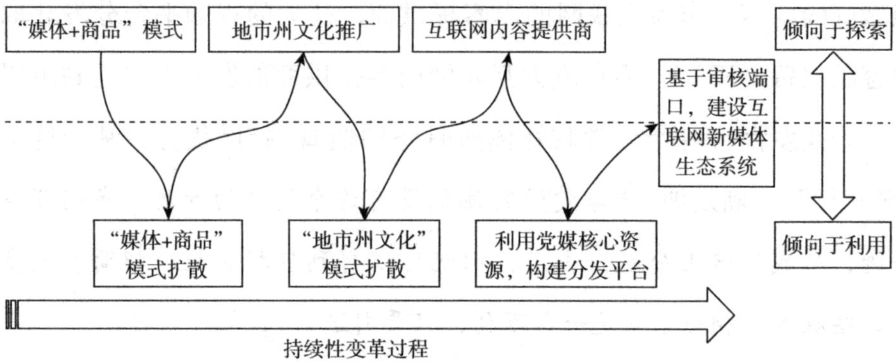


**图4－1　天府TV企业变革整体过程描述**

## 4.4　案例分析与发现

### 4.4.1　从利用到探索的转换过程

通过对整体过程的分析，得到组织实现转型的过程是探索性学习与利用性学习之间不断调整和平衡的过程。已有研究已经表明，利用式学习能够很快地解决眼前问题，也不用承担较大的风险，但容易导致组织惯性。探索性学习更能够促进企业创新，推动组织实现转型，那么驱动组织进行探索性学习的因素或者情景是什么呢？

将天府TV转型过程中的几次主要探索性过程进行分析，包括行为发生的背景、过程以及结果。第一次探索性学习是转制之后的第一个商业模式，即媒体 + 商品的模式。2010 年，组织从事业单位转制成为企业之后，由于在系统内相对体量较小、业务模式传统落后，并没有获得像其他兄弟单位一样的发展资金支持，这使得管理者变得毫无头绪，“那我们该干什么呢？还好我在这个行业待的久，我有一个规划案，就是台里划拨资源给我进行二次开发，比如给我一个栏目或者频道……（F3）”但是因为最终没有获得相应的栏目和频道资源，这样的设想并没有实现。“那怎么办呢？（F3）”目标仍然模糊。为了生存，企业抱着试试看的心态争取到了台里的“空闲时间”放广告。慢慢地发现并整合了一些新的资源，如乡镇企业、商业超市等，摸索出了一种新的发展模式。对于组织本身而言，这是一次不明结果的探索性行为，就如公司董事长在试验模式成功后所说的“赌对了（F3）”。由此可见，这次的探索性学习主要是由资源冲突驱动的，组织在多重冲突之下，没有现有资源可供利用，只能进行尝试性的探索行为。

第二次探索性行为是进行地市州地区的文化宣传与推广。2011 年，企业准备在媒体 + 商品的模式上进行复制和扩展，而同时其他单位，如成都电视台也看到了这种模式的优势，于是打算成立专门的产业部来做这个事情。“成都电视台本身比我们的资源多，所以在这种竞争下我们就没有什么优势了（F3）”。无奈之下，音像社就去了地市州地区，开始跟当地地方政府进行合作，做文化推广，如康定国际情歌节、火把节、运动会、龙舟赛等。这种模式一直坚持到 2013 年。在三年前，音像社完成了企业的基本建设，如办公场地等，同时偿还了历史债务，维持了组织的生存。从材料中可以看出，音像社启动新一轮的业务发展，探索最主要的原因在于原有业务的市场遭到更大竞争，而自身又存在资源等方面的不足，而这次的探索性学习则具有一定的印记，即将目光转向边缘资源的发掘和整合。

第三次的探索性行为是发展成为互联网内容提供商。受到互联网媒体发展的影响，公司也尝试输出互联网内容。为此，公司大量招聘了视频制作、拍摄、编剧等艺术类人才和网络建设的技术类人才，为企业做内容平台的战略构想打下基础。音像社坚持“文化产业、内容为王”的理念，创办了一支具有互联网思维的内容创意团队——“1990 创意工厂”。然而，由于音像社本身并不具备做互联网内容的能力，这样的探索没有能够取得很好的效果。就如访谈者所说：“之前一直想尝试做互联网内容提供商，花了很多钱。最早的视频真是花了血本在做，但是后来发现不行，烧不起这个钱（F13）”随后组织行为转向挖掘已有的资源，并发现作为党媒具有内容监管与审核的优势。

从以上的分析中可以看出，在没有外部刺激的情况下，企业更倾向于利用性行为，在企业现有资源和能力的基础上进行更新或者组合，以实现更好的经营成果。冲突的出现作为一种外部或内部刺激迫使企业放弃利用性行为，转为探索性学习。可见，冲突在打破组织惯性和激发组织更新方面起到一定的作用。结合以上三个方面的分析，可以看出“组织—环境”冲突的出现打断了组织原本的利用学习进程，驱动了组织从利用向探索的转换。

### 4.4.2 从探索到利用的转换过程

在组织发展和转型过程中，探索性学习与利用性学习的双元悖论不仅体现在资源的稀缺或无法兼顾上面，还体现在组织状态的维持方面。探索行为有利于导向创新，但是创新的幅度和程度必须在合适的范围内才能保证组织的生存。利用性学习则侧重于组织现有资源和能力的组合和运用，有利于组织稳定和生存。因此，成功的组织转型是在保证组织稳定和生存的情况下实现一定程度的创新，从旧的形态转变为新的形态。

转型初期，音像出版社的发展遇到了较大的资金限制，“上级单位总经理布置经营业务，给了音像社300万元资金作为启动资金，这是比较少的，转型是一个很难的事情”（F3）。之后，公司考虑做一个频道或者栏目的计划也无法实现。在这样的情况下，经营者想到了台里的“空闲时间”段，把这个资源利用起来。后来又整合了一些小企业的产品宣传，拍广告在电视台进行投放，收到良好的效果，形成改制后的第一个商业模式。然后不久，这种商业模式就遇到了激烈的市场竞争，企业将此解读为“冲突”。在这之后探索出的第二种商业模式，即地市州文化宣传与推广模式也在新的国家政策出台之后遇到了阻碍。无论是更加激烈的市场竞争还是国家出台的新的政策，对于当时的音像社而言，都是面临的发展“冲突”。然而，也正是这些“冲突”的发生和存在，迫使企业重新思考和审视自身。例如，在地市州模式发展遇到困难时，经营者并没有全部归因到政策变动这样的外部约束上面，而是反思自身的发展模式确实存在问题，需要改变。

转型中期，企业尝试做互联网内容提供商，并为此投入大量的人力和物力，但是结果并不理想。对于音像社而言，这样的探索太过于脱离企业原来的基础，做互联网内容需要的资金和团队，都是企业当下不具备的。在这样的“冲突”下，企业又回到组织本身，发现了自身作为党媒具有的监管和审核资质，这在互联网媒体发展时代意义重大。“我们是出版发行的一个监管端口，相当于必须要通过这个端口才能面向市场传播发行（F5）”企业对于自身资源的挖掘和再认识不仅将组织从不适宜的探索性活动中拉了回来，而且很好地利用了自身优势，回到了音像行业本身，节约资源和精力。“从2015年2016年开始，我们和土豆、爱奇艺等视频平台达成了深度合作，我们帮他们做传播，我们这里进行分发，这是我们的一个核心竞争力（F6）”这样一来，音像出版社逐渐变成了一个平台，在这个平台上与新兴媒体，网络建立了联系。音像出版社专注于引进版权的核心业务，凭借内容监管和审核资质可以获得相当稳定且低投入、低风险的收入。“有了这个资质，今年准备引进200部美剧，电影电视剧都可以（F4）”。

在出版、分发这样的传统核心竞争力上，企业进行了进一步的探索行为，希望将企业建成一个更大的生态系统。而这样的探索也因为党媒属性的特殊性被限定在一定的范围之内，也避免发展得过快而不能走得更长远。例如，在2016年中旬，企业在如火如荼进行生态系统建设，由于党媒的官方地位和身份，企业在融资方面需要遵循非常严格的规定，不能随意融资和扩张。企业又回到原来的出版核心业务上，等待时机。从上面的分析可以看出，“冲突”的存在有利于企业适当收缩探索行为，或者调整探索方向，使行为更加聚焦，最终有助于实现转型。

### 4.4.3 整体过程变化

不同于前期的探索—利用交替行为，而主要由不同情形的冲突驱动的，后期组织向互联网内容提供商的转化则更多来自于组织自身的能动性。另外，组织有了更加清晰的发展目标。就如访谈者所说："国家会议召开之后，有了新的一些政策变化，我们不能以老的模式继续发展，第三个原因，这个模式（指的是前一次的地市州文化推广）确实也有问题，我们得变。我们已经计划搭建天府TV了。（F3）"受到火爆的互联网视频媒体的影响，成都音像出版社希望能够跟上新媒体发展的步伐，于是他们开始进行新的机会尝试。"我们组建了创业团队、创意工厂，拍摄一些网络剧、微电影等，我们要做内容，做平台（F15）"。此时，公司大量招聘相关的创作和技术人才，希望能够在互联网内容制作与销售上获得突破。音像社坚持"文化产业、内容为王"的理念，创办了一支具有互联网思维的内容创意团队——"1990创意工厂"。然而，由于音像社本身并不具备做互联网内容的能力，这样的探索没有能够取得很好的效果。就如访谈者所说："之前一直想尝试做互联网内容提供商，花了很多钱。最早的视频真是花了血本在做，但是后来发现不行，烧不起这个钱（F13）。"随后组织行为转向利用性学习，即挖掘已有的资源。

后期的变革行为主要体现在建立互联网新媒体生态系统。这是组织在获取了一定的生存和竞争优势之后的主动尝试，且目标更加清晰。在获得了互联网出版等核心资质之后，音像社发现了一个"痛点"，就是传统媒体一手打广告，一手收费的模式已经过时了，新媒体的方式则具有更大的竞争力。于是音像社学习新媒体方式，同时又借助获得相关的审核和把关资质优势，链接其他互联网新媒体不断创新。2016年，企业建成了全国首家"党管媒体导向下的互联网生态系统"——

成都广播电视台＊天府TV全媒体生态系统。

综合企业后期变革发展可以看出，经历了较长时间在“探索—利用”不断交替的过程之后，企业能够很快地在两种学习行为之间进行转换，甚至进行同时整合，极大地激发了组织活力，推动了持续性变革过程。例如，在后期的全媒体生态系统建设中，“大音云”项目是一个突出的代表，大音云平台是我们首家“数字音乐互联网内容集成分发平台”，立足“互联网+”发展的新常态，试图实现音乐产业的数字化转型。“大音云”平台的搭建既体现了一种新型模式的尝试与摸索；同时该平台依托内容监管和审核资质权是组织对自身核心资源的利用。同时，这一时期企业不仅看重对新的发展方式进行开放性的尝试，也对之前已经积累的一些资源及能力进行快速整合和叠加，从中迅速推动组织的发展。通过对整个过程变化的分析和比较，发现探索性—利用行为的循环主要由组织—环境冲突驱动逐渐转变为组织自主驱动，且随着组织的不断发展，目标也越来越清晰。

### 4.4.4 主要发现

采用纵向案例分析，基于“探索—利用”的双元学习理论基础，揭示了动态双元能力作为组织持续性变革的内核动力。在连续的、即兴的[99]“探索—利用”学习转换的冲突响应过程中，动态双元能力逐渐生成并带动组织持续性变革。整合主要结论，研究从组织层面建立了持续性变革的过程机制（见图4－2）。过程模型将前期的“探索—利用”转换过程进行了立体化的展示。实体方框内表示确实发生的行为，虚线方框内表示按照惯性会发生，而受到新的“组织—环境”冲突出现影响而改变了行为路径，但实际上没有发生的行为。

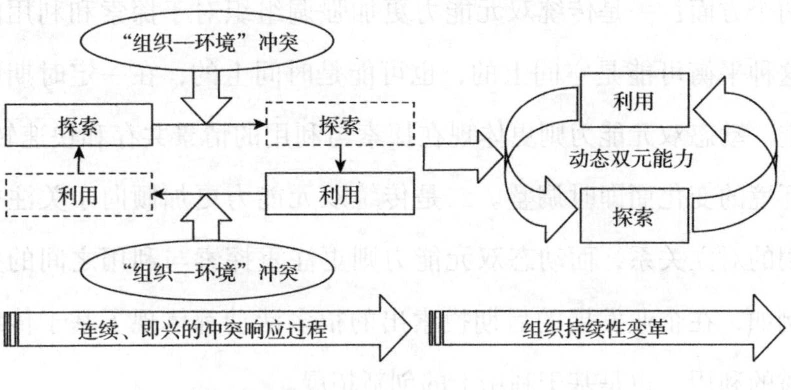


**图4-2　组织层面的冲突响应与持续性变革**

首先，从图4-2中可以看出，传统的双元学习过程在"组织—环境"常态下遭遇挑战：组织对于之前识别的冲突所作出的响应和学习过程常常被新的"组织—环境"冲突打断。就像案例中所描述的一样，组织在某一个方向的探索可能很难按照自己的意愿一直进行探索性学习，组织在某一方面的利用性学习也不会停留太久。其次，"组织—环境"冲突常态下的组织学习应该是连续的、即兴地[99]在探索与利用之间转换。组织即兴要求组织对外部环境的变化作出即时反应，体现在组织不得不缩短计划与执行之间的时间间隔，甚至将计划与执行置于同一时点[258]，以及组织对于相关资源的随机应变地灵活整合[259]。例如，企业在刚开始转型时，面临无资金、无市场、无专业人员的局面时，为了生存，企业抱着试试看的心态争取到了台里的"空闲时间"放广告，并及时发现并整合了一些新的资源，如乡镇企业、商业超市等，摸索出了一种新的发展模式。最后，连续的冲突响应过程是生成组织动态双元能力的必要过程。一个良性的学习过程会不断为组织积累知识[187-188]，这些知识逐渐内化为一种保持组织常规运转的能量。通过案例分析，文章认为动态双元能力区别于传统的双元能力，表现在以下两个方面：一是传统双元能力更加强调组织对于探索和利用的平衡，这种平衡可能是空间上的，也可能是时间上的，在一定时期内保持稳定。动态双元能力则更体现在探索与利用的情景共存和快速转换，随着环境的变化而即时调整。二是传统双元能力更加倾向于关注探索与利用的对立关系，而动态双元能力则更注重探索与利用之间的关联性。例如，在企业发展的后期摸索出的很多活动都体现了基于传统核心资质的利用，也是基于利用上的创新拓展。

## 4.5 讨论

结合本部分的研究结论，作者认为其对于持续性变革和双元学习的研究具有启发。第一，研究促进了组织层面的持续性变革驱动力的研究。通过将组织对于“组织—环境”冲突的响应过程解构到探索—利用两个学习方式的转换，发现了组织动态双元能力作为持续性变革的内核动力。在冲突响应的过程中，组织学习的模式和组织学习能力发生转变，并且带动了组织逐渐趋近持续性变革。持续性变革强调组织即兴[260]和学习[189]过程。在本研究中，组织持续性变革依赖于一种高阶的组织双元性[197]——动态双元能力，即组织自主驱动的探索—利用并存并相互支撑释放出持续发展和创新过程的能力。从研究结论看，这种能力并非是天生的，而是在不断的学习过程中逐渐内化为一种能量，使得组织能够在冲突常态下更加游刃有余地承接内外部力量，达成持续发展结果。

第二，研究将冲突情景纳入了双元能力形成和提升过程中进行了考虑。已有研究主要从组织内部的视角提出如何去平衡探索性学习和利用性学习，如结构配置[45]、网络多样化[261]、激励系统[262]等。随着环境的变化，仅从组织内部考察探索与利用的协调难以适应组织发展。例如，随着环境复杂程度的增加，自组织不断地从企业中涌现出来，帮助企业更好地与环境互动，这使得原有的相对规范、固定的组织结构发生了变化。因此，近年来学者指出应该在情景中研究探索与利用的平衡问题[50-51]。本研究将“组织—环境”冲突作为组织面对的重要情景，揭示了在组织转型初期，“冲突”情景研究在推动双元学习行为转换的过程中起到了一定的作用，对双元性理论的情景化研究提供了思路。

此外，研究结果对于我国传统企业的转型实践也具有较大的启示。由于不确定性已经成为现代企业管理环境的最大特征，组织必须保持持续与环境互动，而不能像以往一样仅依靠危机迫使组织进入变革和转型过程，持续性变革将成为企业发展的常态。组织对于不确定性的认识应该从规避转移到利用。不确定性的存在诚然加大了组织经营和转型的风险，但同样也更容易涌现出更多的发展机会，组织需要把握住新的机会，学会借环境之“势”，增加转型成功的机会。另外，企业在实践过程中要正确认识和解读各种各样的约束。从研究中可以看到，约束的存在具有在一定时期内是具有辅导作用的，这对于企业逐渐形成自身的能力系统至关重要。

## 4.6 本章小结

“组织—环境”连续冲突情形下的组织响应与传统相对稳定情形下的响应相比有着较大的差异。冲突常态下，组织往往无法制定明确的行动目标，或者在响应的过程中被新的冲突打断。本部分针对新的情形下组织响应的过程规律及响应过程如何影响组织持续性变革进行了探究。通过对天府TV案例的深入分析，研究表明积极的冲突响应在通向持续性变革的过程中是至关重要的。揭示了动态双元能力作为组织持续性变革的内核动力。在连续的、即兴的“探索—利用”学习转换的冲突响应过程中，动态双元能力逐渐生成并带动组织持续性变革。本章研究促进了组织层面探索持续性变革驱动机制的研究，拓展了新情景下双元学习知识，对企业实践者如何应对连续的冲突情景提供了借鉴。

# 第 5 章　场域的冲突承载过程与持续性变革

上一章中，通过分析天府 TV 这样一个独特的案例，分析出组织是如何通过连续的冲突响应通向更加游刃有余地应对环境变化，进入持续性变革，从而探索出组织持续性变革的内核动力。通过进一步的现场考察，作者发现组织的冲突响应行动有时候会带来一些非预期结果，构成组织需要面临的新冲突。在持续性变化视角下，非预期结果也是组织变革的重要组成部分。显然，仅停留在组织层面难以对这样的变革过程作出解释，为此本章引入了场域视角作为承载组织与环境相互影响的空间，探究环境变化和组织行动如何共同影响组织场域变化（集中体现到场域内制度逻辑的交互关系），场域变化又如何输出不同的变化结果推动变革状态的转换，揭示组织持续性变革的系统动力。

## 5.1　研究背景

中国企业变革过程通常与制度、经济、社会文化等因素密切关联，穿梭于复杂和动态的内外部环境之中。不同于西方国家企业组织基于完善的市场经济体制背景之下的计划式变革，中国企业的变革和转型之路倾向于“摸着石头过河”。在国家改革的大背景下，各类组织在不断的尝试、摸索和调整中推动组织成长和发展。相对而言，中国企业经历了很长时间的计划经济时期而后转向市场化改革，同时在改革的过程中企业受到国家层面的指导，尤其是那些市场导向的国有企业组织[18]，其发展过程更是紧密地嵌入经济体制改革和社会变迁，面临着复杂的、快变的外部环境。因此，从组织环境层面讨论其如何影响组织变革过程很有必要。

实践中，云南农垦的政企分离转型过程为我们提供了一个难得的观察窗口。1951 年，为了打破西方国家对中国边岸线交流的封锁和保卫我国边疆的和平稳定，国家决定在云南成立植胶区，从而组建了云南农垦。在计划经济体制下，云南农垦与其他农垦体系中的组织一样形成了中国典型的集生产、生活于一体的小社会组织。在企业改革的大背景下，云南农垦也开始了政企分离实践的尝试。经历了 20 年左右的摸索，2014 年云南农垦集团实现了政企分离，成为独立的市场主体，之后云南农垦集团转换发展思路，逐渐发展成一家大型现代农业产业集团。在云南农垦的曲折变化过程中涌现出很多的非预期变化，如资金链断裂、内部矛盾激化、重要资产剥离等，这些非预期变化直接影响了组织的最终变化轨迹。

通过对云南农垦集团变革过程的观察，作者基于持续性变革取向[8-11]，认为组织变革过程并非是组织行动的直接结果，变革过程中涌现出的非预期变化也是影响变革过程的重要部分。那么非预期变化是怎么产生的？非预期变化如何影响变革过程这些问题都有待回答。通过初步观察，作者认为组织行动往往直接或者间接引发了围绕在组织周边的其他主体的变化，为此本章引入场域理论，用来理解围绕在组织周边、对组织产生影响的相关主体（即环境）及它们之间的互动过程，试图解释不同的变化输出是如何产生的，这些变化又如何塑造和影响了组织持续性变革轨迹。

## 5.2　数据处理与分析

对访谈内容与文本资料所包含的信息进行综合分析，将内容与研究问题结合，形成一个归纳和推断的过程。具体地，本部分围绕 10 个关键事件对数据进行了处理。包括基础数据梳理、关键事件识别及阶段划分、归纳式编码以及模型构建四个步骤，具体过程如下：

一是基础数据梳理，建立历史事件库。通过不同渠道收集整合的数据和信息，按照历史序列入库保存。与此同时，我们对访谈、文件、媒体新闻等途径的数据进行多方验证，保证案例信息的完备性和准确性。通过历史事件库，反复地进行非正式叙事，将企业变化过程“故事化”。为了让描述的“故事”更加有重点，作者首先关注了那些标志着变化状态转变的关键节点，以引发进一步的探索分析。

二是选取标志着明显变化性的事件作为依据，将整个转型过程分为三个阶段：初期尝试阶段、内部政企分离阶段、外部政企分离阶段。

第一阶段，在国家实施市场化改革，放权让利的政策环境下，组织开始以市场化的手段来获得市场竞争的优势。这一阶段是企业在顺应外部改革政策，通过多元化投资等方式进行市场化改革。云南农垦总公司改制为云南农垦集团有限责任公司，继续保持“两块牌子，一套人马”的架构。1996年起云南农垦集团借助期货市场从事产品的生产加工和销售，在边境贸易、房地产、旅游等行业均有业务的拓展和尝试。

第二阶段，受到东南亚金融危机的影响，企业经营严重受损。随后，企业决定发挥集团优势资源的作用，将橡胶产业从各个农场中分离出来，组成天然橡胶集团并筹备上市。在这种情况下，企业内部的社会职能主要由各个农场承担，企业职能则集中在天然橡胶集团，因此企业将其称之为内部政企分离。为了推动天然橡胶公司上市，云南农垦集团把资本集中投入公司的发展建设上，还将公司所营收的部分投入教育、医疗等社会功能中，这严重抑制了公司自身作为市场经济体的快速发展。在这样的情况下，集团加速对社会职能的剥离速度。首先是剥离了在昆明的一些工商企业所负担的社会职能，之后逐渐将农场所属的公安治安功能、教育职能等移交给地方政府，为企业减负。

第三阶段，市场化导致企业内部矛盾突出，在经过一系列的调研之后，逐步将下属各个农场移交给对应的地方政府。一方面，各个农场移交给地方政府之后，农场所承担的相关社会功能也一并归属地方政府进行管理，因此企业不再需要承担多余的社会职能。另一方面，农场的整体性剥离也使得企业不再拥有原来的土地和橡胶资源，之前想要通过橡胶集团上市来实现经济效益的提升，从而实现政企分离的路径发生改变。企业以新的发展模式进行生产经营。政企分离转型过程阶段划分与关键事件如表5-1所示。

表 5－1　　　云南农垦集团政企分离转型过程阶段及关键事件表

| 阶段 | 事件序号 | 时间 | 主要内容 |
|---|---|---|---|
| 第一阶段（1994—1997 年） | E1 | 1996 年 | 云南农垦总公司进行集团化改制，进行多元化投资 |
| | E2 | 1997 年 | 东南亚金融危机爆发，集团橡胶业务遭受重创，经营业绩迅速下滑 |
| 第二阶段（1998—2009 年） | E3 | 1998 年 | 实施新割胶制改革推进垦区经济体制改革和经济增长方式转变 |
| | E4 | 2004 年 | 云南天然橡胶产业股份有限公司成立 |
| | E5 | 2006 年 | 实施“16＋1”政策 |
| | E6 | 2007 年 | “16＋1”政策实施停止，继续推进橡胶集团上市 |
| | E7 | 2009 年 | 地方农场职能变化使得职工权利失去保障，农场出现维权事件 |
| 第三阶段（2010—2017 年） | E8 | 2010 年 | 集团农场资源剥离到各地方政府 |
| | E9 | 2014 年 | 云南农垦集团与云南农垦总局正式实现政企分离 |
| | E10 | 2017 年 | 云南农垦集团实现发展新突破 |

三是材料编码。通过前面几个步骤的工作，剔除了与研究问题关系不大的数据之后，紧扣研究问题，主要关注场域变化与持续性变革过程之间的关系。同时，为了保证研究的信度和效度，对于材料的分析也注重与理论的结合。对于场域变化的识别，紧紧围绕场域的基本概念和定义，同时也借鉴之前研究[221]，从场域输入、场域内制度逻辑及场域输出三个维度对案例材料进行识别，其中场域输入主要概括为环境变化和组织行动，主要的制度逻辑识别为小社会逻辑和市场逻辑，场域输出表现预期变化和非预期变化。表 5－2 展示了本部分研究涉及的关键构念。

表 5－2　　　　　　　　　关键构念含义

| 概念维度 | 概念 | 内涵 |
|---|---|---|
| 场域输入 | 环境变化 | 影响到组织的外部制度、经济、文化等方面发生改变 |
| | 组织行动 | 组织为了回应环境变化而做出的行为反应 |

续表

| 概念维度 | 概念 | 内涵 |
|---|---|---|
| 制度逻辑 | 小社会逻辑 | 政府逻辑与社区逻辑混合而成的。其中，社区逻辑主要强调社会关联、忠诚、共同价值或者个体关怀，他们相信整体意愿的重要性，成员对于信任和互惠的信奉是合法性的关键来源[263]；政府逻辑主要强调行政规划、公共福利和社会效益等[264] |
| | 市场逻辑 | 行动占据权力来源；强调与商业结构、市场需求、交易形式、消费者、竞争对手等市场因素存在关联的基本规则 |
| 场域输出 | 预期变化 | 符合行为主体预期的或者不超出预期的一些变革状态[2] |
| | 非预期变化 | 行为主体没有意料到的或者不偏好的一些变革状态[2] |

四是通过对理论与材料的反复迭代，在基本研究框架下建立持续性变革的过程模型。研究对阶段分析的结果进行对比和贯通，最终归纳出组织场域变化与持续性变革状态转换之间的规律。在这个过程中，作者在数据与理论之间反复转换，不断比较各个阶段关键事件发生前后的案例数据与涌现的概念之间的关系，最终收敛为较为满意的过程模型。

## 5.3 案例描述

在对变化过程的梳理过程中，作者发现变化过程呈现出波动规律，根据波动过程，借鉴目前比较成熟的持续性变革过程将状态模型划分为冻结、再平衡、解冻三个状态，并将各个关键事件关联到不同的变革状态之中。

根据定义，“冻结”状态以组织的瞬时审视为标志，使用认知图式诠释当下发生的事情。如在表 5 -1 所示的 E2 事件中，1997 年东南亚金融危机作为一个诱发情境让组织进入了“冻结”状态：“我感觉之所以出现这种情况，是之前的多元化投资太多，企业现金流不足”；“之所以出现这种情况，是因为我们并没有发挥出作为一个集团的真正优势”。“再平衡”过程紧接在“冻结”状态之后，以对过程进行重新释义，重新贴标签，通过调整以达到一个相对均衡状态为标志。如 E3 事件中，企业在改革的节奏上有所放松，作出相应调整，如将主要关注点集中在原本的橡胶产业上，借助农垦系统的补贴维持垦区的教育、医疗等社会功能。“解冻”状态则是持续性变革过程中的常态，以组织有意识地推动组织即兴和持续学习，承接变化为标志，如 E4 事件中，集团将各个农场的优势资产剥离出来成立分公司，并在分公司的基础之上组建云南省天然橡胶产业有限公司。通过将关键事件与不同的变革状态进行关联，一个更加细致的转型过程可以被描述出来（见图 5 -1）。

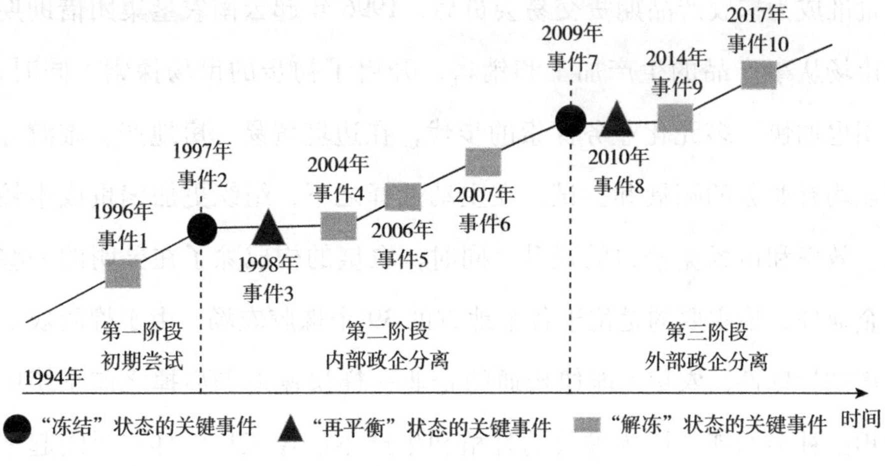


**图 5 -1　组织变革过程中的关键事件及状态分类**

图5-1中，实心圆形代表了变革进入“冻结”状态的标志性事件；三角代表了“再平衡”状态的关键事件；方形代表了“解冻”状态的关键事件。

### 5.3.1 初期尝试阶段

这一阶段主要是企业早期阶段的状态和发展，根据变化状态的不同，又可分为多元化尝试阶段和应对危机之下的动荡调整阶段。

1994年，在国家发展市场经济的大背景下，云南农垦总公司成立，云南农垦保持“两块牌子，一套人马”的架构，即保留云南省农垦局和云南农垦总公司两个单位，而实际管理者为一个体系。1996年，云南农垦总公司改制为云南农垦集团有限责任公司，继续保持“两块牌子，一套人马”的架构。这一时期，在国家实施市场化改革，放权让利的政策环境下，组织开始以市场化的手段来获得市场竞争的优势。经批准成为橡胶产品期货交易会员后，1996年起云南农垦集团借助期货市场从事产品的生产加工和销售，开启了初步的市场探索。同时，集团也加快了多元化业务探索的步伐，在边境贸易、房地产、旅游等行业均有业务的拓展和尝试。在主动选择之下，组织更加偏重成本控制、效率和市场竞争力的提升。同时，农垦的构成除了在昆明的一些小企业外，最主要的是位于各个地方的39个橡胶农场。由于橡胶农业生产的特殊性，农垦不能像普通的企业一样快速地剥离掉之前系统中承担的社会职能。因为橡胶的种植和生产不能像工厂一样，封闭起来进行管理，需要与当地的社会治安、人员福利统一到一起。因此，农场在这一时期内仍然是一个相对独立的“小社会”，是生产、生活、教育、医疗、治安为一体的小集体。由于垦区中央直供的关系，而这样的“小社会”逻辑对于集团的基本建设资金补给是十分必要的。云南农垦集团在开展市场化的活动中需要人员、资金的支持和社会资源调配。可以看出，这个阶段中组织更倾向于有意识地、有目的方向性地推动组织变革，承接变化，属于“解冻”状态。

1997 年的亚洲金融危机席卷亚洲各国，世界橡胶种植的主区域——东南亚各国的经济严重受损，胶价连续下跌，橡胶产业出现严重亏损。这使得企业前期大量投入多元化尝试中的资金难以收回，导致组织现金流断裂。企业不得不依靠银行等金融机构的融资和贷款生存。这不仅严重减缓了组织的市场化进程，而且威胁到了组织的生存。因为在这个时期，农垦集团下属的农场仍然跟改革前一样，属于生产、生活、教育、医疗、治安为一体的“小社会”，现金流的断裂使得组织几乎无法保证农垦职工的教育、医疗等。突如其来的危机让组织不得不思考当前局面，进入一种“冻结”状态。

组织在这一时期适当收缩，利用农垦原有资源维持生存，放慢了市场化改革的进程，更多地从橡胶资源自身出发作出一些改革。从 1998 年开始，垦区全部橡胶品系由原来的两天一刀改为三天或四天一刀的新割制改革，以推进垦区经济体制改革和经济增长方式转变。另外，2001 年为进一步减缓压力，维持组织生存，企业实现了离退休人员基本养老金的“全额收缴，全额拨付，社会化发放”，保证了 5 万名离退休职工养老金的适时足额发放，为企业减轻负担 10074 万元，实现配套改革的有效突破。同时，企业在橡胶价格普遍下跌的情况下，大量的橡胶乡镇企业濒临破产。农垦集团则还利用自己农垦系统的独特地位优势获取了基本建设资金和中央直接投资资金，低价收购了大量的地方橡胶林，为今后的市场化发展奠定了基础。并借鉴其他农垦企业的做法，成立了橡胶的销售平台。在审视之后，对过程进行重新释义，重新贴标签，不断调整以达到一个相对均衡状态，属于“再平衡”阶段。

### 5.3.2 内部政企分离阶段

这一阶段主要是企业对应改革目标，实施内部政企分离。2001 年年末，金融危机对经济的影响逐渐褪去，国内橡胶产业慢慢走出低谷。在经历了金融危机之后，云南农垦集团认为企业之所以在这样的危机面前没有抵挡力，是因为没有真正发挥集团优势，“集团”只是一个牌子。为了将企业最优质的橡胶资源集中起来，企业决定成立一个专门经营橡胶业务的公司。2003 年，云南农垦集团开始筹备天然橡胶产业公司的组建并计划将公司上市。2004 年，云南天然橡胶产业公司成立并正式营运。一方面，天然橡胶公司面临上市，云南农垦集团要将资本集中投入公司的发展建设上来；另一方面，还要将公司所营收的部分投入教育、医疗等社会功能中，这严重抑制了公司本身作为市场经济体的快速发展。在这样的情况下，集团加速了对社会职能的剥离速度。首先是剥离了在昆明的一些工商企业所负担的社会职能。2004—2005 年间，企业逐渐将农场所属的公安治安功能剥离到当地政府的派出所。2005 年年底，农垦集团完成了从 1991 年以来就开始的分离企业办教育职能的工作，将垦区 144 所中小学校，2841 名教职工移交当地政府，结束了 50 多年来企业办中小学的历史。可以看出，这个阶段中组织更倾向于有意识地、有目的方向性地推动组织变革，承接变化，属于“解冻”状态。

2007 年开始，在周边企业市场化进程的影响下，云南农垦加速推进云南橡胶集团的上市计划。这个时候，集团为满足橡胶公司上市的基本条件，必须提升生产效率、压缩经营成本，剥离各种社会职能，进行农场减员增效。例如，在集团化的过程中，天然橡胶公司实行人员精简，由原来的一人一地的分配方式，变成一户一地的分配方式，在总量上保证了橡胶的生产，同时减少了橡胶的从业人员。又如，在计划上市的过程中，为了降低橡胶的收购成本，橡胶集团以低于外部市场价收购农场中生产的橡胶，在多方的努力之下，集团实现了连续三年的效益大增长，让企业看到了集团上市的希望。可以看出，这个阶段中组织更倾向于有意识地、有目的方向性地推动组织变革，承接变化，属于“解冻”状态。

### 5.3.3　外部政企分离阶段

这一阶段主要是企业实现政企分离后期的变化。在企业集团筹备计划上市的过程中也累积了不少问题，如在计划上市的过程中，为了降低橡胶的收购成本，橡胶集团以低于外部市场价收购农场中生产的橡胶，这引起了内部职工极大的不满。最终，这种不满演化成了一场影响重大的群体上访事件。2019 年 1 月 20 日职工维权事件发生以后，为了维护垦区社区的稳定和安全，集团暂停了橡胶集团上市计划。组织不得不对当前局面进行思考，进入一种“冻结”状态。在经过一系列的调研之后，企业在政府的指导下，逐步将下属各个农场移交给对应的地方政府。各个农场移交给地方政府之后，农场所承担的相关社会功能也一并归属地方政府进行管理，因此企业不再需要承担多余的社会职能。另外，农场的整体性剥离也使得企业不再拥有原来的土地和橡胶资源，之前想要通过橡胶集团上市来实现经济效益的提升，从而实现政企分离的路径发生改变。在审视之后，对过程进行重新释义，重新贴标签，不断调整以达到一个相对均衡状态，属于“再平衡”阶段。企业在现有的资源基础和新的模式下进入完全市场主体的发展过程。

## 5.4　案例分析与发现

在材料与理论反复的迭代过程中，研究以场域变化为分析核心，以场域输入—场域内制度逻辑变化—场域输出的逻辑从时序上对案例进行分析，最终建立场域冲突承载下的持续性变革模型。具体来讲，本部分在三个阶段的分析之前对早期场域的形成也进行分析，以更好地理解后续场域中的动态变化过程，详细如后表5－3、表5－4和表5－5所示。

### 5.4.1　场域的变化过程

#### 5.4.1.1　早期场域的构成和特征

1957年，云南省农业厅热带作物局改建为云南省农垦局，接受中央农垦部和省人委的双重领导，同时行使政府和企业运营双重职能。虽然经历了几轮调整，但早期农垦基本按照农垦总局—垦区分局—农场的三级管理结构。农场是早期农垦局的主要组成部分。各个农场作为独立的法人进行橡胶的种植、加工及销售，每年定期向云南省农垦总局交付管理费和年终生产报告。各个农场根据所管辖范围的大小，继续在农场下设分场，分场下设生产队。通过调研了解到，云南农垦总局下常设6个分局，其中版纳分局是其中面积最大和人口最多的分局，版纳分局下辖10个大农场及一些直属单位。

在很长一段时间内，云南农垦处于一个封闭性的“小社会”场域中。由于大多数农场处于交通非常闭塞的云南省边境地区，早期农场环境极为艰苦，各个农场为能更好地运营和满足农场职工的生活需求，建立起了农场内部的学校、医院和安保组织。而又由于农垦系统独立于地方的行政系统之外，逐渐地农垦（主要指各个地方的农场）便形成了一个相对独立的自给自足的“小社会”。

在早期，农垦人员均为集体职工，农场生活水平也比周边村镇要好，这使得农垦职工产生了一种基于组织的优越感，他们与周边村镇普通人员几乎没有联系。农垦内部非常小的人员流动性更加坚固了组织的非渗透性和“小社会”逻辑的强化。通过调研和访谈，我们了解到一些词汇如“农垦一代”“农垦二代”，很多家庭从祖辈到晚辈都生活工作在农场里。“当时农垦文化有一种说法：献了青春献人生，献了人生献子孙（N8）”而且政策上似乎也限制了这种流动：“在当时那个计划经济的年代，农垦的职工出不去，外面的人也进不来（N9）”使得本来就相对特殊的“小系统”内部更加紧密，催生出一种基于土地，基于农场的“农垦情怀”。可以看出，由于物理场域的集中和长期的稳定性，农垦成员在心理场域上也高度融合。他们以自己是农垦人而感到自豪，并将自身及家庭深深地与农垦联系起来。通过分析，研究将早期场域中的主导逻辑概括为“小社会逻辑”，这种制度逻辑是政府逻辑与社区逻辑混合而成的。其中，社区逻辑主要强调社会关联、忠诚、共同价值或者个体关怀，他们相信整体意愿的重要性，成员对于信任和互惠的信奉是合法性的关键来源；政府逻辑主要强调行政规划、公共福利和社会效益等。一方面，在计划经济模式之下，云南农垦的建立和运行都受到政府的管理。另一方面，由于橡胶种植产业的特殊性、农场的组织模式，长期交互和构建出一种社区逻辑。

综合而言，早期的组织场域呈现出整体性、封闭性，其中小社会逻辑是场域内的主导逻辑。

#### 5.4.1.2 初期尝试阶段的场域构成与特征

1994 年，全国范围内开展市场经济建设和在国企改革的大背景下，云南省农垦总局成建制转为经济实体，组建云南农垦总公司。1996 年 2 月，根据云南省政府批复，在总公司的基础上组建云南农垦集团，成立云南农垦集团有限责任公司，统一经营管理授权范围内国有资产。在组织架构上，云南农垦集团与云南省农垦总局位列同一层级，下设各个二级分公司和二级农场，二级农场下设分场，分场下设生产队。在云南农垦集团成立之后，政策层面充分放权，企业拥有很大的自主权，并进行了一系列的市场化尝试，农场得到发展，效益良好、盈利可观。在这样的基础上，企业进行了多元化经营，大力发展旅游业、服务业以及相关的农产业。

这一时期组织场域的变化不大，云南农垦集团与云南农垦总局实行“两块牌子，一班人马”，云南省政府和国家农垦局是直接的监管者，其中国家农垦局主要与云南农垦总局进行联系。各类工商产业公司是市场化以后新增加较多的场域主体，农场对这些新的工商企业进行投资，工商企业为农场增效创收。同时，这一时期各工商产业公司与各地方政府及地方农场的合作逐渐增多，这也让各地方政府与地方农场与农垦中各农场建立了一种间接的、潜在的关系。图5-2简单示意了初期尝试阶段组织场域状态。

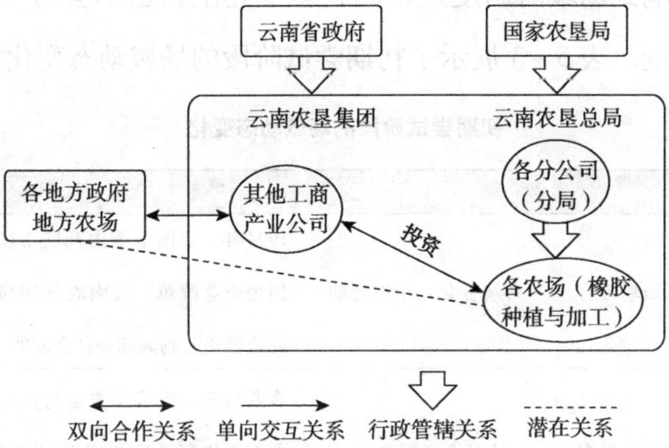


**图5-2　初期尝试时段的组织场域示意**

通过对（多元化尝试）这一阶段中关键事件更加细致地分析，可以看到伴随着国家层面市场体制改革的推进，市场逻辑逐渐渗入组织场域中，云南农垦的组织场域整体性有所下降，从单一制度逻辑变成市场逻辑和小社会逻辑并存的混合场域。同时，由于农场仍然是组织场域中最重要的组织部分，因此依托于农场而建立起来的小社会逻辑仍然在组织中占据着主导地位，两种制度逻辑之间的冲突并不明显。例如，在改革初期，组织原有认知导致其社会职能剥离工作进展缓慢，从而影响了市场化的效率。“到1996年改革，很多政府企业都是分开的。一般的企业，像把社会职能，公安、教育、卫生、都在移交。但作为农垦来说，比起一般的工业企业，进度就非常慢了（N4）”。企业初期的改革主要是对集团中的中小商业企业进行效率提升和社会职能的剥离，而真正承担了最多社会功能的农场却很大程度保持了之前的经营和发展模式。“农场下面它也是完全政企合一的，农场所有事务都由农场场长管（N4）”。通过描述可以看出，物理场域中出现的变化并不会很快影响到场域内制度逻辑的根本变化上，也不会对心理场域产生较大的影响。表5－3展示了初期尝试阶段的场域动态变化情况。

表5－3　　初期尝试阶段的场域动态变化

| 事件 | 核心概念 | 表现形式 | 典型例证 |
|---|---|---|---|
| 事件1 | 场域输入 | 环境变化→组织行动 | 1994年，全国范围内开展市场经济建设和国企企业改革。云南农垦顺应趋势开展多元化投资，剥离部分社会职能 |
| | 制度逻辑分布及关系 | 小社会逻辑主导，冲突隐性 | 企业初期的改革主要是对集团中的中小商业企业进行效率提升和社会职能的剥离，而真正承担了最大部分社会功能的农场却很大程度保持了之前的经营和发展模式 |
| | 场域输出 | 预期结果 | 进行了一系列的市场化尝试，农场得到发展，效益良好、盈利可观 |
| 事件2 | 场域输入 | 环境变化↔组织行动 | 1997年，亚洲金融危机爆发，橡胶市场严重下滑；企业极大的投资提前透支了现金流 |
| | 制度逻辑分布及关系 | 小社会逻辑主导，冲突显性 | “1997年东南亚金融危机，对我们的经济打击这种产业是非常大的，而且咱们还得保证这里面的职工的孩子上学、员工医疗等，所以后期一些产业就没有做起来”。 |
| | 场域输出 | 非预期结果 | 农场资金链断裂，市场化进程放缓 |

#### 5.4.1.3 内部政企分离阶段的场域构成与特征

金融危机过后，橡胶价格逐渐回升，为了能够充分发挥橡胶这一优质资产，云南农垦决定向黑龙江农垦学习，实施内部政企分离，成立与农场同级的分公司，并将橡胶的生产经营业务剥离到分公司中，而农场主要行使农场内部的学校、医院和安保组织等在内的政府职能。并在各个分公司的基础之上组建云南天然橡胶产业有限公司，全力扶持云南天然橡胶产业公司上市。同时，为了促进天然橡胶集团更好地发展，集团与地方政府、其他工商企业建立了联系。如2004年年底，云南天然橡胶产业股份有限公司与耿马县政府正式签署“耿马傣族佤族自治民营橡胶产业整合合作协议书”，标志着云南天然橡胶产业股份有限公司在整合橡胶产业中迈出了第一步。2006年3月，与墨江哈尼族自治县人民政府签署橡胶产业整合协议。整合该县橡胶10万多亩及橡胶加工厂两座，并在墨江县注册成立了全资子公司“云南天然橡胶产业墨江有限公司”。2006年，孟连农场与缅甸掸邦第二特区勐波县签订了10万余亩联合开发橡胶种植协议。另外，随着多元化改革战略的推进，集团所属的其他各类工商企业也获得发展。如自2005年起，集团便确立了以茶叶作为集团的第二大支柱产业，随后不断发展，逐渐在国内和国际市场上崭露头角。此外，一些工业和服务业也进行布局，如汽车钢板弹簧和建筑钢模板产业、物流基地和现代电子商务中心等。

与上一时期相比，这一时期组织场域最明显的变化是云南天然橡胶产业公司的出现，并带动了更多与各地方政府农场之间的合作，可以参见图5－3所示。天然橡胶集团由各个垦区中的橡胶分公司构成，除此之外，集团还包括了其他业务的工商企业，如作为集团第二大支柱的茶叶公司等。这一时期，云南天然橡胶公司在场域中逐渐占据了主导地位，各分局农场整体上服务于天然橡胶公司的发展，为其进行产品供应和承担大部分的社会职能。各农场与分公司之间的关系变化直接引发了心理场域的变化，一部分不再认为农垦是追求整体集体价值的组织，而是为分公司的市场效益服务。同时，农垦分局下的各农场与各地方农场之间呈现出一个潜在的非对等竞争关系，表现是为了服务橡胶公司的发展，农垦集团从自家下属农场收购的橡胶价格比从各地方农场收购的价格低，以降低橡胶公司的成本，增加橡胶公司的竞争力。农垦分局下的各农场与各地方农场之间的非对等竞争关系则进一步激发了农场职工的心理分化。他们认为自己不再具有作为农垦人那种优越感，甚至获得的价值收获还不如地方农场，这引起了一种极大的心理不平衡。

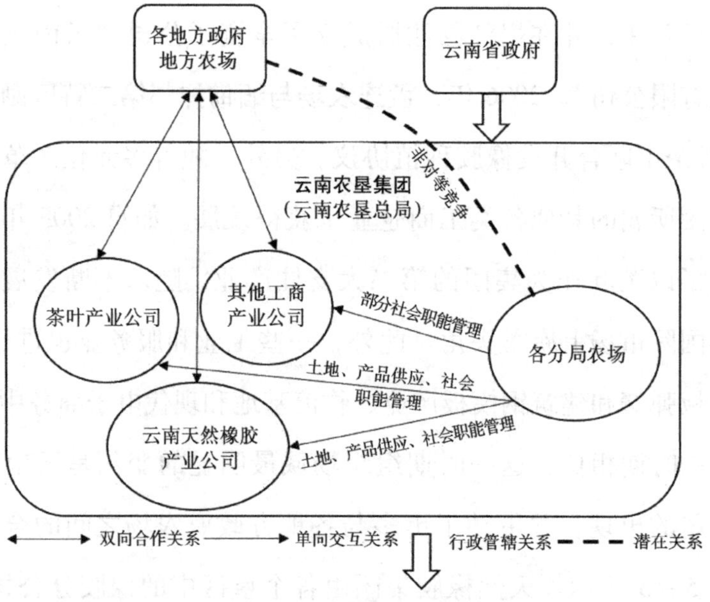


**图5－3　内部政企分离时段的组织场域示意**

表5－4　内部政企分离阶段的场域动态变化

| 事件 | 核心概念 | 表现形式 | 典型例证 |
| --- | --- | --- | --- |
| 事件3/4 | 场域输入 | 环境变化→组织行动 | 2001年金融危机逐渐退出，橡胶市场回暖；企业加速社会职能剥离和市场化进程 |
| | 制度逻辑分布及关系 | 制度逻辑并存，冲突隐性 | “通过发挥农垦内部自有农场的优势，我们可以以比外面的企业更低的价格收购橡胶，去增强市场竞争力” |
| | 场域输出 | 预期结果 | 2008年的时候，橡胶集团实现连续3年盈利，最高一年盈利了4.7亿元 |
| 事件5 | 场域输入 | 组织行动→环境变化 | 实施“16+1”政策，以大农垦促进市场效益发展 |
| | 制度逻辑分布及关系 | 制度逻辑并存，冲突隐性 | “16+1”的做法是想借鉴广西农垦的做法，其实是对传统农垦模式的认同，只是在这个基础上去发挥它的规模效益和市场效益 |
| | 场域输出 | 非预期结果 | 由于与地方政府和地方企业之间的利益发生冲突，“16+1”政策无法执行 |
| 事件6/7 | 场域输入 | 环境变化↔组织行动 | 企业通过组建橡胶集团，加速推动橡胶集团上市 |
| | 制度逻辑分布及关系 | 制度逻辑并存，冲突显性 | “企业效益增加了，人员精简了，这倒是真的。但是这个就累积下很大的矛盾”减员增效等政策的实施导致一部分原来的农场职工下岗，社会福利受到影响，产生不满 |
| | 场域输出 | 非预期结果 | 2009年1月，农场下岗职工围堵昆明到西双版纳的高速公路进行维权，产生维权事件 |

这一时期的场域特征表现在两个方面：第一，分层的组织场域，与上一时期相比，这一时期的组织场域出现了明显的分层。云南农垦

集团逐渐形成了以天然橡胶集团为主体，联合其他工商企业的以市场逻辑为主导的亚场域，与原本农场为主体的以小社会逻辑为主导的组织场域形成了明显差异，原有的组织场域加速分化。第二，市场逻辑主导的组织场域，从这一时期相关的变革行动及描述来看，市场逻辑开始逐渐替代小社会逻辑成为场域中的主导逻辑，表现在以下几个方面：一是云南天然橡胶产业公司的成立，以及为了集中优势资源推定橡胶产业上市而作出的改革，都体现了效率优先的市场原则。二是随着多元化的推进，其他工商产业公司，如茶叶、咖啡、水果、旅游等产业不断壮大。三是企业整体上选择了以原本的小社会资源优势服务于市场化效率的提升，如以比市场中更低的价格对其下属农场的产品进行收购，以降低工商企业的成本，提升企业的市场竞争力等。

#### 5.4.1.4 外部政企分离阶段的场域构成与特征

前期的市场化推进导致场群、场地矛盾突出，维权事件的爆发又一次改变了企业的变革过程。2010 年，云南农垦集团按照 19 号文件[①]指示，开始实施属地化管理。云南农垦根据相关的政策指示，对公司内部的农场、土地等资产进行清算，为正式政企分离做好准备。“我们当时主要的资产是在版纳，版纳有 180 万亩左右的橡胶林，这些胶林都是随着划转，全部都交给地方了，现在我们集团更多的是以企业为主。(N9)”直到 2014 年，云南农垦总局和云南农垦集团公司互相脱离，最终实现政企分离的改革目标。云南农垦通过剥离土地和相关资产，以一种“意料之外”的方式完成了组织变革。完成政企分离之后，云南

---

① 2009 年 12 月，云南省省委、省政府制定了《关于推进农垦改革发展维护垦区稳定的若干意见》（云发〔2009〕19 号）。

农垦集团和云南农垦总局开始转换发展思路，推动农垦持续改革和发展。

与上一时期相比，这一时期场域结构的主要变化是原农垦下属的各个农场不再存在于场域中，云南农垦局正式从农垦集团中剥离出来，使得云南农垦集团成了独立的市场主体。随着企业与各地方政府合作以及同国外政府和企业的合作增加，这些主体对场域的影响也变得重要起来。图5-4展示这一时段组织场域的状态。

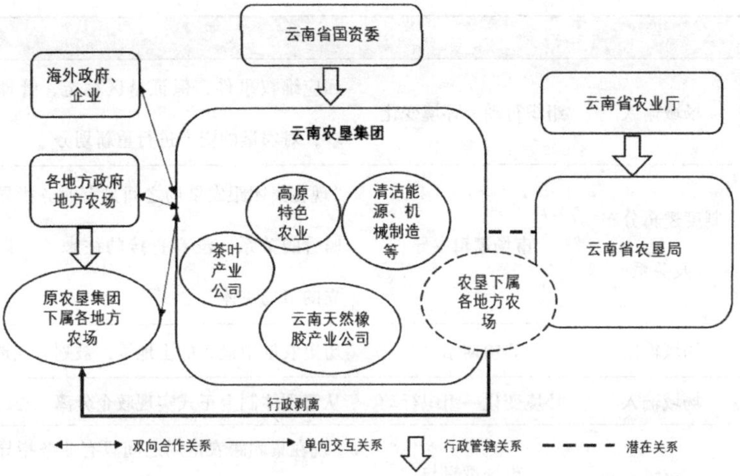


图5-4　外部政企分离时段的组织场域示意

同时，这一时期的场域边界发生了明显的变化。根据场域的定义，场域可以分为两个层面：一是物理场域；二是心理场域。从案例材料可以看出，这一时期无论是场域的物理边界和心理边界都发生了改变。从前几个时段的分析已经知道，农场一直是云南农垦集团场域中的重要资产，塑造了组织场域的物理边界。因此，随着各个垦区的农场被划拨给地方政府，云南农垦集团的物理边界明显缩小。从心理边界上看，农场是多年以来农垦职工工作、生活、教育等活动的载体，并以此为链接构建出非常浓厚的“农垦情怀”，成为场域内成员的共同认知和情感寄托。因此，农场的剥离对于很多成员来讲难以接受。例如，一位受访者说道：“假如农垦它没有农业土地，没有橡胶林资产，那么农垦这个名称不要也可以。所以我们感觉当时农垦集团十分尴尬，你叫农垦集团，没有土地，没有下面的林业种植基地（N2）。”表5－5展示了外部政企分离阶段的场域动态变化情况。

表5－5　外部政企分离阶段的场域动态变化

| 事件 | 核心概念 | 表现形式 | 典型例证 |
|---|---|---|---|
| 事件8 | 场域输入 | 组织行动→环境变化 | 回应维权事件，保证垦区稳定，管理部门要求，对农垦的资产进行重新划分 |
| | 制度逻辑分布及关系 | 市场逻辑主导 | “现在集团跟农垦局之间只有业务指导和一些监管的关系，没有直接的往来了，集团是独立的市场主体” |
| | 场域输出 | 非预期结果 | 历史农垦中最大的土地资产被划分到地方政府 |
| 事件9 | 场域输入 | 环境变化→组织行动 | 从管理体制上正式实现政企分离 |
| | 制度逻辑分布及关系 | 市场逻辑与小社会逻辑分离 | “现在集团跟农垦局之间只有业务指导和一些监管的关系，没有直接的往来了，集团是独立的市场主体” |
| | 场域输出 | 非预期结果 | 农场资金链断裂，市场化进程放缓 |
| 事件10 | 场域输入 | 环境变化→组织行动 | 转换发展思路，以市场化手段推动农垦持续改革和发展 |
| | 制度逻辑分布及关系 | 市场逻辑 | 云南农垦集团对划分到的资产进行了整合，构建了天然橡胶、高原特色农业等五大板块和一个投融资平台的战略布局，正式成为独立的市场经营主体 |
| | 场域输出 | 预期结果 | 农垦集团转入市场化轨道，实现了良好发展 |

### 5.4.2　场域冲突变化与变革状态转换

#### 5.4.2.1　变革状态由解冻到再平衡的转换过程

从图 5－1 中可以看出，“解冻”过程向“再平衡”过程转换是不同阶段的转换过程，不同阶段之间的转换以“冻结”的标志性事件（E2、E7）为分界点。因此，我们主要分析节点 E2 事件和 E7 事件前后时段内制度逻辑分布情况及它们之间的交互关系。

第一阶段：从变革状态来看，此时处于“解冻”状态，即组织有意识地、有目的地推动组织的变革计划。在大的政策方针下，企业开始启动市场化改革，进行多元化投资，并逐步同外部开展一些交流和合作。从制度逻辑的分布情况看，此时市场逻辑逐渐从外部市场中被引进来。在整体市场经济体制改革的推动下，农垦管理者在集团层面进行了一系列的市场化尝试，从之前较为单一的橡胶生产、加工与销售业务逐渐扩展到其他相关领域，进行了大量的市场多元化尝试。同时，由于农垦组织的特殊性，小社会逻辑仍然占据主导地位。根据案例提炼，小社会逻辑是指一种融社区逻辑和政府逻辑为一体的行为模式和准则。社区逻辑主要强调社会关联、忠诚、共同价值或者个体关怀；政府逻辑主要强调行政规划、公共福利和社会效益等。不同于来源于外部制度环境变化而引入的市场逻辑，小社会逻辑一方面来源于早期国家政府对于橡胶生产组织的体制形态要求；另一方面也是更重要的，来自于组织中的人，由于常年工作、生活、学习在一个相对封闭的环境中形成的共同价值、信念及传统。由此我们认为，组织的内部要素及变动主要通过小社会逻辑的变化体现出来。在企业仍然有着与原来相同的组织结构，并承担相应的社会职能的情况下，组织内部的交互情况是不变的，这也意味着小社会逻辑的基础保持了不变。从制度逻辑交互的关系来看，这个时期，相对稳定的农场生产和关系紧密的农场员工为企业表层的改革举措提供了支撑。因此，此时期两种制度逻辑之间是一种兼容的关系。

第二阶段：由于市场化的尝试不断增加和不断深入，企业投入大量的资金进行投资，而忽略了农垦内部集体福利和地位的提升，导致市场逻辑与小社会逻辑之间的冲突逐渐突显出来，而突然的环境变化则加剧了这种冲突爆发的可能性。在访谈过程中，被访者都不可避免地提及了这一事件，并认为这种结果的出现超出了企业的预期，给当时的变革造成了很大的影响。不仅企业投资的各种项目停滞，还影响了农场内部职工正常的生活保障，这远非组织改革所愿。一位被访者说："金融危机的发生，橡胶价格就直接跌到谷底了。不说是灭顶之灾，但是那个时候对我们的经济打击这种产业是非常大的。而且咱们还得保证这里面的职工的孩子上学、员工医疗等，所以后期一些产业就停滞了。(N1)"

面对非预期变化的输出，企业需要对当下的情况进行重新认识和思考，也就是进入"冻结"状态，随后企业在改革的节奏上有所放缓，作出相应调整，如将主要关注点集中在原本的橡胶产业上，借助农垦系统的补贴维持垦区的教育、医疗等社会功能等。企业尽力在提升市场效益和维持社区公共利益之间进行调整。因此，我们可以得到命题1。

**命题1**：场域内制度逻辑之间冲突显性化导致非预期变化输出，促使组织从"解冻"状态进入"冻结"状态，随后转向"再平衡"的变革状态。

通过案例分析，我们发现这样的规律同样适用于第二阶段向第三阶段的转变（以 E7 为进入“冻结”过程的标志性事件）。2003 年前后，国企改革的形式逐渐清晰，改革逐渐进入以大企业改革为主的阶段。伴随国资改革和国资监管日益成熟和深化，国资监管部门——国资委的成立，使国企改革和监管进入了新时代。云南农垦集团开始思考如何充分利用和发挥集团在资源整合、配置方面的优势，于是决定组建天然橡胶产业有限责任公司，并将其扶持上市。为此集团将各个农场的优势资产剥离出来成立分公司，并在分公司的基础之上组建云南省天然橡胶产业有限公司。这体现了大环境变化下组织内市场逻辑的提升。分公司主要负责橡胶的市场经营，其原有社会职能划归农场进行管理。“当时把各个农场橡胶资产划到对应的橡胶分公司之后，农场剩下的就没有多少人了。（N2）”这种结构上的变化直接影响了农垦组织中成员原本的互动模式，从而在一定程度上动摇了小社会逻辑的根基，对于原来的农场职工而言，这个组织不再是一个整体，自己也不再是“农垦人”。在部分成员看来，橡胶集团的这种运作方式仅是将农场生产作为贡献效率的一方，这是与原本根植于土地之上的“农垦情怀”不符的。

从材料中可以看出，市场逻辑逐渐从组织结构的表层深入组织内部。同时，云南农垦长期以来相对封闭、与地方政府关系疏离、缺乏沟通等种种原因，使得云南农垦的大部分社会职能无法剥离到地方政府，最后还是保留在组织内部。因此，在实行内部政企分离时，云南农垦集团只能将社会职能剥离到农场。这使得农场与橡胶分公司之间的冲突激化。如受访者说道："因为感觉好的资产都到了分公司，农场领导和这个分公司领导之间意见很大，以前农场是一个班子，包括这块橡胶这些资产。而现在产业公司不一样，它有非常大的经济权利。(N2)"同时，推动企业上市的原因，橡胶产业公司运行承载的市场逻辑不断在各个农场渗透，如减员增效，内部价格低价收购农场橡胶等，两种制度逻辑之间的冲突性更加突显。"企业效益增加了，人员精简了，这倒是真的。但是这个就累积下很大的矛盾（N2）"。在这样的情况下，企业后续在推进上市方面延缓，进入了再调整过程。因此，我们发现两种制度逻辑之间的冲突显性化容易输出非预期变化，促使组织从"解冻"状态进入"冻结"状态，随后转向"再平衡"的变革状态。

#### 5.4.2.2 变革状态由再平衡向解冻的转换过程

本部分主要分析"再平衡"状态向"解冻"状态的转化，具体地分析 E3—E4 事件时段（再平衡）到 E4—E6 事件时段（解冻）、E7—E9 时段（再平衡）到 E9—E10 事件（解冻）的转换。

在 E3—E4 时段内，大量的前期投资导致企业资金链断裂，再加上全球橡胶主要生产地东南亚发生金融危机，整个橡胶市场受到重创，企业陷入了巨大的危机之中。企业不仅难以抵御市场风险，甚至无法保证农垦内部职工的正常生活、学习和医疗。在这样的情况下，由于在农垦体系中，云南农垦集团能够获得垦区的直接财政补贴，这对于在市场化尝试中资金链断裂的企业来说至关重要：企业不仅顺利地度过此次金融危机，部分农场还趁此时期市场价格较低收购了当地的乡镇企业，扩大了农场经营规模，并且部分小企业还发展成为了二级子公司，成为云南农垦之后发展的重要支柱，如江城公司。"那个时候因为胶价太低了，很多乡镇企业实在是熬不下去了。有了这个补贴，我们就能购买他的橡胶地，作为扶贫开发那种地方，就是我们现在的江城公司”（N1）。

危机期间，按照农垦体系传统，组织对于农垦内部民生的优先保障和关注，让农垦人对于组织的认同感增强，尤其是在与周边的地方公司状态进行对比的情况下。“我们肯定得保障咱们农垦职工的生活，孩子要正常上学，生病能看医生……这种情况下很多地方农场就直接破产了。（N1）”这种情况下，小社会逻辑对于组织的影响变大，两种制度逻辑之间的冲突性减弱。特别是在危机期间，来自农垦体系的直接资金支持为企业继续市场化提供了保障。我们认为企业能够获得垦区的直接补贴是一种政府制度安排和保障，在困难时期保障内部生活和福利，增强认同感则体现了小社会逻辑仍然在组织中发生作用。小社会逻辑在一定程度上有利于市场逻辑的存在，制度逻辑之间的兼容性突显出来。制度逻辑之间的冲突逐渐消减，组织转入了“解冻”状态（以 E4、E5、E6 为标志性事件），企业高管开始规划落实内部政企分离，并将各个农场橡胶资源整合起来成立单独的橡胶集团，筹备上市。因此，研究提出命题 2。

**命题 2**：场域内制度逻辑之间的冲突由显性转向隐性，输出预期变化，推动组织由“再平衡”状态转向“解冻”状态。

这样的规律同样适用于 2010 年（以 E8 为代表性事件）左右的转换过程。2009 年的突发性事件显示出两种制度逻辑之间的剧烈冲突。在 E7—E9 时段的再平衡过程中，面对两种制度逻辑的激烈冲突，农垦暂停了橡胶集团上市的计划和既定的改革路径，从 2010 年开始对公司内部的农场、土地等资产进行清算，将位于各个地方的农场划转给相应的地方政府。由于各农场是承载小社会逻辑的主要场域，这种做法实际上是通过将小社会逻辑从原本的制度场域中脱离出去的方式，以获得组织的相对均衡状态。“我们当时主要的资产是在西双版纳，西双版纳有180万亩左右的橡胶林，这些胶林都是随着划转，全部都交给地方了，现在我们集团更多的是以企业为主。（N9）”此后，云南农垦集团成为独立的市场主体，组织处于相对单一的制度场域中，市场逻辑成为组织的主导逻辑。E9—E10时段，处于相对均衡状态的组织开始转入新的“解冻”状态。云南农垦以市场化的方式不断突破，根植于农业产业核心进行产业板块整合与拓展，形成天然橡胶、高原特色、清洁能源、现代服务、机械制造几大主业，持续与各地方政府、学校等组织开展联系，寻求合作。

### 5.4.3 场域冲突变化与持续性变革过程

经过前面两个部分的分析，我们发现在外部环境和组织行动的共同作用下，场域内多重制度逻辑之间的冲突状态从隐性到显性、从显性到隐性不断变化。每一次的转换都会带动组织变革过程进入新的状态。在间断性（计划式）变革的预设下，组织变革是线性的，是由新状态取代旧状态的过程。持续性变革取向则认为组织并不是完全独立的封闭主体，而是动态场域中的开放性系统。

在案例中，环境变化如突发性危机的出现可能导致制度逻辑之间的冲突显性化，组织行动如对组织结构的调整等也可能导致制度逻辑之间的冲突显性化。在持续性变革视角下，组织变革过程中充满了非预期结果，研究发现制度逻辑冲突显性化往往通过非预期变化表现出来。非预期变化的出现使得组织不得不进行回应，从而改变预定的变革路径。冲突的出现是企业内部状态与环境变动共同影响的结果，而非企业本身所能控制和预料的。如在案例中，两种制度逻辑冲突首次出现，既是组织一味推动市场化，造成资金链断裂，又因为东南亚地区爆发金融危机导致橡胶市场价格暴跌导致。非预期变化的出现意味着组织的相对均衡状态完全被打破，从而促使组织进行重新思考和行为调整。不断地调整过程使得制度逻辑关系回到相对兼容的状态，这样循环往复的运动映射到组织层面，便构成变革过程。

从案例中还可以看到，每一个过程中组织经历的“解冻”与“再平衡”状态的时间都是有差异的，这取决于组织所处的情景中制度逻辑关系状态的具体情况。例如，如果在某一时期内，制度逻辑冲突程度特别高，那么组织需要更多的时间进行重新思考和再平衡。如果某一段时期内，制度逻辑的兼容程度比较高，组织则能够更倾向于以自主性需求或者期待推动组织变革活动。制度逻辑之间关系状态则与两种制度逻辑的动态变化相关，正如Gümüsay[265]所提出的，制度逻辑之间的较量过程是一种动态弹性的混合关系，而不是量化的平衡，各个制度逻辑在场域中的动态发展[266]使得两种制度逻辑交互关系不断在冲突与兼容之间转换。通过案例分析，我们提出命题3。

**命题3**：场域承载的制度逻辑冲突状态变化影响和塑造了组织持续性变革过程和轨迹。

### 5.4.4　研究发现

组织发展与变革是组织理论和管理实践者长期关注和讨论的话

题[267]。这个时代下，企业面临着一个随时变化而且非均衡的环境[268]，多元复杂的制度要求交织在一起，加剧了环境的不确定性和冲突性[269]。变革不再应被看作是某一阶段的活动，而是一种影响到个体和组织发展的关键性的、连续不断的现象[268,269]。通过对云南农垦集团在1994年以来以实现政企分离为改革主线的变化过程进行纵向案例分析，研究构建了场域视角下的持续性变革过程模型。

整体而言，组织变革过程受到环境变化和组织行动的交互影响，这种交互影响集中体现在组织场域的变化，尤其是场域内制度逻辑冲突的关系变化。值得注意的是，环境变化和组织行动可能在不同的时期对于场域的影响有所差异。例如，在农垦的变革过程中，多元化尝试阶段组织行动直接导致场域内出现新的相关主体，使得场域内新的制度逻辑逐渐突显出来，而后发生的金融危机则打断了企业的多元化投资路径，侧重于体现环境变化对于组织的影响。在场域视角下，组织—环境冲突具体显示为场域内不同制度逻辑之间的冲突。如在农垦案例中，研究发现小社会逻辑和市场逻辑是企业政企分离转型过程最突出的两种制度逻辑。由于农业种植产业的特性，农场成为组织最主要的构成部分。为了方便管理，各个农场内部形成了相对完整的社会保障体系。农场之间由于共同的身份认同，形成了根深蒂固的小社会集体认知和信念，这是小社会逻辑的源头。小社会逻辑成为组织内部变化的最集中体现，无论是组织资源分配、结构调整还是认知改变，都可以通过小社会逻辑的强弱变化体现出来。相对而言，市场逻辑则倾向于一种外来的制度，随着国家层面制度改革对各个层级的组织产生影响。

研究发现，场域承载的制度逻辑冲突与变革状态转换之间的具体关系如下：第一，场域内制度逻辑之间的冲突显性化导致非预期变化，促使组织从“解冻”状态进入“冻结”状态，随后转向“再平衡”的变革状态。根据持续性变革模型，我们知道当组织处于相对均衡状态的时候，更容易根据当前状态有意识地推动变革，也就是处于“解冻”状态。因此，在组织相对稳定，同时大环境制度改革的影响下，市场逻辑获得迅速提升。市场逻辑的快速提升必然对组织内部小社会逻辑造成挤压，打破均衡状态。第二，场域内制度逻辑之间的冲突由显性转向隐性，输出预期变化，推动组织由“再平衡”状态转向“解冻”状态。第三，场域承载的制度逻辑冲突状态变化塑造了组织持续性变革过程和轨迹。图 5－5 整体性展示了场域的制度逻辑冲突承载与变革过程之间的关系。

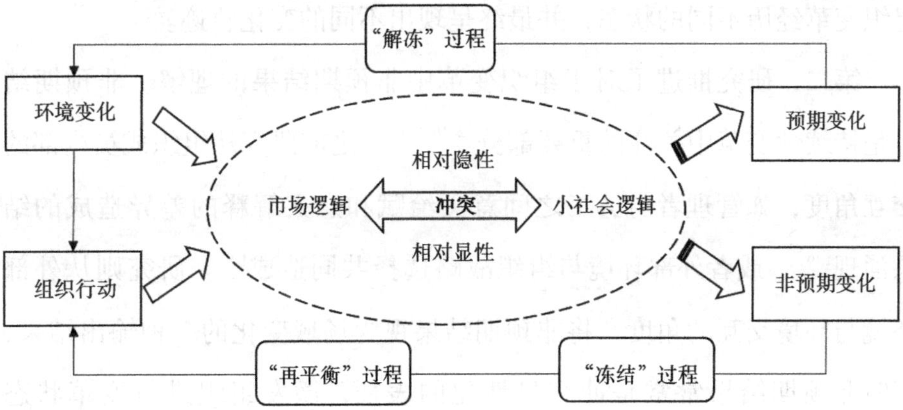


**图 5－5　场域承载的制度逻辑冲突与持续性变革过程**

## 5.5　讨论

第一，研究借助组织场域，阐释了环境变化与组织行动交互影响和塑造组织变革的具体过程。强调组织变革涌现于组织与环境的交互过程是持续性变革的基本立足点[5,6]，之前主要基于理论推演或者结合案例对组织与环境的交互过程进行了分析[19,20]，但尚未从一个整体的层面解释为什么一个变革过程是这样展开的，而不是从另外一种轨迹展开的，也就是说组织与环境的交互过程究竟如何具体影响变革过程？通过研究发现，环境变化和组织行动的交互影响在组织场域中得以具体化，表现为不同制度逻辑之间的冲突状态。对于云南农垦这样的混合型组织而言，由于历史原因和外部变化，其处于一个小社会逻辑与市场逻辑混合的场域中，两种制度逻辑的动态交织和变换过程直接影响了组织变革过程。随着制度逻辑之间冲突性的或明或暗、强弱变化，组织变革经历不同的状态，并最终呈现出不同的变化轨迹。

第二，研究推进了对于组织变革中非预期结果的理解。非预期结果是持续性变革中关注的重要部分[2,16,133]，之前研究从组织成员内部的交互角度，如管理者与员工之间意义给赋和意义解释的差异造成的结果涌现[16]，或者外部环境与组织战略选择共同造成[3]。研究则从外部环境与环境交互的角度，将非预期结果视为场域变化的一种输出结果，同时非预期结果常常是冲突显性化的表征，激发组织进行变革状态调整。

第三，研究促进了场域动态演化情形的研究。姚小涛[270]认为之前研究虽然看到了场域作为连接宏观环境和微观组织的中介，能够充分揭示组织动态发展的作用[31]，但多数仍然将场域视为围绕某一群组织的相对稳定的一种环境，尚未揭示场域自身的流变性，这使得在场域视角下对于多元制度逻辑的分析也相对比较固化，容易忽略制度逻辑的消解、重构以及新的制度逻辑的生成过程。本书则基于已有定义和案例材料，探究了场域从简单到复杂、从整体到分化以及场域边界如何随着环境变化或者组织行动而发生变化，为后续进一步分析场域的动态性提供了基础。

## 5.6　本章小结

中国企业的发展紧密地嵌入在经济体制改革和社会变迁之中，面临着复杂的、快变的外部环境。本章通过对云南农垦集团漫长而曲折的市场化改革过程的分析，呈现了一个贴近现实的持续性变革过程。场域作为环境变化和组织行动共同作用的空间，其变化集中体现在场域内制度逻辑的交互状态。不同的制度逻辑交互状态将输出不同的变化结果，非预期结果往往是制度逻辑冲突显性化的直接体现，非预期结果的出现将直接影响组织变革轨迹。组织场域的动态变化直接影响并最终塑造组织变革轨迹，是组织持续性变革的系统动力。研究进一步拓展了组织持续性变革的驱动机制研究，对我国企业在新时期的改革实践具有一定的借鉴意义。

# 第6章　冲突响应到冲突承载的变革思维转换过程

前面两部分主体研究分别关注了组织层面的冲突响应和场域层面的冲突承载两个不同的过程如何影响组织持续性变革，并突出了探索—利用学习交替的冲突响应过程与场域冲突承载对于推动组织持续变化的重要性。然而，对于大量的组织，尤其是传统行业组织而言，间断性变革模式和思维具有强大的惯性，推动组织变革的核心就在于实现变革思维的转化。本章通过双案例对比分析回答组织如何实现从间断性变革模式到持续性变革模式的转换，以及组织如何建立起不确定性常态下的持续性变革机制。研究发现，传统组织从间断性变革转向持续性变革模式经历“迁移—受挫—尝试—选择”的过程。组织经历了简单冲突、嵌套冲突到冲突常态化的变化过程，嵌套冲突的出现是企业从间断性变革到持续性变革转换的重要激发情景。同时，组织成员和领导者在推动冲突常态下的持续性变革机制方面存在的路径差异。本书进一步探索了新的时代背景下，组织变革思维的转换过程及冲突常态下的持续性变革机制，对于企业，尤其是大量的传统企业互联网转型有着重要的借鉴意义。

## 6.1　研究背景

信息时代的到来，快速变化的环境使得组织面临着持续不断的冲突之中，拥抱冲突常态是组织得以持续成长的关键，然而现实中越是成功的企业，往往也越容易在新的技术或者市场变化面前陷入成功陷阱，而无法适应变革要求[24]。Burke 指出对组织变革进行计划的前提是变革过程是线性的，而实际上非线性才是变革的本质属性。因此，间断性（计划式）变革范式下的企业适应机制在更加动态的环境中就遭到了颠覆[271]。这一方面是因为以往成功的经验会在组织中形成惯例[272,140]。企业总是倾向于选择与自身惯例一致的输入，而不愿改变自身惯例去迎合输入方面的要求，从而使得其原本就内隐的惯例更加具有持续性，即便是在发生外部变革时也不容易改变。另一方面作为影响组织发展核心的企业家也会因为过去的经历而陷入“能力陷阱”[42]，如那些在过去取得较大成功的组织领导者越容易满足于以往的绩效水平，并且具有更高的目标和自我效能感，更加执着于自己以往所采用的战略举措，也导致从危机中搜索信息的能力较弱。当发生剧烈的环境变化时，以往的成功经验反而有可能使企业家陷入“胜任力陷阱”，产生所谓的“成功悖论”现象。因此，对于冲突常态下的企业而言，通过持续的学习来提高认知和判断新环境的能力，减少对以往经验的依赖是建立新情景下适应机制的必经过程。

与间断性（计划式）变革范式下主要依靠组织资源和能力直接应

对和解决冲突不同，Smith 和 Lewis[65]、Schad 等[273]认为对于冲突的接纳和悖论式承接方式是组织实现持续发展的重要过程。Panayiotou、Putnam 和 Kassinis 在研究中指出，组织并不是一个“事物”，而是相互关联的、持续进行中的经历[2]。近年来，持续性变革视角突出了组织与环境的整体性，认为组织是环境变化之下的时序性展现过程，冲突一直影响和塑造着组织过程。新情景下组织适应机制首先需要完成变革认知和思维的转变，组织持续性变革意味着从冲突解决转向冲突接纳与承载[156,160]，那么构成这样的适应机制的关键过程是怎样的？对于大多数企业，尤其是一些成功的传统企业而言，打破传统的变革思维并不是一件容易的事情，企业如何实现从间断性变革的冲突解决过程到持续性变革秉承的冲突承载过程的转换？为了探究这样的问题，我们从大量的观察中选择了寺库和返空汇两家企业进行对比复制分析。通过初步观察，我们发现两家企业在成长的过程中都经历了冲突认知和回应模式的变化过程，同时不同的企业特质使得两家企业在冲突常态化下的变革适应机制存在差异。本部分研究主要探索新的时代背景下组织不同的冲突认知和回应方式的转换过程，建立持续性变革中的冲突承载机制，对于企业特别是大多数传统企业的变革和转型有着重要的借鉴意义。

## 6.2 数据处理与分析

案例研究侧重通过细致的过程描述，清晰地解释“如何”和“为什么”的问题[252]，适用于本部分研究关注的如何实现变革思维的转换过程这样的问题。另外，在探究冲突承载的活动机制方面，本书根据不同的主体，将带动组织变化的核心活动主体分为组织成员和组织领导者两类，对于侧重于不同活动主体以实现持续的冲突承载的异同，可以通过对比式案例来进行分析。因此，本书采用双案例研究方法，通过比较来剖析两家案例企业的共性和差异。

在常年对企业的调研和考察中，本部分研究从团队案例研究库中选择了寺库和成都返空汇网络技术有限公司（以下简称返空汇）作为案例研究对象，两家企业的发展与转型过程与本书的研究问题非常契合，基于组织的冲突认知和应对的视角，两家企业在变化过程上既有共性，也存在差异性。在对案例的深入了解和分析下，作者发现两家企业在转型过程中都经历了冲突表现、认知和应对的变化和转换过程，在企业发展的前期，组织主要面临的是比较单一的冲突情景，对于冲突的认知比较固化，并试图基于组织自主行动、通过直接的冲突解决途径应对；在企业发展的后期，由于复杂快变的市场环境使得企业面临着常态化冲突，此时两家企业无论是在冲突认知还是应对方面都发生了很大的改变，更多基于组织与场域成员的互动进行冲突承接，从而实现企业的可持续成长。其中，差异性主要体现在：首先，两家企业在具体的经营业态上存在差异，寺库最初以二手奢侈品鉴定为主业，而后转型为互联网消费平台。返空汇最初以货运平台为突破口，而后转向基于货运的分布式产业链平台企业，是传统行业在产业互联网时代的创新代表。其次，驱动两家企业建立冲突常态下的持续性变革机制的路径存在差异。寺库对于冲突认知的转变源于前期成功实践的迁移，而后的冲突承接主要依靠组织成员活跃性推动场域互动；返空汇由于其创始人在传统行业有着丰富的成功经验，密切影响着企业的变化，其对于冲突认知的转变源于领导者对现有模式的迁移而遭遇失败，转向冲突承接，主要依靠新型领导力推动团队活跃，促进企业持续性成长。

根据传统的质性研究分析策略[274]本部分研究主要的数据分析过程经历了数据缩减、初步编码、二次编码与构念陈列、结论验证四个过程。这四个过程相互迭代，直至获得一个较为满意的研究结果。例如，在根据研究主题进行数据的缩减下可能涌现出对材料的初步感知，并构成初级的概念意义，在构念涌现和陈列的过程可能构建起完整的过程叙事，构念之间的逻辑关系也开始显现出来。同时，在构念陈列的过程中也可能发现某一部分的材料存在冗余或者不足，而回到数据缩减或者收集工作中。在结论及验证阶段，如果发现存在数据不充分或逻辑不完整的地方，则会回到数据收集阶段，或补充关键数据，或对存疑数据进行追访修正。

### 6.2.1 数据缩减

Miles 和 Huberman 将数据缩减定义为对质性文本资料进行选择、聚焦、简化、摘取和转化的过程[274]。为了保证研究的可行性，研究团队通常在数据收集的时候尽量追求数据的丰富性，覆盖范围通常比较广，因为根据相对聚焦的研究问题对庞大的原始数据库进行缩减是材料分析的第一步。初步的数据梳理整理与分析过程详细陈述如下：根据验证后的数据，绘制企业发展过程的重要事件与活动，并重点识别出这些关键活动发起的动因、组织成员如何行动、组织层面如何呈现，以及组织与其他关联性主体之间的活动。关键事件的选取过程实际上包含了研究者对于研究问题的理解和事件的诠释，而非仅关注于事件本身。具体地，关键事件的选取标准如下：第一，根据研究问题，识别发展过程中的节点事件。根据企业发展过程中面临的冲突状态的变化及显著的战略、业务模式调整选择节点事件。节点事件是进行划分的重要依据。第二，识别各个阶段内对阶段发展起到了核心作用或者产生首要影响的事件，标注为关键事件。对于核心作用或者产生首要影响的判断，一是来源于访谈过程中受访者不断提及与确认；二是来源于二手资料中的反复呈现，如新闻报道和外部认可；三是这类事件往往是产生后续结果的直接行动。第三，通过对比事件之间的关联性，确认关键事件。例如，在寺库发展第三阶段中，研究更倾向于将企业获得的首次跨界合作、首次品牌商合作这类事件视为关键事件。例如，“与碧桂园达成全方位战略合作，碧桂园成为寺库的战略合作者，共建寺库匠人特色小镇”。而后续产生的相同类型的合作，如果没有对公司的基本行动逻辑产生影响，则不列为关键事件，又如“寺库与 Ce LA VI 达成战略合作、寺库与 Prada 集团签订合同”等。

### 6.2.2　初步编码

根据分类对材料进行初步分类编号，然后以研究者为主导，组织另外 2 名团队成员协助进行初步编码。首先根据研究主题确定一个编码方案及标准；其次，分别对两个案例对象进行背对背的编码。根据研究问题将关键事件及围绕关键事件的相关描述，包括支撑性的辅助事件分为三个类别：冲突表现、组织反应与行动及行动结果。在对材料进行关键意义提取的基础上，识别冲突表现的不同形式，并根据每个阶段冲突复杂程度的分析，将三个阶段对应到简单冲突阶段、嵌套冲突阶段和冲突常态化阶段；在组织反应与行动维度上，主要参考以往研究中组织的冲突应对和承接方式；在行动结果维度上，从原始材料中提炼出合作伙伴认可、行业认可、资本支持、模式转换等关键意义。初步编码方案是为了帮助研究者识别主要构念、关键过程和重要逻辑关系。其中，部分关键构念来自现有文献，如冲突、核心能力、场域等；部分关键构念可能在最初设计的研究框架中并未涉及，但在整体文本分析中又非常重要，因此会给予暂时命名，如“企业与消费者的角色互换”，然后根据现有文献和理论再对新关键构念的命名进行修正，如将“企业与消费者的角色互换”修正为“场域角色调整”和“场域成员协同”等。

### 6.2.3 二次编码与构念陈列

研究团队将两个案例视为一组实验，基于对比逻辑进行分析。除了对两个企业变革思维转换中共性的分析外，尤其关注两者的差异。在对比差异过程中，研究团队制作了多个图表用于比较分析，这种方式便于后续提出结论。研究团队通过两层机制来保证编码结果的准确性：一是通过组内讨论。两个编码组首先分别讨论各自的编码结果，对其中不一致的地方进行反复商榷，直到意见统一。二是通过组间讨论。在两组独立完成编码基础上，一起核对编码结果，如对编码的差异存在不一致观点，则采取讨论或找第三方人员征求意见的方式来处理争议。通过多方分析，确保编码的正确性和一致性，最终形成编码结果。

### 6.2.4　结论与验证

在数据陈列基础上，研究团队根据现有理论构建理论框架，如本书重点关注企业变革思维转型过程，对比分析两家企业在三个阶段的异同。根据现有案例研究策略，在这一阶段我们不断进行“数据→关系→框架”之间的迭代，并且通过不同数据来源之间的相互印证，强化对重要现象解释的可重复性。同时，我们会不断依据现有组织变革理论和冲突相关理论，对归纳的关系和框架进行分析和解释。由此，通过数据与理论、新框架与现有理论之间的相互比较和印证，确认本研究提出的过程模型的合理性和创新性。

## 6.3　案例分析与发现

### 6.3.1　发展初期的冲突认知与回应模式特征

通过案例数据的比较和分析发现，寺库与返空汇在发展初期面临的冲突比较单一，且都倾向于采取以组织行动为主的、直接的冲突应对方式，属于比较典型的间断性变革模式。其中，寺库主要通过专业技能和知识的提升满足消费者的需求，从而缓解业务能力与市场需求不匹配的冲突；返空汇则通过模仿消费互联网的模式建立产业互联网平台，隔离传统行业经验对互联网布局的影响。两家企业对于冲突的认知和回应总体模式上具有一致性，同时也存在着一些差异，具体体现在以下几个方面：

首先，由于发展初期企业的业务相对简单，组织感受的冲突也相对比较单一。在2008年左右，中国的二手奢侈品市场开始萌芽，越来越多的人接受了二手奢侈品概念。寺库的创始人正是看到了这样的机会开始创立了这家以二手奢侈品寄卖为主要业务的企业。根据冲突的传统定义，当组织遇到新的情况并感受到一种压力和焦虑[142]，冲突变得显性化。在这一阶段中，将二手奢侈品售卖作为主要业务的寺库遭遇了最大的挑战来自于市场上的假货越来越多，而团队自身在奢侈品鉴定方面的能力又是不足的。这给企业管理者带来非常大的考验，如一位管理者在接受访谈时所说："在当时那个年代，在中国卖奢侈品，不是在专卖店卖，你要怎么卖得出去，你要解决最基本的'痛点'，你要打消顾客的疑虑。那个时候，基本上我敢保证是98%以上都是穿假货（S3）。"对于寺库而言，这种冲突可以概括为企业与消费者之间的冲突，具体表现为企业业务能力与消费者需求之间的不匹配。

在2013年左右，在"大众创业、万众创新"的风口下，许毅刚决定在自己比较熟悉的货运领域开拓互联网平台运营新模式，并于2014年6月创立了返空汇，开始了从传统行业向互联网转型实践。企业家坦言，开启这样的创业历程更多受到外部趋势的影响。借鉴互联网平台企业的发展模式，企业也迅速开发和建立了货运平台，并大量招聘地推销售人员，努力让广大驾驶人员注册成为返空汇的平台用户，然后迅速扩张，在全国各地建立事业中心。在发展初期，创始人非常在意之前的传统经验，它们被视为一种惯性，是企业进入互联网实践的阻力，为此他特别强调一定要具有“革命”的精神，将传统行业相关的产业经验与互联网实践进行区隔。例如，在早期的交流过程中，创始人提及：“传统企业的‘互联网+’除了有一种隔离的机制以外，一定有一种“革命”的思想，要革自己的命（D1）。”同时，为了避免传统行业的一些思维和做法影响到创业企业的创新，其创始领导并未选择与之前的团队成员一起合作，而是组建了新的创业团队开展工作。可以看出，对于返空汇而言，冲突主要体现在传统行业经验与互联网新模式的思维差异上。同时，通过分析，作者认为寺库与返空汇在发展初期对冲突的认知存在一些差异，对于寺库而言，企业与消费者之间的冲突是比较常见的、固化的，而对于返空汇而言，则主要涉及一种思维上的冲突，这种冲突主要是受到企业领导人自身经验的影响而构建出来的。

其次，企业应对冲突的方式都倾向于通过冲突分析，建立明确的目标，从而实现组织的发展的间断式变革模式。寺库面临业务能力与消费者需求不匹配的冲突，组织采取的行动是带领团队去鉴定经验相对成熟的日本，学习他们奢侈品鉴定的相关知识，掌握奢侈品鉴定的能力，从而能够降低市场假货带给公司的损失，同时建立企业在行业内的口碑和地位。返空汇在业态的开展方面，也有着比较明确的目标，企业领导者比较坚定地认为“互联网+”最好就从电子商务出发，在销售的环节实现突破。企业通过搭建互联网技术后台，进行车与大宗货物的匹配，类似于“货车滴滴”，并迅速在全国进行拓展，并希望能够实现流量变现。可以看出，其具有相对清晰的目标和发展预期。在目标导向下，企业的实践也遵循了典型的“解冻—变化—封冻”的间断性变革路径。

最后，从冲突发展的结果来看，两家企业在发展初期都实现了冲突缓解，达到了自己的预期目标。通过带领团队学习鉴定知识，寺库逐步建立起了一套以“鉴定”为核心的二手奢侈品寄卖模式，培养了中国首个奢侈品鉴定团队。企业也凭借自身在奢侈品鉴定方面的专业性，获得新的合作伙伴。同时，也获得了相关行业的认可和资本市场的青睐，为此后的发展奠定了坚实基础。返空汇也趁着产业互联网发展的势头，迅速开发和建立了货运平台，并大量招聘地推销售人员，努力让广大驾驶人员注册成为返空汇的平台用户，然后迅速扩张，在全国各地建立了事业中心。

## 6.3.2 冲突认知与回应特征的转变过程

通过案例分析与比较，寺库与返空汇对于冲突认知与回应都经历了调整过程，导致企业进入调整过程的外部因素是环境发生了非常明显的变化，更核心的是环境变化带给企业更加复杂的冲突。当企业沿用之前的变革思维和模式遭遇失败以后，企业进入回溯和试错阶段以寻求新情形下的冲突应对模式。具体表现在以下几个方面：

首先，外部环境的变化让企业面临着更加复杂的冲突局面。对于寺库而言，2011年左右，互联网的发展推动了消费电商平台的火热发展，外部环境的变化带来的新的竞争者。企业也获得了投资者的大力支持，布局了自己的线上平台。这一时期，企业主要的竞争者为各类奢侈品电商平台，如尚品网、第五大道、魅力惠、走秀网等。随着线上支付等业务的增加，企业的主要供应商和合作者增多，不仅包括传统的二手奢侈品寄卖散户，还有各个奢侈品供货商、金融机构等。随着场域内成员数量增加，成员之间的关系也越来越复杂。通过分析，我们发现这一时期企业所进行的电商转型并不顺利，企业同时面临着各个层面的冲突：

一是企业缺乏奢侈品供应商支持。首先，奢侈品与电商从本质上不相融合，奢侈品满足的是稀缺性、炫耀性消费需求；而电商最大的优势恰恰是以低价吸引消费者。其次，奢侈品品牌商认为中国的电商等同于出售廉价商品和假冒伪劣商品的打折店铺，入驻电商平台只会破坏品牌的价值。

二是消费者信任不足。早期的奢侈品电商因为缺乏必要的正品保障，造成真假问题突出，质量问题层出不穷，导致消费者信任缺失，消费者信任缺失又进一步加剧了奢侈品供货商对电商平台的抵制，形成恶性循环。对于高端消费人群而言，奢侈品因为其品牌效应给消费者带来价值，而寺库作为一个品牌集成店铺，在奢侈品购物的体验上不如品牌商。

三是企业内部财务状况不佳。一方面，前期大批靠“烧钱引流”起来的电商平台陆续倒闭，奢侈品电商行业的发展跌落谷底，大量投资机构撤出奢侈品电商行业，企业融资艰难。另一方面，寺库搭建线上平台和相关业务花费巨大，第五轮融资艰难，裁员严重。

对于返空汇而言，2015 年下半年，随着资本冷却，市场急转直下。企业发现完全按照其他互联网企业的做法实际的效果却并不理想。“地推人员就拦截驾驶员，然后让他注册，就发现这个是最没效率的，因为这种方式建立起来的联系很差。你要你真要形成联系，就是要整个全国的每个县都建立起网点，如果做到这一步没有三四百亿元的投资，是很难实现的（I5）”。面临现金流的短缺和业务亏损，企业发展陷入停滞，不得不将团队进行缩减。借鉴王建刚和杜义飞[275]的研究将这一阶段的冲突表现概括为嵌套冲突，即描述企业所面临的各个层面、涉及不同联系主体之间的冲突的交织局面。通过案例分析可以看出，嵌套冲突的出现一方面是由于外部环境的变化导致场域内成员关系更加复杂；另一方面，企业所采取的模仿式组织行动，如寺库建立线上商场、进军奢侈品电商等则直接让隐性冲突显性化了。

其次，冲突情形的变化使得企业进入回溯与试错阶段，以寻求新情形下的冲突应对模式。嵌套冲突局面的出现让组织认识到，组织指向变革的行动并不一定能解决冲突，反而会带来新的冲突，变化过程蕴含涌现性和很多意料之外的结果[3]。同时，这也意味着上一阶段发挥效用的直接冲突应对方式可能不再适用于进一步的发展，因为嵌套冲突意味着组织在直接对接某一个类型的冲突的时候，将会进一步激化另一个类型的冲突。就如转型前期所呈现的那样，奢侈品电商确实在一定程度上为消费者带来了便利和价格上的优惠，但同时却不利于奢侈品品牌的价值维持，从而失去品牌商的授权和支持。品牌商的抵制意味着电商难以获得正规渠道的货源，最终让消费者失去信心。嵌套冲突下，企业作出什么样的调整和行动呢？通过案例分析得出以下三个主题概念：

一是变化融合。与转型前期的行动相比，在嵌套冲突情景下，企业开始考量自身优势如何融合电商趋势从而实现竞争优势。具体而言，寺库凭借前期在二手寄售上的积累，以鉴定为基础建立了一套独特的商家合作模式，即线上商城中所有入驻商家销往消费者手中的货品均需发到寺库的总部大仓，经过寺库的检测和鉴定之后才能发到消费者手中。这样的一种模式不仅保证了货源的稳定性，也确保了平台所售商品的品质。同时，由于鉴定作为其核心能力，在行业内具有极高的壁垒，短时期内其他电商平台难以复制，这使得企业在奢侈品电商的寒冬中生存下来。

二是核心价值回溯。进入电商布局模式所遭遇的不理想状态促使企业重新思考线下门店的重要性，并在与同类竞争者的比对之中，发现线下门店对于企业被发现具有独特性优势。具体来说，寺库起家于传统线下业务，不是一家纯互联网公司。在初期线上平台没有流量的时候，更多的是以线下门店为依托，将前期门店积累的会员、二手商品同步到线上商城，以二手奢侈品寄售为基础，确保平台形成卖和买的业务闭环，这种线下引流的模式不仅实现了公司内部流量共享，还增加了消费者对线上平台的信任，为公司培养了第一批忠实用户群体。与此同时，寺库也将这种关键优势发挥到了极致。

三是场域角色调整。在相对静态的观点下，组织在场域中的角色是相对固定的，场域角色调整表现为企业不再固定在某一角色。比较明显地，这一时期企业行为调整在考虑“我想做什么？”的同时，即企业作为“指挥者”，也考虑到“我能为其他成员提供什么？”“其他成员可能需要解决什么样的问题？”，即企业作为“配合者”。例如，以鉴定为核心优势消除品牌商和消费者所担心的信誉和品质保障问题。同时，深度挖掘消费者心理和需求，实事求是为消费者提供最便利的服务。“在寺库的话，你有任何问题就直接找到寺库，寺库会帮你解决所有的问题。这个是我觉得跟其他集成类的平台很大的一个区别，就是我们给消费者的沟通非常的简化，而且不需要浪费太多的时间，沟通成本很低（S3）”。这一时期企业还首次提出品牌设计师扶持和合作计划，为广大的青年和小众品牌设计师提供发挥平台，同时又增加了企业平台的丰富性。

返空汇在前期互联网模式受阻的状态下，也开始了多种业务的尝试，具体包括：（1）金融服务的尝试；（2）油料的集团采购；（3）保险业务；（4）几大发电集团的煤炭的运输。在前期的这些尝试没有获得效益时，领导者进行了回溯，充分调动了自己在传统产业领域的积累，对市场状态进行了再度解读，重新厘清消费互联网和产业互联网的本质区别，纠正发展思路。典型的如“大宗商品的产业互联网有三大特点：一是大量的中小企业嵌入到供应链中为中心节点企业服务；二是信息孤岛，彼此信息未及时交互；三是交易效率低”。在实践过程中，产业自身的特点逐渐突显出来，如“有很多信息跟厂家有关系，发货的时候比较好的货源根本不会在货运的平台上发布信息，他自己私下都有自己的圈子，发布到平台上面的都是一些不好的信息，如路线不对或者价格太便宜，这样的话驾驶员也不会做（I1）。”在重新思考之后，企业继续进行调整，在产业链基础上回归最开始的大宗物流。

除了企业自身发展受阻使得企业进行经验回溯之外，同行业发展过程中的遭遇也让企业更加明白传统产业经验在实现产业互联网转型过程中的重要作用。例如，依托互联网发展起来的货运平台，一开始是计划通过获取足够大的平台注册量，实现流量变现，比如向驾驶员收取会员费。这种模式前期需要大量的投资，不然注册在平台上的会员就会大量流失，导致前期投资失败。对于不依靠融资的返空汇而言，这种方式显然是行不通的。“这（产业互联网）跟消费互联网不一样，消费互联网更加关注弱关系的作用。但是在产业里面信任促进交易，就信任的成本越低，交易效率越高，所以要做强关系（I2）”。基于产业经验，企业家认为大宗货物运输的互联网化不是在一个平台上完全分散的点，平台提供一个匹配的空间，它的内部跟原来的产业链紧密相关，包括厂家、工地、货运组织等。

最后，调整后的新模式帮助企业实现了更好的发展。寺库在冲突认知和回应方式的调整促进了企业与场域成员之间交互关系的转变和企业的成功转型。具体表现在以下几个方面：

一是供应商认可。寺库通过对自身鉴定能力的强化，区别于普通的奢侈品电商平台，逐步获得奢侈品供货商对平台的信任。对于奢侈品企业而言，品牌价值是最宝贵的资产，寺库以长久以来建立的鉴定优势保证了奢侈品的品牌价值。

二是消费者信任增加。通过发挥传统门店的优势，实现线上线下的联通，增加消费者的体验性和便捷性，实现固定客群的长期黏性。

三是投资者支持。2015 年 7 月，奢侈品服务平台寺库宣布平安创新投资基金领投其 E 轮融资，融资规模超过 5000 万美元，寺库老股东本轮也进行跟投。材料编码过程参照表 6－1 所示。

表 6－1　寺库电商转型阶段编码过程实例

| 概念维度 | 原始材料举证 | 关键意义识别 | 编码结果 |
| --- | --- | --- | --- |
| 冲突表现 | 奢侈品品牌商认为，中国的电商等同于出售廉价商品和假冒伪劣商品的打折店铺，入驻电商平台只会破坏品牌的价值<br>天猫刚开始想要涉足奢侈品领域的时候，当时在法国有很多品牌联名抵制，因为他们觉得这样的平台很差，会影响品牌价值 | 品牌方抵制 | 嵌套冲突 |
| | "最后一轮融资之前半年左右，前期确实花费巨大，确实没有太多钱了。北京公司裁员特别多，可能有的部门就裁一半或者整合，当时真的特别困难" | 财务状况不佳 | |
| | 早期的奢侈品电商因为缺乏必要的正品保障，造成真假问题突出，质量问题层出不穷 | 消费者信任不足 | |
| 组织反应及行动 | 互联网的发展推动了消费电商平台的火热发展，企业布局了自己的线上平台，上线了网页版的寺库商城和 APP；模仿淘宝"双十一"提出"1217 奢侈品购物节"的营销活动 | 变化跟随 | 冲突认知和应对模式转换过程 |
| | "后来我们在跟品牌商或者其他商务打交道的时候，我们都会告诉他们我们有自己强大的鉴定中心，然后我们平台货有正规渠道，这些都进行了很正规的说明" | 变化融合 | |
| | "我们公司它最早就是一个互联网公司，但是比较不一样的是它又涉及线下的一些体验店。同时它又不是纯粹体验店，它其实也是带有营业性质的门店" | 核心价值回溯 | |
| | "在寺库的话，你有任何问题就直接找到寺库，寺库会帮你解决所有的问题。这个是我觉得跟其他集成类的平台很大的一个区别，就是我们给消费者的沟通非常简化，而且不需要浪费太多的时间，沟通成本很低"<br>推出品牌设计师扶持和合作计划，为广大的青年和小众品牌设计师提供发挥平台 | 场域角色调整 | |

续表

| 概念维度 | 原始材料举证 | 关键意义识别 | 编码结果 |
|---|---|---|---|
| 行动结果 | "现在其实寺库每年至少签约几十个上百个品牌" | 品牌商认可度提升 | 冲突缓解或转移 |
| | "后面这两年你会发现真的会好一些。第一，在自己品牌的宣传上面，寺库有了自己的 logo，整个平台形象都得到了提升" | 顾客认可度提升 | |
| | 奢侈品服务平台寺库宣布，平安创新投资基金领投其 E 轮融资，融资规模超过 5000 万美元，寺库老股东本轮亦进行跟投 | 资本市场支持 | |

返空汇在经历前期尝试的受挫和对传统产业经验的回溯，创始领导在思维方式上发生了明显的转变。领导者意识到完全将传统经验与互联网思维进行隔离的做法并不适合企业的长期发展。一方面，传统经验并一定构成新模式发展的阻力。另一方面，完全的互联网模式也并不一定适用于产业领域的转型。在与领导者的交流过程中，我们可以看到，大多数传统企业领导人仍然陷入"传统经验与转型创新是冲突的"思维模式中。例如，在谈及当前传统领导者转型面临的最大困难的时候，领导者通过自己的日常接触和观察总结道："领导者我觉得最重要的两个特征：一个'识'；一个'断'。识就是洞察力，观察环境的变化……当然看到了变化，就需要响应这个变化，也就是'断'，响应这个变化其实是有很大的成本的，因为响应的过程就意味着资源的重新配置。'断'是有成本的，很多人下不了决心，很难受，如果需要把之前成功的一些资源东西都放弃或者闲置了，这个是很难下手的（I4）。"可以看出，很多领导者认为完成转型需要舍弃之前的资源和经验。

领导者思维方式转换还表现在：更加基于过程的角度看待组织的发展和转型。在之前的计划式变革思维模式中，组织需要根据环境变化确立目标，实施变革，以保证节约成本，提高效率。因为从根本上看，组织类似于一个相对稳定的“盒子”，从一端投入成本，另一端则产出效益。经历了前期的尝试和调整之后，领导者认为变化是一种常态，变化过程中的那些看起来不太成功的尝试行为不应该被静态地解读为沉默成本，而是非常正常的一种状态。“在新的业态里面，当你在做这个投资的时候，有可能是失败的。因为你看方向不错，但你投进去以后就失败，各种原因导致这个方向做不了，那么就要调整。以前可能觉得前期这些投入就变成了沉没成本，但现在我们觉得是非常正常的事情。（F15）”这种思维方式的转换使得领导者能够放弃先计划后实施的传统路径，而是通过在过程中不断调整来寻求企业的成长和突破。表6－2呈现了返空汇转型时期主要构念及原始材料。

表6－2　　返空汇转型时期主要构念及原始材料示范

| 原始材料示范 | 关键意义提取 | 核心构念 |
|---|---|---|
| “‘互联网＋’最好就从电子商务出发，在销售的环节实现突破”（D6）<br>借鉴互联网的方式搭建技术后台，并迅速推广到全国主要的货运集散地（S4）<br>我们当时主要是受到外部的影响，产业互联网还存在一片蓝海（F7）<br>“我们当时有两百八九十个地推人员，全市场招募驾驶员，然后让他到我们的平台注册，因为一开始我们不了解，后来发现这个很难做，它的成本太高了” | 经验迁移<br>模式借鉴<br>外部驱动 | 趋势跟随 |
| “但这个（找钢网、找煤网等）其实是一个问题，因为实际上它交易是不会去这个平台去做交易的，效率是更低，其实是他倾向于长期跟他合作的供应商给他做交易”（F4）<br>“这个业务我们不是说就不可以去做，但是我们不适合做，我们就选择什么，就回到我们刚才的大宗物流”（F4） | 产业特点<br>先前经验 | 经验回溯 |

续表

| 原始材料示范 | 关键意义提取 | 核心构念 |
| --- | --- | --- |
| “传统企业的‘互联网 +’除了有一种隔离的机制以外，一定有一种‘革命’的思想，要革自己的命”（D7） | | |
| “‘断’是有成本的，很多人下不了决心，很难受，如果需要把之前成功的一些资源东西都放弃或者闲置了，这个是很难下手的”（F6） | 经验融合 | 思维转换 |
| “在新的业态里面，当你在做这个投资的时候，有可能是失败的。因为你看方向能力不错，但是有可能你投进去以后就（失败），就各种原因导致你这个方向做不了，就要调整，那这样你觉得前期这些就变成了沉默成本，这个我们现在就应该觉得是非常正常的”（F6） | 关注过程 | |

## 6.3.3　发展后期的冲突认知与回应模式特征

通过对案例的对比分析，研究发现企业逐渐建立冲突常态下的变革适应机制所依赖的关键过程有所差异。其中，寺库主要依赖于转型过程中组织成员协同过程带动持续的场域活跃，建立冲突常态下的变革适应机制。返空汇则主要依赖于转型过程中领导力的重构带动持续的场域活跃，建立冲突常态下的变革适应机制。

路径一：组织成员协同带动的场域活跃过程。自 2016 年开始，一方面，随着移动互联的普及和新兴消费群体的崛起，奢侈品消费人群年轻化趋势明显，“95 后”“00 后”逐渐成为奢侈品消费的主力军。传统奢侈品品牌的销售方式、销售理念很难刺激新兴的消费者。另一方面，由于奢侈品消费人群年轻化趋势明显，品牌商对电商的抵触逐步缓和。在这样的背景下，奢侈品电商行业复苏，天猫、京东等电商巨头加入奢侈品领域，行业内形成高强度的竞争格局。此外，迅猛发展的数字技术和复杂多变的新兴消费需求加速了新业态、新场景、新物种的更迭速度，市场震荡与日俱增。在与前两个阶段的对比之下，企业这一阶段面临的局面可概括为“组织—环境”冲突常态化。根据企业实践，快速变化带来冲突常态化，传统的“计划式”变革的方式难以为继，带动组织变化的源头来源于组织内行动主体的自主性和活跃性。行动主体协同是指组织中行动主体能够根据当下状况主动发起创新，回应或者引领变化，同时又能够对其他行动主体的行动进行互助式的响应。在这个过程中，行动主体不局限于某一种固定的角色。行动主体协同主要表现在两个方面：一是主动性创新；二是互助性响应。其中，自动性创新有利于行动主体能动地、快速地回应冲突，互助性响应则有利于形成行动主体之间的合力，以更好地推动创新。

（1）主动性创新

互联网时代最大的特征就是。行动主体不再是封闭在组织结构之中的一员，而是天然的信息触点，这就意味着行动主体能够快速地感受到外部变化和变革压力，而不仅依靠传统的领导式变革传达。相比于传统模式下的冲突回应，行动主体主动性创新往往能够更加快速回应冲突，也能更加快速地抓住一些机会，从而引领变化。同时，主动性创新也大大降低了成员面对变革的阻力。在企业实践中，主动性创新往往需要一些特定的组织情景：组织创业氛围、正向偏好和组织激励。

在案例分析中，作者将“鼓励尝试”“尊重个性”“价值认同”这样的特征归纳为创业性组织氛围。例如，在对寺库的管理人员进行访谈时，她提及公司老板总是在鼓励每个人都要在自己的岗位上输出自己的想法，哪怕是看起来最普通的库存管理岗位也是一样。还有就是尊重个性能够帮助成员心理松绑，同时促进创新的多样性。如在奢侈品行业寺库，很多员工，特别是前端的销售人员、线上管家都是非常时尚的，而后端的技术支持或者一些鉴定人员又不一样。虽然这样的冲突一直存在，但企业充分尊重各自的个性，这使得主体创新的积极性提升。价值认同则体现在行为主体对于工作主体的认同，高度的价值认同能够让主体更容易接纳冲突，并发出创新行动。正向偏好是指在面对不确定性的时候，行动主体对于冒险总抱有积极认知，能够小范围试错、快速迭代。在相对稳定的环境下，组织一旦遭遇冲突需要进行变革，管理者需要进行非常严格的风险把控，以避免一些意料之外的情况出现。在互联网背景下，行动主体则需要调整自身认知。除此之外，组织激励也是构成行动主体主动性创新的重要部分。对于大多数的年轻成员而言，组织激励主要体现在自我兴趣和价值的实现，它们不喜欢传统科层制下的“螺丝钉”生活。“以前的工作就是一个一个的格子，每天就是各种文件、报告，特别心累的。就不像这里，凡事用能力说话，我们不比关系，非常的现实”。

(2) 互助性响应

互助性响应，是指组织内的各个业务单元能够突破权力等级、部门边界的限制，快速主动响应其他业务单元的需求，并积极主动的参与、配合其他业务部门完成项目的落地和推进。本书从寺库案例研究中发现的组织协调性，更加强调各业务单元配合彼此的主动性和积极性，具体体现在以下三个方面：一是主动性支持；二是授权水平；三是关系融洽。

主动性支持，是指组织内的各业务单元能够突破权力等级、部门边界的限制，主动参与、配合其他业务部门完成项目的落地和推进，是组织实现协调性的关键要素。与强调通过权威、制度快速达成一致，并获得资源支持的组织协调不同的是，主动性支持更加关注各业务单元配合的意愿性、主动性。具体来说体现在纵向主动性支持、横向主动性支持。纵向主动性支持体现在组织内的管理层愿意主动的调动资源、人员响应、配合下属员工的想法。横向主动性支持体现在组织内各业务单元愿意主动调动资源、人员配合彼此的项目推进、落地。一直以来，公司有一个“周一例会”的惯例，与常规例会不同的是，在完成基本工作的部署安排后，例会的大部分时间会重点讨论每个部门最近一周存在的问题，以及需要获得其他部门什么样的支持。正是因为“主动性支持”的组织氛围，组织对员工创新的认可会激发组织成员的主观能动性、创新性；另外，组织对员工创新的认可也会增强员工对组织的认可感、归属感，使员工觉得自己的价值在公司内得到了发挥。

充分授权是构成高水平组织协调性的第二个关键要素。相对于传统科层制结构中，中层或基层员工制定执行某项决策前必须有高层进行审批的制度程序而言，充分授权能够确保组织内各业务单元在面对外部的变化及其他业务伙伴的需求时，有能力、权力快速作出响应、配合，进而提升组织在复杂、动态和不确定环境中的灵活性和适应性。具体而言，组织的充分授权体现在：一是业务部门有一定的自主权；二是权力等级观念相对较弱。在组织内部，自负盈亏的合伙人模式不仅是将公司生存、发展的压力直接下放到了各个分公司、事业部；也将公司发展的一些自主权下放到了各个分公司、事业部。以公司鉴定部门举例来说，多年来鉴定部门是公司最为稳定、核心的部门，并不对外提供鉴定服务，仅只是对内鉴定保证公司货品。因此，以前公司的鉴定部门不管是在收货、业务发展上都会受到集团更多的管控。但近几年来，随着千禧一代消费人群对二手奢侈品的接纳以及偏爱线上消费的习惯，一些二手奢侈品鉴定平台逐渐兴起，二手奢侈品市场成为行业的下一个风口。受环境变化的影响，寺库的鉴定业务也逐步商业化，可以直接作为收费项目对外提供服务。同时，鉴定部门受集团的管控逐渐减少，获得了更大的自主权和自由度，可以像其他部门一样自主主导商务合作。“相对其他公司来说，员工的自主权也会更大一些，只要能够提出一些想法来，就可以号召大家来配合完成项目的推进”. 权力等级观念较弱是指组织内上下级之间权利等级观念较弱。在寺库内，不管是工作事务，还是日常相处都没有太强的上下级、新员工老员工的概念，整体的氛围十分融洽。正是因为权力等级弱的文化氛围增强了员工对组织的认可，使得员工更愿意为组织的发展贡献良策。

第一，组织良好的关系氛围能够增强各业务单元之间配合的意愿，也能够增强彼此对冲突、差异的包容。具体体现在组织成员间的共同愿景，坦诚、频繁的沟通，相互让步。组织成员间共同的愿景为组织在面对负面的压力、威胁时提供了非常必要的使命感、归属感[276]。而寺库内组织成员间的共同愿景体现在员工愿意与组织“同甘苦、共患难”，正如访谈者所说：“我们就是一个创业公司，我们一直都挺艰难的，但大家真的是为了一个共同的目标，就是希望这个地方能够变得更好，能够在这个地方待得更久，所以大家都还蛮愿意去配合的。”由此可见，组织成员之间“同甘苦、共患难”的共同愿景不仅激发了员工的主观能动性，也提升组织成员间协调性以应对外部环境的威胁。

第二，坦诚、频繁的沟通。各业务单元之间坦诚布公、频繁的沟通有利于形成合作“默契”，是达成高水平协调性的“润滑剂”。在传统组织理论中，往往会通过制度、权威等方式压缩各业务单元间沟通时间提升组织的经营效率。但在寺库内，更加提倡充分沟通、头脑风暴的工作氛围，即便是像鉴定这种独立的技术性部门，大家的工作也是在相互交流、配合的状态下完成的。

第三，相互包容。相互包容体现在组织中专业背景、价值观念存在巨大差异的业务人员与技术员工在业务合作中愿意相互包容。寺库的公司属性天然的囊括了两类看似冲突的员工，一类是热爱时尚、追随潮流的业务人员；另一类是淳朴的 IT 技术人员，业务人员的价值导向是美感、设计，技术人员的价值导向是技术的可实现性。因此，不同的价值导向使得两者在业务合作中发生冲突，正是因为相互包容的组织氛围使得彼此在业务合作中愿意去调解，彼此作出取舍。表 6 – 3 陈列了组织成员协同的材料归纳过程。

**表 6 – 3　组织成员协同的构念层次及典型例证示范**

| 典型例证援引 | 关键意义识别 | 编码结果 |
| --- | --- | --- |
| “老板就特别希望你有想法，他会跟每个人说你有什么你提需求。有一次会议上，CEO 直接问一个 40 多岁的库管：你没有想过在你的岗位上还能够输出什么吗？当时那个员工都懵了。后面他说：比如你可以先查一下客户的情况，万一是过生日就可以送他一个卡片之类的礼品，这就很好”<br>“真的热爱你才会把它当成一份事业，当成一份事业的时候，你就不会觉得有那种感觉，我们是一群浮夸的怎么样”<br>“他就不像传统企业，有点像一个创业公司，就是自己在拼，自己在试”。 | 创业氛围 | 主动性<br>创新 |

续表

| 典型例证援引 | 关键意义识别 | 编码结果 |
| --- | --- | --- |
| “之前去北京参加中国音像行业转型融合发展座谈会，结识了九州音像出版社，对方对我们的转型很感兴趣，我们立刻就邀请他们过来参观并商谈后续可能合作的机会”<br>“他今天有一个想法出来，可能明天就会上线，在 APP 里面出现，可能都等不到全体员工知晓可能又被下架了，因为他只是发出来看客人的反应，如果好就留在，不行就下架” | 正向偏好 | |
| “以前的工作就是一个一个的格子，每天就是各种文件、报告，特别心累的。就不像这里，凡事用能力说话，我们不比关系，非常的现实”<br>“我自己的理解是，在这样的公司想要往上晋升的机会比很多企业、单位都要多一些。特别对于年轻人来说很重要” | 激励机制 | |
| “我们常年以来都是这个样子，只要你真能够说出什么来，前提是不需要耗费太多的钱去推动你这个业务，公司也能给到你资源和支持，那基本上都是 OK 的”<br>“我们每周的例会，除了基本工作的安排，会上更关键的是：这周你们部门存在一些什么问题，你想要什么支持？这个时候你就提出来” | 主动性支持 | |
| “我们往线上转了以后，直接做成一个收费项目后，我们的自由度反而会更大一些，我们现在跟各种（合作方）做活动都是我们自己这边在主导，上个月就跟 Wework 做了一场活动，效果很不错”<br>“公司里头领导跟下属之间的那个层级概念并没有那么强，都没有说很明显的（等级），觉得你是我领导，但大家该说的还是都在说” | 充分授权 | 互助性支持 |
| “大家真的是为了共同的目标，所以大家都愿意去配合。因为创业型公司大家都明白，从我踏入寺库的第一天开始，我就知道它随时都可能没有，很明确地知道这个点”<br>“我们的产品既需要技术，也需要一些审美、调性的东西。这个时候你不能强行把我的审美灌输到他身上，让他做出符合我审美的产品。何况我的审美也去限制它。这就需要双方调解，都要退一步才能完成把这个东西呈现，在这方面我们公司也是磨合了很多年” | 关系融洽 | |

路径二：以领导力重构带动的场域活跃过程。2018 年年底，切入大宗物流并迅速获得发展之后，返空汇以此作为核心模式，逐步形成以分布式网络为基础、多式联运、多方协同、多业融合的大物产模式。2019 年，企业先后与全球最大的建筑螺纹钢生产基地——敬业集团、中铁集团电子商务平台中的中铁鲁班网等达成长期战略合作。随着物联网、智能技术等发展，返空汇不断创新，打造感知智能、运输智能、交易智能与数据智能，进一步增进产业链的智能化。经过摸索和调整，企业更加适应在进行互联网实践的时候回归到传统产业的场景之中，在实现两者融合的基础上迸发出强势的创新和成长能力。例如，将智能系统一直围绕大宗物流场景，先后上线智能物流系统、RFID 土方智能清运系统、油气服务系统、货物流向管控系统等，持续建设云计算平台，推动数据智能。2020 年在新冠疫情之下，企业积极应对，充分响应和抓住城市新基建的发展机会，融合新基建持续推动企业发展。

在快速的环境变化之下，企业也飞速进行业态的叠加和创新，以回应不断涌现出的需求。企业在不断回应涌现性需求的同时，也对相应的外部系统产生影响。通过层层编码一些构念涌现出来。

（1）克制承接

在经历了前一阶段的不断试错之后，管理者对于如何应对新趋势的问题有了不同的理解。不同于相对稳定的传统行业时期，产业互联网体现了极大的不确定性。从整体的发展状况来说，产业互联网属于一种新兴的行业，在这个行业中尚没有形成比较统一的规范和模式，这意味着新企业的成长虽然更加自由，但也缺乏可借鉴的经验。在这个过程中，新的趋势不断涌现，而这些趋势同样是一种尝试，不代表一种确定的、可以带来回报的模式。因此，领导者认为识别新趋势很重要，更重要的是如何根据自身产业实践对不断涌现出的趋势作出判断。例如，在转型期，领导者对于产业互联网中普遍的以资本为驱动的做法的反思，而后根据企业自身情况放弃这种普遍做法，回归到传统大宗物流的产业链基础上，让互联网技术为分布式产业链赋能。此外，在新时代背景下，环境变化也存在着很大的不确定性。在访谈中创始领导人提及："变化来了以后，有些人判断是威胁，威胁很大你不改就要死掉，你肯定是要调整的，你要去把握，当然不是所有机会都要去的，不然就变成机会导向了，企业也做不好，还有一句话叫战略定力。机会把握和战略定力之间这个度是最难的，也是最体现管理艺术的地方。"

疫情之后，国家提出新型基础建设相关的布局和规划，引发了产业界的普遍关注。相比快速地匹配环境，企业更倾向于对自身进行重新诠释，达成与环境中适合要素的和谐。例如，"我们叫产业链科技公司，现在在新基建的风口下的话，就是融合基础设施。我提供的是一个基础设施现场，就是新基建"。这样的陈述还有很多，如"这个变化的话，不光是环境，你的观察有时候也会，你把你的观察反馈到他的环境上去以后，这个时候你的观察就不是单独对环境的一个观察，就是要包括回馈本身是不是对的"。这体现了领导者在面对新趋势的时候，能够在融合环境的同时，又根据自身状态对趋势作出理解。在进一步的交互过程中，返空汇的创始领导人将这样的心态概括为"克制"。他总结道："我觉得我们有一个优点就是'克制'，不管是消费互联网也好，还是产业也好，其实大的过程中都不能说哪一个就是一定是最好的、最佳的。”我们认为保持克制使得企业在接住新趋势的同时，又留出了调整的空间，使得组织能够以更低的成本、更快的反应进行尝试。

在相对稳定的传统行业实践时期，只有那些影响到组织发展的变化会被识别出来，这些变化是间歇性的，它们给组织的发展造成了压力，激发组织启动变革。经过调整进入产业互联网实践之后，通过对实践中那些成功突破的行动进行反思，逐渐提炼出在不确定性高和变化常态化背景下，能够基于自身经验对变化进行诠释，从而识别涌现性需求，促进业态的叠加和更新的重要性。

（2）角色后退

在传统行业实践模式中，企业多为比较稳定的科层制结构，在这个结构中，管理者负责识别和传递变化、制定变革目标，组织成员主要负责执行。在这样的计划式变革模式下，管理者需要控制变革的过程与结果，组织成员一般不具备太多的能动性。进入互联网时代，在企业平台化的趋势下，每一个团队成员都成为重要的信息节点。在移动互联技术的加持下，他们不仅接受企业内部的信息，还能频繁地获得外部信息，更快、更直接地感受到外部变化。为了保证企业能够进行快速的业态迭代和创新，这一时期领导者不再将自己视为决策中心的控制者，而是注重发挥团队成员的潜力，共同推动组织变化的参与者。例如，在后期的交流过程中，创始人道：“我们基本上是在动态中都在讨论，不停地在讨论，这个讨论不是说是单向的，所有人或者说很重要的团队成员都会参与局部的或全局的工作中。”这样的团队角色能够让企业更加适应快速变化的环境，让企业能够不断试错。在具体的操作过程中，企业从鼓励单兵变强逐渐转向三三制的团队自组织、自决策模式，不仅极大地激发了团队成员的潜力，同时也解放了之前总是奔波于一线的管理者，使得管理者的角色得以后退。“像我现在基本上就没有冲到一线，除了大的客户必须要我出面以外，一线我就很少去到，这个时候可能我的角色就变成一个教练的角色”。教练的角色强调在与团队成员充分沟通的基础上，极大地激发出团队成员的能动性，从而维持组织发展的可持续性。

除此之外，领导者放弃了之前在商业运作模式中直接参与者的角色，着重利用商业网络中的关联性，构建业务闭环，让参与主体之间相互驱动、相互协同。互联网技术的发展，使得原来相对独立或者在线性链条上的参与者能够相互关联。例如，2020 年以来，返空汇在重庆智能土方清运市场遭遇了激烈竞争，最初企业采用一种比较传统的方式进行应对：与之前的客户（这里主要是指工地企业和货运司机）逐一进行沟通，希望以自己在技术上的优势获得客户的继续认可。这样的方式不仅成本巨大，而且效果甚微。经过不断讨论，团队领悟到通过平台赋能，建立工地企业与货运司机的强联系，形成区域内的土方清运分布式网络的重要性。在这个区域分布式网络基础上，原本零散的业务形成了网络效应，从而产生价值的聚变。“我们怎么做呢，比如原来是独立的一个一个的客户，现在你把它凑在一堆以后，进行整合，他们之间形成一个闭环，相互关联，这个就可持续了”。返空汇从直接参与者变成“舞台提供者”和“规则制定者”，这种方式不仅缓解了企业直接控制各个关联主体的压力，还极大地激发了各关联主体之间的主动性和活力，维持了组织业态的活跃。我们将这种参与方式的变化提炼为“角色后退”，即企业（企业领导人）不再是科层结构中最前端的掌控者、业态构成的直接参与者，而是通过“向后退”，将主动性释放给组织成员和业态系统中的各个关联者。组织成员和业态系统中的各个关联者作为天然的信息节点，更能够承接新的趋势，保持组织活力。

（3）即时复盘

伴随着快速的技术更新、模式迭代，变化已经成为产业互联网的一种常态。新时期的组织不再是一个相对固态和规则的结构，而是一个灵活调整的系统，任何层面的变化都必须即时传递和反馈给系统的每一个“细胞”。企业难以像过去那样停留下来进行变革，再将变革成果固化保留。“跟原来相比，互联网关联太多维度。原来两个维度是线性的，两个、三个维度去做事情的时候，其实是比较简单的，虽然每个维度可能会发生变化，但是你构成的毕竟是一个简单的结构。但是你如果是多个维度的时候，每个维度又增加了更多的不确定性，然后再组合的时候他就不太可控，这个不确定性就加大了，所以对付这种的方法就是要快速的反应”。

意识到变化是一直存在的，如何保持企业持续活跃成为企业管理者最核心的关注点，因此在过程中即时复盘成为非常重要的事情。“很多事情是在过程中去做这个思考，像我们在重庆做土方遇到很多问题，那怎么解决，一开始那样做行不通，那就要尽快调整，我们就要讨论，在过程中找到一个适合的办法”。这一时期组织在快速审视、不断调整和组织即兴中源源不断地输出新的业态和模式，短短两年之间，企业先后上线智能物流系统、RFID 土方智能清运系统、油气服务系统、货物流向管控系统等，持续建设云计算平台，推动数据智能，这都展现出了持续性变革思路的特征。例如，在土方清运系统的市场推广和拓展时期，企业遇到了较大的挫折和竞争，企业领导者也特别强调了通过即时复盘去解决问题的重要性。“在这个过程演进的过程中，反思，就在复盘，不停地复盘，每个月都在复盘。所以发现每个月复盘以后，我们一看不对，那就可能把这条改了”。这体现了组织的快速转换和调整。

在角色后退过程中激发组织成员的能动性，发挥成员的活力。即时复盘则体现了领导者在角色后退之后的“托底”作用，避免团队成员在创造上过于分散，造成资源和能力的耗散。“我们是鼓励他们自己去探索，但是经过一段时间以后，有可能哪些打法在中间效果就比较明显，我们就会把这个拿出来，在公司推广，全公司推广分享，而原来做得不好的，我们就把它逐步放弃了”。同样展示了组织如何在即兴变化和即时复盘之中获得发展。我们发现企业领导者在这一时期已经明显地转向了持续性变革思路，倾向于从组织与环境交互的、过程的视角理解组织成长与变化。产业互联网实践阶段所涌现出的构念层次和典型举例如表6－4所示。

**表6－4　　领导力重构的构念层次和典型例证示范**

| 原始材料示范 | 关键意义提取 | 核心构念 |
| --- | --- | --- |
| “我们叫产业链科技公司，现在在新基建的风口下的话，就是融合基础设施”（F6）<br>“这个变化的话，不光是环境，你的观察有时候会，你把你的观察反馈到他的环境上去以后，这个时候你的观察就不是单独对环境的一个观察，就是要包括回馈本身是不是对的，这个反馈的措施你要观察。然后对环 | 趋势诠释<br>融合环境<br>保持克制 | 克制承接 |

续表

| 原始材料示范 | 关键意义提取 | 核心构念 |
| --- | --- | --- |
| 境作用以后的效果也还要观察，最后观察就把自己和外部环境融合起来进行观察”（F6）<br>“我觉得我们有一个优点就是‘克制’，不管是消费互联网也好，还是产业也好，其实打的过程中都不能说哪一个就是一定是最好的、最佳的。如果你不克制的话，一开始就看貌似是对的，然后资本也觉得是对的，资本也很喜欢，然后就让你打，然后你就用重金就把它打下去，很多资源的投入，一旦发现投了之后发现是错的，这个沉没成本是很大的”（F7） | | |
| “我们是鼓励他们自己去探索，但是经过一段时间以后，有可能哪些打法在中间效果就比较明显，我们就会把这个拿出来，在公司推广，全公司推广分享，而原来做得不好得，我们就把它逐步放弃了”（F5）<br>“像我现在基本上就没有冲到一线，除了大的客户必须要我出面以外，一线我就很少去到，这个时候可能我的角色就变成一个教练的角色”（F5）<br>“我们怎么做呢，比如原来是独立的一个一个的客户，现在你把它凑在一堆以后，进行整合，他们之间形成一个闭环，相互关联，这个就可持续了”（F7） | 释放成员主动性<br>利用网络关联性 | 角色后退 |
| “所做的每一个事情，在过程中反思，就在复盘，不停地复盘，每个月都在复盘。所以发现每个月复盘以后，我们一看不对，那把这条就可能改了”（F5）<br>“成长呢，其实就是要不停的复盘”（F7）<br>“很多事情是在过程中去做这个思考，像我们在重庆做土方遇到很多问题，那怎么解决，一开始那样做行不通，那就要尽快调整，我们就要讨论，在过程中找到一个适合的办法”（F7） | 不断反思<br>复盘<br>即时调整 | 即时复盘 |

## 6.3.4 研究发现

互联网信息时代，快速变化的环境需要组织打破对于变化和冲突的传统认知，拥抱冲突常态。然而，对于大量的组织而言，尤其是从在传统行业实践时期取得良好回馈的组织而言，实现对冲突认知和回应模式的转变并非一件容易的事情，很多企业在不断的“新瓶装旧酒”变革中折戟沉沙，而当前对于组织变革和转型的研究倾向于从变革实践的角度探讨具体的变革策略[277-278]，对于组织如何实现变革认知和思维的转变鲜有讨论。本书的研究表明，传统行业企业组织从计划式变革转向持续性变革思维和模式经历“迁移—受挫—尝试—选择”的过程。从案例中可以看到，组织在第一阶段主要采用了计划性冲突响应的方式，并且这种方式取得了很好的效果，这种成功的应对经验非常自然地迁移到下一个发展阶段中。然而，在下一个阶段的实践过程中，上一阶段实践思维和经验不仅没有完成预期目标，反而激化了企业与场域内其他关联主体之间的矛盾，使得冲突显性化，并呈现一种更加复杂的嵌套冲突情景。

嵌套冲突的出现是企业从计划式组织响应转向持续性场域融入的重要激发情景。通过与前期思维和行动方式的对比，研究发现这种转变主要体现在企业对冲突、核心价值以及场域交互的理解方面。企业开始由变化跟随转换到变化融合，进行核心价值回溯，从重点关注于冲突双方的对立性和组织自主行动转变到关注冲突双方的关联性和成员之间的合作和互动。领导者思维方式转换表现在，更加基于过程的角度看待组织的发展和转型。经历了前期的尝试和调整之后，领导者认为变化是一种常态，变化过程中的那些看起来不太成功的尝试行为不应该被静态地解读为沉默成本，而是非常正常的一种状态。这种思维方式的转换使得企业管理者能够放弃先计划后实施的传统路径，而是通过在过程中不断调整来寻求企业的成长和突破。进入第三阶段，由于前期的经历积累，持续性场域活跃对于承接冲突常态化作用明显，被组织选择并逐渐惯例化。

基于对寺库和返空汇这两个案例的分析，本章归纳了传统行业组织实现从间断性变革思维到持续性变革思维的转换过程模型（见图6－1）。第一，冲突情景与组织冲突认知和响应相互影响，贯穿于组织变化过程。第二，场域活跃是组织持续承载冲突的核心，基于不同的企业场景，推动组织实现持续性变革有两种路径：一是以组织成员为中心带动的场域活跃；二是以领导者为中心带动的场域活跃。

#### 6.3.4.1 冲突情景与组织冲突认知和响应互相影响，贯通组织变化过程

在冲突表现上，观察期内的组织从创立到发展阶段分别经历了从简单冲突、嵌套冲突再到冲突常态化的变化过程。企业创立初期业务模式相对简单，主要面临的是企业业务能力与市场需求之间不匹配造成的冲突。进入第二阶段，随着移动互联网时代的到来，消费电商模式卷席而来，使得企业面临着更加复杂的竞争状态，对于电商模式的布局则将场域内关联主体的关系带向消极，使得隐性冲突变得显性化。同时，奢侈品电商的转型本身蕴含的冲突也突显在组织内部成员的价值认同上。值得注意的是，嵌套冲突情景的出现不仅是由于外部环境变化带来的，还产生于组织对于隐性冲突预设和反应所作出的行动。进入第三阶段，由于消费群体的更替、网络技术和模式的快速发展、不同类型企业的进入等，企业已经不刻意分析和描述当前具体遇到了什么样的冲突，而是将其视为一种情景常态（见图6－1）。

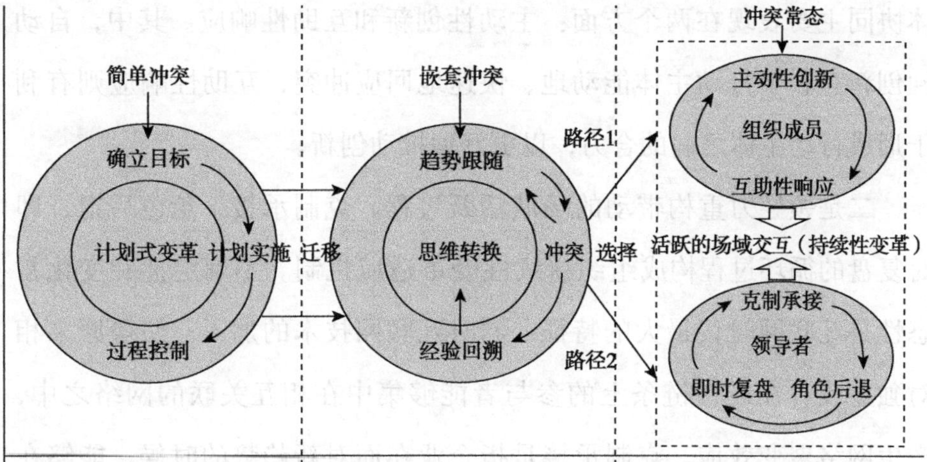


| | | |
|---|---|---|
| 背景特征<br>相对稳定性（成熟行业、市场稳定……）<br>间断性变化（技术更新、竞争变化……）<br>认知模式<br>变化是非常态的，变革是对外部变化的回应<br>实践模式<br>分析内外部环境，通过打破原有的状态，引入新的手段和策略，直到实现预期结果 | 背景特征<br>不确定性（新兴行业、环境变化……）<br>网络关联性（平台化、产业链、生态圈……）<br>变化常态性（技术革新、模式迭代……）<br>认知模式<br>不“破”不“立”→“破”与“立”的贯通<br>实践模式<br>回溯—调整 | 背景特征<br>不确定性（新兴行业、环境变化……）<br>网络关联性（平台化、产业链、生态圈……）<br>变化常态性（技术革新、模式迭代……）<br>认知模式<br>变化是常态的，变革在组织与环境不断交互过程中完成<br>实践模式<br>以组织成员为中心带动的场域活跃：主动性创新与互助性响应<br>以领导者为中心带动的场域活跃：克制承接、角色后退、即时复盘 |
| 发展初期 | 转型时期 | 发展后期 |

图 6－1　冲突响应到冲突承载的变革思维转换过程

#### 6.3.4.2　推动组织持续性变化的路径选择

通过案例分析研究发现，推动组织持续性变化从不同的主体出发，有两个不同的路径，一是组织成员协同带动的场域活跃过程。组织成员协同过程，是指组织中行动主体能够根据当下状况主动发起创新，回应或者引领变化，同时又能够对其他行动主体的行动进行互助式的响应。在这个过程中，行动主体不局限于某一种固定的角色。行动主体协同主要表现在两个方面：主动性创新和互助性响应。其中，自动性创新有利于行动主体能动地、快速地回应冲突，互助性响应则有利于形成行动主体之间的合力，以更好地推动创新。

二是领导力重构带动的场域活跃过程。克制承接、角色后退、即时复盘的循环过程构成组织持续性变革适应机制。不确定性和变化常态性是互联网时代最大的特征，同时互联网技术的加入，使得原来相对独立或者在线性链条上的参与者能够集中在相互关联的网络之中，产生网络聚变效应。克制承接是指企业在面对新趋势的时候，能够在融合环境的同时，又根据自身状态对趋势作出理解，避免一味跟风。保持克制使得企业在接住新趋势的同时，又留出了调整的空间，以更低的成本、更快反应进行尝试。"角色后退"，即领导者不再是科层结构中最前端的变化感知和传递者、变革掌控者、业态系统的直接参与者，而是向后退，将更多的主动性释放给组织成员和业态系统中的各个关联者，是"放"的过程。组织成员和业态系统中的各个关联者作为天然的信息节点，更能够承接新的趋势，保持组织活力。即时复盘则体现企业领导者"收"的过程，体现了领导者在角色后退之后的"托底"作用，避免团队成员在创造上过于分散，造成资源和能力的耗散。

## 6.4 讨论

首先，研究贡献于组织变革模式转换的课题，进一步回答了组织从间断性变革向持续性变革的思维转变过程。当前研究已经发现了持续性变革模式下对于冲突的接纳和承载对组织持续发展的重要作用[273]。然而，对于大量的传统行业组织而言，间断性变革思维也曾经帮助组织实现了阶段性的发展并在组织中形成行为惯性[236]，这导致企业在进入新的思维模式的时候必然不是线性的、顺滑的替换过程[237]。通过本书的研究，揭示了组织从计划性组织应对到持续性场域融入的转换过程，丰富了组织冲突认知和回应、促进组织持续变化和成长研究。同时，研究结论也与之前的一些理论相互呼应，Penrose 认为企业成长过程中的阶段演进及相应的组织扩展都与企业管理者的认知变化发生直接的关系[279]。Nelson 和 Winter 认为企业的发展取决于大量的难以预期的随机因素，而组织搜索和处理信息的能力却是有限的，因此组织只能在其认知能力的框架内作出选择[280]。所以当发生剧烈的组织变革时，企业管理者囿于原先的认知框架就可能无法在新范式下作出正确的判断。不过企业管理者的认知能力本身也并非固定不变的，管理者对于外部环境的感知和学习就是提升其原有认知能力的重要途径。

其次，研究基于归纳式提炼、构建了冲突常态下的持续性变革活动机制。Weick 和 Quinn[5]通过变化的重新认知，提出了“冻结—再平衡—解冻”的持续性变革过程模型，Tsoukas 和 Chia[6]进一步基于过程基础观，对组织进行了反思，认为组织并不是一个相对固态的结构，而是环境变化之下的时序性展现过程，冲突将直接影响和塑造组织过程。Putnam[157]在研究中提出了新的视角下冲突是一直存在的，建议管理者能够跳出组织视角对于冲突双方的对立面的关注，寻求在更广泛的空间里对冲突进行重新架构和对话。在本部分研究中，作者将场域活跃视为组织冲突承载的核心过程，并基于组织成员和领导者两个不同侧面构建了促进场域活跃的动态过程机制，对近年来倡导的超越冲突视角下的冲突认知和应对做出了进一步的探索[145]。

最后，研究揭示了冲突与组织行动之间的相互作用过程，尤其是嵌套冲突对于组织认知和行动调整的重要作用。在简化的意义上，交互作用包含的就是刺激——反应过程。在一定意义上，观念形成的过程也是学习的过程。但这种学习是一种基于交互作用的经验学习，它通过两类主体的互动实现两者经验的不断重组、更新和改造。以往研究多将冲突作为独立于组织之外，需要组织应对的一种相对固定的“情景”或者“状况”，而很少看到冲突本身在组织变革过程塑造中起到的作用。MacKay 和 Chia[74]在研究中指出，情景并不是一个固化的背景板，情景本身也受到交互过程的影响，也具有流动性。从本研究结论中可以看出，冲突表现与组织行动之间互相影响，组织行动既是应对冲突的结果，也可能是引起新的冲突的源头，组织正是在不断地冲突经历中完成变化和转型。

## 6.5 本章小结

本章通过寺库和返空汇的双案例研究，回答了组织如何实现从间断性变革模式到持续性变革模式的转换。研究发现，传统组织从间断性变革转向持续性变革模式经历“迁移—受挫—尝试—选择”的过程。组织经历了简单冲突、嵌套冲突再到冲突常态化的变化过程，嵌套冲突的出现是企业从间断性变革到持续性变革转换的重要激发情景。本部分研究进一步探索了在新的时代背景下组织变革模式的转变和建立过程，对于企业，尤其是大量的传统企业互联网转型有着重要的借鉴意义。

# 第7章　结论与展望

本书立足本土企业在新的时代背景下的发展实践，结合持续性变化视角，围绕“不确定性常态下的组织冲突响应与持续性变革过程如何展开”这一核心问题展开，并着重探究了组织持续性变革的动力机制及不同变革取向之间的转换过程。通过第4、第5章的研究揭示了连续、即兴的冲突响应过程与场域变化对于推动组织持续变化的作用。第6章分析了从间断性变革到持续性变革的转换过程。本章在对以上全书进行总结的基础上提出本书的主要研究结论、理论启示和管理启示，并对当前研究的不足进行归纳，对未来的研究方向进行展望。

## 7.1　主要结论

通过对三个核心问题的分析，本书主要得出以下几个主要结论：

第一，动态双元能力是促成组织持续性变革的内核动力。研究发现在连续的、即兴的“探索—利用”学习转换的冲突响应过程中，动态双元能力逐渐生成并带动组织持续性变革。通过对天府 TV 案例的深入分析，研究发现在探索—利用两种不同的响应方式的调整过程中，组织逐渐获得自主驱动双元学习的能力，从而促进组织的持续变化和发展。从利用学习转向探索的过程中，组织打破行为惯性，得以把握冲突带来的机会；从探索学习转向利用学习的过程中，组织聚焦核心资源与能力，降低冲突带来的不确定性风险。

第二，组织场域作为承载“组织—环境”冲突的空间，其变化过程直接影响组织持续性变革过程，构成组织持续性变革的系统动力。通过对云南农垦的深入分析，研究发现组织场域作为承载“组织—环境”冲突的空间，其变化过程是推动持续性变革状态转换，驱动持续性变革的重要过程，具体过程为：第一，在外部环境和组织行动的共同作用下，组织场域总是处于动态变化中的。组织场域由单一到复杂、从整体到分化的过程中，场域内制度逻辑之间的冲突性逐渐显性化；反之，组织场域从复杂到单一，从分化到整合的过程，场域内制度逻辑之间的冲突性逐渐减弱。第二，场域内制度逻辑之间的冲突显性化导致非预期变化输出，促使组织从“解冻”状态进入“冻结”状态，随后转向“再平衡”的变革状态。第三，场域内制度逻辑之间的冲突由显性转向隐性，输出预期变化，推动组织由“再平衡”状态转向“解冻”状态。第四，场域承载的制度逻辑冲突状态变化的不断转换为组织持续变化提供情景动力。

第三，冲突贯穿于组织变革和发展过程，传统组织从间断性变革转向持续性变革模式经历“迁移—受挫—尝试—选择”的过程。在简单冲突阶段，间断性（计划式）变革能够帮助组织快速地应对冲突，解决困境。这样的认知和行动模式自然被迁移到下一阶段，然而随着环境的变化，如互联网时代的到来，间断性变革模式使得组织不但没有解决问题，反而将组织带入更复杂的冲突情景中。嵌套冲突的出现是企业从间断性变革转向持续性变革的重要激发情景。通过与前期思维和行动方式的对比，研究发现这种转变主要体现在企业对冲突的认知、核心价值以及组织在场域中的角色理解方面。企业开始由变化跟随转换到变化融合，进行核心价值回溯，从重点关注于冲突双方的对立性和组织自主行动转变到关注冲突双方的关联性和成员之间的互动过程。经历了各种尝试过程，持续性变革模式被选择出来，并逐渐惯例化。

第四，建立组织持续性变革适应机制从不同的主体出发，有两个不同的路径，一是组织成员协同带动的场域活跃过程；行动主体协同主要表现在两个方面：主动性创新和互助性响应。其中，自动性创新有利于行动主体能动地、快速地回应冲突，互助性响应则有利于形成行动主体之间的合力，以更好地推动创新。二是领导力重构带动的场域活跃过程——克制承接、角色后退、即时复盘。克制承接使得企业在抓住新趋势的同时，又留出了调整的空间，以更低的成本、更快反应进行尝试。角色后退，即领导者不再是科层结构中最前端的变化感知和传递者、变革掌控者，而是向后退，将更多的主动性释放给组织成员和业态系统中的各个关联者。即时复盘体现了领导者在角色后退之后的“托底”作用，避免团队成员在创造上过于分散，造成资源和能力的耗散。

## 7.2 理论启示

如文献分析所述，本书主要贡献于持续性变革过程研究。同时，研究结论也促进了研究者对组织学习和组织场域的理解。

### 7.2.1 组织变革

本书对于组织变革研究的理论启示主要包含以下几个方面：

第一，研究进一步拓展和深化了组织持续性变革过程的研究，从组织和场域层面揭示了组织持续性变革的动力机制。不同于传统研究视角下将外部变化，如突发性危机、技术变革、政策调整等造成的组织不适应[72]，或者将迫于制度同构压力获取合法性[36]作为组织变革的激发因素，持续性变革是在“过程”中被驱动的[281,282,119]，然而由于持续性变革的研究尚处于起步阶段，其背后具体的驱动过程和机制仍未被充分回答。通过子研究一和子研究二中的两个不同案例对象的观察和分析，研究分别发现了组织层面的冲突响应过程和场域层面的冲突承载过程在推动组织持续性变革中的作用机制。持续性变革强调组织即兴[258,259]和学习[6,26]过程。在本研究中，持续性变革等同于一种高阶的组织双元性[197]，即组织自主驱动的探索—利用并存并相互支撑释放出持续发展和创新过程。从研究结论看，这种动态双元能力并非是天生的，而是在不断的学习过程中逐渐内化为一种能量，使得组织能够在冲突常态下更加游刃有余地承接内外部力量，达成持续发展结果。

另外，文章通过引入组织场域作为承载场域内行动主体交互的活动空间[240]，发现场域内制度逻辑的冲突显性化是组织进入“冻结”和“再平衡”状态的重要推动力，而制度逻辑的冲突程度则受到场域内行动主体结构分布和交互关系的影响，因此场域的动态变化构成持续性变革视角下组织变革的系统动力。

第二，研究回应了相关学者近几年来对于重新审视冲突与变革之间的关系的提议[283]，并进一步探索了场域冲突与组织持续性变革之间的关系。对于事物的发展而言，潜在的冲突是一直存在的，但变革的启动往往将一些冲突显性化[155]。在传统视角上，组织变革通常是针对某一外部变化或者内部需求的调整而发起的改变行动，这种行动一般都涉及人员调整、结构重组或者资源的再分配过程[80]。人员、结构和资源的再分配意味着一部分人员将不再处于非常有利的位置，这使得组织成员之间的对立感变强，原来潜在冲突变得显性[174]。Raza 和 Standing 认为组织变革常常导致冲突，而冲突往往隐藏在变革过程中，因此大量研究关注了具体的、相对固定的冲突应对策略及这些策略带来的结果[175]。同时，之前研究大多关注的是组织冲突的应对及其对变革过程的研究[25,44]，而缺乏对“组织—环境”层面存在的场域冲突与组织变革的关系进行研究。本书的研究结论则弥补了这部分的空缺：从组织层面角度，研究构建了动态双元能力作为支撑组织持续性变革的核心能力；从组织场域角度，研究发现场域中制度逻辑之间的冲突状态直接影响了组织变革轨迹。另外，研究在探索间断性变革到持续性变革的转换过程时发现，冲突表现与组织行动之间互相影响，组织行动既是应对冲突的结果，也可能是引起新的冲突的源头，从而进一步探索了冲突与组织变革之间的关系课题。

第三，研究建立了从间断性到持续性的变革思维转换过程，并基于动态过程视角从组织成员和组织领导者两个不同的侧面构建了组织持续变革的实现路径。相较于传统行业实践时期的相对稳定状态，互联网时代具有极大的变化性和不确定性[284]，因此企业如何持续适应和应对不确定性成为成长和发展的关键[285]。当前，大量研究主要基于组织视角，从企业资源、能力、商业模式构建等视角对传统企业如何应对不确定性，实现转型和突破进行了探究[243,245]。Putnam 等[157]在研究中提出了新的视角下冲突是一直存在的，建议管理者能够跳出组织视角对于冲突双方的对立面的关注，寻求在更广泛的空间里对冲突进行重新架构和对话。借鉴早前针对间断性变革的研究主要关注组织成员[82]和领导者[144]在变革中所发挥的作用，本研究通过主题归纳的方式提出了组织成员协同和领导力重构的两种不同的持续性变革适应机制，突出了组织与场域中相关主体之间的良性互动，促进组织持续承接冲突、获得持续成长。本研究所归纳出的领导力重构与最近研究中一些学者提出“对话式”组织发展[135,136]的含义吻合，是对“对话式”组织发展下领导力的进一步拓展。

### 7.2.2 组织场域

本书引入场域理论以具体分析最能影响到组织的环境，建立了场域变化与组织变革过程之间的关系，同时也拓展了场域在组织变革领域的应用。

第一，研究揭示了组织行动对场域的能动影响过程。在早期关于场域的研究中，场域变化是一个相对宏观的概念，主要用以描述一个行业或者聚合性组织群体的发展和变化过程[131,129]。后来部分学者开始将场域引入组织研究之中，解释场域如何影响组织战略变化[214]。总之，当前研究主要关注了场域的动态性对于场域内组织变革的影响，但鲜有研究关注组织行动如何反过来影响场域，从而带来新一轮的影响，尤其是当组织行动并不有意指向制度创业。在之前研究中，组织对场域的影响主要体现在具有资源和权力的组织启动的制度创业，并直接导向一个全新的场域建立[131]，这是十分罕见的。同时，本书研究发现，组织行动对于场域的影响可能是无意识的、渐进的。从持续性变化的视角看，组织行动直接影响了组织与其他场域主体之间的交互关系，改变着场域内制度逻辑的交互状态，导致场域整合或者分化。

第二，研究拓展了场域演化过程在组织变革中的应用。在变革大范畴下，成熟场域的演化过程可以划分为两个视角：一是近似于勒温模式的演化过程，以 Greenwood 等[124]的典型模式为例。这种演化过程通常是以突然的震荡作为直接动因，需要打破先前的状态，然后变化，最后实现新的制度化并传播开。二是从社会建构视角建立的社会变迁过程[237]。在 Seo 和 Creed 模型中，社会建构、总体性、制度矛盾和实践四个基本元素相互关联，共同构成了一个社会生活整体，从而将主体的能动性和制度的规范性结合起来，呈现出一种涌现性。持续性变革视角的提出同样强调了行动主体的交互构成变化的基础，变革是行动主体与外部情景交互之下的涌现性过程，因此本书借鉴了制度领域的场域演化过程，用于构建持续性变革视角下的组织变革过程和驱动情景模型。

### 7.2.3 双元学习

通过与持续性变革取向的结合，本书对于双元学习能力有了新的理解，主要体现在以下三个方面：

第一，研究从动态过程视角探索了双元能力从何而来的问题。已有研究主要从组织内部的视角提出如何平衡探索和利用，获得组织双元能力，如结构配置[45]、网络多样化[261]、激励系统[262]等。随着环境的变化，仅从组织内部考察探索与利用的协调难以适应组织发展。例如，随着环境复杂程度的增加，自组织不断地从企业中涌现出来，帮助企业更好地与环境互动，这使得原有的相对规范、固定的组织结构发生了变化。因此近年来学者指出应该在动态情景中研究探索与利用的平衡问题[50,51]。本研究通过事件路径的方式，还原了组织如何在连续地探索与利用的转换中逐渐获得组织双元能力。

第二，传统的双元能力倾向于描述组织能够兼顾和平衡探索与利用两种相悖的学习行为[286]。在冲突常态下，支撑组织持续性变革的双元能力不仅关注于探索与利用之间的平衡问题，还强调两者之间快速转换、即时协调的过程，是一种更加具有动态性的双元能力。同时，传统双元能力更加倾向于关注探索与利用之间的对立关系，而动态双元能力则更注重探索与利用之间的关联关系。一些学者在近期的研究中也使用了双元动态能力[287]这一概念，突出其在应对组织间认知冲突、协同企业和消费者创新方面[288]发挥的作用。

第三，双元学习不仅是作为平衡组织发展过程诸多悖论的一种途径，还可以发展成一种持续性变革能力。Meyer 和 Stensaker[110]认为组织变革能力是三个方面能力的平衡：维持日常运作能力、执行单一变革能力以及执行后续变革能力，其兼顾当下问题解决获得短期成功和着眼于长远未来的持续发展与双元能力的初始含义相吻合。随着技术进步、经济一体化而带来的外部经营环境日趋复杂化，朱其权、孙海法和罗攀峰等[108]在对目前国外组织变革能力研究梳理后表明，组织变革能力应是一种可持续发展的综合能力，组织变革能力代表了组织应对不确定、未知经营环境的元能力。

## 7.3 实践启示

结合当前企业组织实践和本研究的主要发现，提出以下管理实践启示：

第一，培养动态双元学习能力，修炼持续应对“组织—环境”冲突常态的内功。在外部新趋势不断涌现的时代，很多企业容易陷入“害怕掉队”的焦虑，从而“东施效颦”，不断从表层逻辑上跟随新的商业机会或者模式，而忽略自身能力的沉淀，最后造成极大损失。不可否认的是，动态双元学习能力的培养绝非一日之功，也依赖于长时间的摸索和历练，就像本书研究案例天府TV一样，它也曾在摸索的过程中由于盲目跟风遭遇失败。因此，对于企业而言，一是正确认知探索过程中的走的“弯路”和遭遇的失败；二是逐渐发现和懂得以自身看环境，而不是一味以环境要求改变自身。转型过程中的不确定性的存在诚然加大了组织经营和转型的风险，但同样也更容易涌现出更多的发展机会。

第二，建立良好的场域互动模式，借场域发展之“势”推动组织发展。任何企业都不是独立存在的，他们与更大的经济社会和文化系统相关联，特别是国有企业。历史已经证明，伴随着经济社会一轮一轮的改革和发展，企业组织也经历着发展的更替，很多企业的发展路径与其关联的组织场域密切相关。通过建立良好的场域互动模式，组织能够更好地从场域中获得能量，也更有可能反过来影响场域，促进场域更好的发展。很重要的是，企业应该意识到场域本身也是动态变化的，在自身能力培育的基础上，企业可以拓展或者改变场域。

第三，变革认知和思维的转变建立在不断的试错—调整过程中。当前已经有不少企业管理者意识到“问题出在主席台，问题出在管理层”。变革的核心在于变革认知和思维的转变，然而这种转变并非是从计划中来的。结合本研究可以看到，组织的思维转型过程都经历了长时间的试错和回溯过程，最终选择出一种更加适应冲突常态下的持续变革机制。在这个过程中管理者应该首先改变的就是意识到，变化过程中的那些看起来不太成功的尝试是非常正常的一种状态。这种思维方式启发管理者能够放弃先计划后实施的传统路径，而通过这一过程不断调整来寻求企业的成长和突破。

## 7.4 不足与展望

本书侧重基于现象进行理论解释和建构，以进一步推动持续性变革相关研究。希望在未来的研究中有所拓展。

第一，研究基于案例，发现了双元响应行为及过程、组织场域变化对于驱动持续性变革过程的作用，促进了对于持续性变革动力机制的理解。同时，在研究过程中，作者也观察到一些案例企业表现出的其他特征或者过程同样促进了组织转向持续性变革过程，如包容性的组织身份、广泛的网络关系嵌入等。未来研究可以继续探索持续性变革的驱动过程，以期建立更加完整的研究体系。

第二，研究分别从组织成员和领导者两个角度对“组织—环境”冲突常态下的组织持续性变革适应机制进行了研究，发现了组织成员协同机制和领导力重构机制作为持续性变革过程的核心活动机制。在未来的研究中，作者希望能进一步发现组织成员与领导者在维持持续性变革的联合作用机制。

第三，研究初步发现场域作为承载行动主体交互的活动空间，是推动组织变革过程的重要情景。本书主要基于传统研究中对于场域描述的基本层面，即成员的结构分布和交互关系分析了其如何影响竞争性制度逻辑之间的冲突程度变化，从而影响变革状态的转换。那么在新的发展背景下，特别是移动互联网背景下，个体（组织）之间的交互和活动非常频繁，场域的边界逐渐模糊，那么如何推进场域概念的创新，以及探索其对组织变革的影响也十分必要。

第四，通过研究综述可以发现，当下对于组织变革能力的评估仍然基于计划式变革基础之上。书中初步提出双元能力可以理解为持续性变革能力的重要组成部分，未来研究可以基于新的场景构建持续性变革视角下的组织能力维度，并采用大样本的数据验证其效用。

# 附　录

## 附录1：初始访谈提纲

| 第一轮访谈提纲（适用于不同的企业） |
| --- |
| 1. 我们希望先了解一下企业的整体发展历程 |
| 2. 企业目前主要的业务构成是怎样的？ |
| 3. 主要业务的建立过程是怎样的？ |
| 4. 音像行业/农业种植与商贸/物流供应链/奢侈品电商目前的一个发展状况是怎样的？ |
| 5. 天府TV/云南农垦/返空汇/寺库的发展目前在行业内或者区域内处于什么样的位置？ |
| 6. 你对企业所在这个行业未来的发展的判断是什么？如未来四五年的走势？ |
| 7. 你认为企业有没有形成自己的一套应对变化的思路或者说模式？ |
| 8. 你们现在的团队构成如何？这个团队是如何形成的？ |

# 附录2： 深入访谈提纲

## 天府TV第二轮访谈提纲

1. 天府TV（前成都音像出版社）与成都电视台的关系是什么样的？成都电视台在事业单位改制过程中经历了什么样的过程？
2. 组织转型初期是什么样的状况？之前了解到转型初期比较艰难。
3. 企业在中途也跟随互联网企业做内容制作，效果如何？
4. 你认为企业在转型过程中主要面临了哪些冲突？
5. 你如何看待企业面临的这些冲突？
6. 企业目前形成的全媒体生态平台模式经历了什么样的过程？
7. 企业目前模式的核心能力（竞争力）在哪儿？
8. 你认为维持企业快速应对变化，持续创新输出的关键过程是什么？

## 云南农垦集团第二轮访谈提纲

1. 您认为农垦转制更多是基于政策命令层面的影响多一点呢，还是比如组织自身受到市场环境的影响，觉得应该作出一些改变？
2. 农垦在转入集团体制之后，最先做了哪些方面的尝试呢？
3. 基于上一问题，某些尝试上是否遇到了一些阻碍？
4. 您认为1996年实行改革之后，对于组织内部的改变大不大？比如在组织的氛围、做事方式方面有哪些不一样？
5. 上次访谈的时候，很多农垦的朋友都说，农垦是一个特殊的系统，您怎么看？
6. 在您看来，农垦实行政企分离的改革与普通的国有企业有什么样不同的地方？
7. 在农垦改革尝试中，曾经有一个“16+1”模式，请问这具体是一种什么模式呢？对农垦改革有什么样的影响？

续表

| |
|---|
| 8. 2004年的时候，集团成立了“云南天然橡胶产业股份有限公司”，后来又解散了，具体的原因是什么？ |
| 9. 您认为农垦改革过程中还有哪些事情是对组织的变化具有比较大的影响的？ |
| 10. 在政企合一的体制之下，农垦又要承担一些政府（社会）职能，同时还要兼顾经营上的效益问题，怎么样去平衡这两种看起来有点矛盾的需求？ |
| 11. 农垦是一个历史很长的组织，差不多60多年的历史。您认为在这么长的时间内，它形成一种什么样的文化或者独特的氛围？ |

| 返空汇第二轮访谈提纲 |
|---|
| 1. 关于定位的问题，返空汇致力于实现大宗产业供应链的数字化、可视化、网络化与智能化，构建一个分布式的智慧产业链世界，努力提高产业链协同与交易的效率。这个定位大概是什么时候明确下来的？或者说怎么逐渐明确下来的？ |
| 2. 关于数字化这一块，是不是可能一开始也借鉴别人怎么做数字化，然后自己也尝试去做，还是企业一开始对这一块的理解就比较深刻？ |
| 3. 在初期模式受阻以后，企业做了哪些尝试？基于什么样的考虑做的这些尝试？ |
| 4. 转型调整期间，企业如何把握业务的发展方向？调整期间最大的迷茫或者说纠结表现在什么地方？ |
| 5. 如何看待企业的数字化模式与企业家的数字化思维的关系？可以就您自己的经历而言来分享一下。 |
| 6. 数字化转型是企业普遍面临的一个问题，就您身边的其他一些企业家朋友而言，您感觉他们通常如何表达面临的数字化转型压力和问题？ |
| 7. 传统行业实现产业互联网转型最关键的是什么？ |
| 8. 关于构建持续性变革视角下的企业家精神（领导力），是否可以将“对话”作为核心，这种对话包含与过去经历的重新对话，进行重新诠释（Sense - making），也包括领导方式的转变，比如与高管团队的对话，跟企业员工的对话，对话过程是一个循环往复的过程，直到企业家在实践中找到一个突破点。怎么理解“对话”在您的创业过程中的意义？（针对领导者的提问） |
| 9. 如何看待自己多年传统行业经验与返空汇创业之间的关系？这种想法是否随着时间变化也发生了一些变化？（针对领导者的提问） |

续表

| 寺库第二轮访谈提纲 |
| --- |
| 1. 寺库从最早的普通二手商品售卖进入奢侈品是偶然的吗？还是有什么渊源？<br>2. 奢侈品鉴定这个核心能力是如何形成的？<br>3. 从奢侈品寄卖转到电商这个过程，这中间怎么去表达奢侈品价值和电商之间的不协调性？<br>4. 不同调性或者说价值观在一起如何协调的？<br>5. 在搭建起现在的平台模式过程中，企业是如何让其他相关的，比如说合作者愿意参与进来的？<br>6. 企业在逐渐转型电商模式过程，主要面临了哪些挑战？最后是怎么处理的？<br>7. 奢侈品鉴定在后期的平台模式发展过程中起到了什么样的作用？<br>8. 2018 年寺库的战略转型提出的背景是什么？到目前实施情况如何？<br>9. 寺库在多样化转型过程中的很多尝试其实没有持续很久，如库店、48hours 等，你怎么看待这个事情？<br>10. 在很多不确定性的情况下，怎么知道应该做点什么？比如现在疫情这种情形下。<br>11. 别人问到你寺库是一个什么样的企业，一般你怎么去给人家描述这个事情？你更倾向于把他归结为一种电商互联网公司还是奢侈品销售公司？<br>12. 你怎么描述寺库的工作氛围，或者说企业文化？ |

# 附录 3： 调研日记示例

| 企业调研日记（云南农垦集团第二次调研为例）<br>撰写人：潘琼　　　　时间：2018 年 8 月 3 日 |
| --- |
| 1. 此次接触让你印象最深的主要议题或主题是什么？<br>此次接触，让我印象最深的主要议题是关于 2014 年 8 月 14 日云南农垦集团实现政企分离，成为独立的经营主体的整个前因后果。经过我们对云南农垦集团的调研了解，我认为在 2014 年之前每次实行的改革都对 2014 年发生的政企分离做了一定的铺垫。而其中影响最大的是云南省政府在 |

续表

| |
|---|
| 2009年下发的19号文件——《体制融入地方，机制融入社会，经济融入市场》，因为在云南省政府出台了19号文件之后，对云南农垦的资产提出了属地化管理的要求，属地化管理实施之后，让云南农垦丢掉了很多的社会负担，例如医院、学校等，改变了云南农垦过去社会负担过重的问题，也让云南农垦慢慢地从政府职能中脱离出来。虽然在19号文件下放之后，也使得云南农垦的很多优势资源被划分了出去（例如西双版纳的橡胶林等），使得集团的员工也对企业的未来充满了怀疑，但是我认为这可能并不是一件坏事，一方面是可能有了这样的冲击，能够让他们更加坚定的在市场中去拼去抢；另一方面是能够让公司调整一下未来的整个业务重点，从过去的橡胶种植转变为现在的橡胶贸易，减轻公司的业务负担，这样可能更有利于公司培养一个市场的观念。<br>2. 就每一研究问题来看，简述此次接触你拿到（或未拿到）的资料。<br>就关于我们对云南农垦集团组织变革的研究问题来说，经过此次的调研，我们收到的资料有：（1）云南农垦近年来的一个改革发展状况和改革后公司取得的一些成就；（2）云南农垦集团未来的发展规划和产业布局；（3）在改革发展中遇到的问题和困难，主要是从公司的员工、管理体制、产品的搭建等方面来谈；（4）政府对云南农垦集团进行深化改革所作出的指导。<br>未收集到的资料有：公司在2014年之前的经营状况和相关的改革情况<br>3. 此次接触中有什么震动你的东西吗？一定突出的、有趣的、示例的或重要的东西？<br>在此次接触中，我认为最震撼我的东西是云南农垦的企业文化，它的原来老的企业文化是经过了六十多年的发展沉淀出来的，相对来说，它是一种难以改变的东西，再加上云南农垦是在新中国成立初期就组建的，过去它都是以计划经济市场下的那套模式来管理，基本都是靠计划来指导，而它的核心资源橡胶作为一种工业原料来说，市场的竞争没有其他产品大，所以导致它以前老的企业文化倾向于于沉稳和行政化的色彩，难以追求变革，所以才导致企业在实现行政企分开之后，企业和企业的员工都难以转变观念，难以适应市场，也可能是云南农垦在2007年前十年的发展中未向社会招聘过人才的原因。但同时也正是因为云南农垦集团在农业行业有了这种沉淀下来的文化底蕴，让云南农垦集团在农业方面的发展变得自然而然，因为它是从企业的内部长出来的，一说到农业的某个方面，它可能就会知道这个怎样去做的更好，从而让云南农垦渡过了这次艰难的变革。<br>4. 下次拜访时，可以考虑哪些新（或旧）问题？<br>在此次调研过后，我的收获很多，同时也对整个调研的过程产生了比较多的想法，根据此次的 |

续表

| |
|---|
| 接触，我更多的会认为云南农垦在 2014 年 8 月 14 日实现政企分离，主要是受到国家和省政府层面长期对农垦体系的改革的影响，接触到的东西，更多的是一种体制上的东西让云南农垦不得不转型，但是关于云南农垦在 2014 年的经营状况了解甚少。因此，在进行下次拜访时，我想重点去关注一下关于云南农垦集团在 2014 年之前的经营状况。而关于已经了解到的问题，我对云南农垦在 2009 年发生的那次改革（19 号文件的出台）还存在比较多的疑问，希望在下次拜访的时候，能够更加深入地去了解该件事的前因后果。 |

# 参考文献

[1] Lewin K. Frontiers in group dynamics: concept, method and reality in social sciences; social equilibria and social change [J]. Human Relations, 1947, 1 (2): 143 - 153.

[2] Panayiotou A, Putnam L L, Kassinis G. Generating tensions: a multilevel, process analysis of organizational change [J]. Strategic Organization, 2019, 17 (1): 8 - 37.

[3] Isabella L A. Evolving Interpretations as a change unfolds: how managers construe key organizational events [J]. Academy of Management Journal, 1990, 33 (1): 7 - 41.

[4] Biedenbach T, Sderholm A. The challenge of organizing change in hypercompetitive industries: a literature review [J]. Journal of Change Management, 2008, 8 (2): 123 - 145.

[5] Weick K, Quinn R. Organizational change and development [J]. American Review of Psychology, 1999 (50): 361 - 386.

[6] Tsoukas H, Chia R. On organizational becoming: rethinking organizational change [J]. Organization Science, 2002, 13 (5): 567 - 582.

[7] Van de Ven A H, Poole M S. Explaining development and change in organizations [J]. Academy of Management Review, 1995, 20 (3): 510–540.

[8] Wilson D C. A strategy of change [M]. London: Routledge, 1992.

[9] Garvin D A. Building a learning organization [J]. Harvard Business Review, 1994 (7/8): 78–91.

[10] Dawson P. Organizational change: a processual approach [M]. London: Chapman, 1994.

[11] Bamford D, Forrester P L. Managing planned and emergent change within an operations management environment [J]. International Journal of Operations & Production Management, 2003, 23 (5): 546–564.

[12] Brown S L, Eisenhardt K M. The art of continuous change: linking complexity theory and time – paced evolution in relentlessly shifting organizations [J]. Administrative Science Quarterly, 1997 (42): 1–34.

[13] 刘洪. 组织变革的复杂适应系统理论 [J]. 经济管理, 2006 (9): 31–35.

[14] Langley A, Smallman C, Tsoukas H. Process studies of change in organization and management: unveiling temporality, activity and flow [J]. Academy of Management Journal, 2013, 56 (1): 1–13.

[15] Malhotra N, Hinings C B. Unpacking continuity and change as a process of organizational transformation [J]. Long Range Planning, 2015, 48 (1): 1–22.

[16] Balogun J, Johnson G. From intended strategies to unintended outcomes: the impact of change recipient sensemaking [J]. Academy of Management Annual Meeting Proceedings, 2005, 26 (11): 1376-1382.

[17] Wee E X M, Taylor M S. Attention to change: a multilevel theory on the process of emergent continuous organizational change [J]. Journal of Applied Psychology, 2018, 103 (1): 1-13.

[18] Boist M &Child J. From fiefs to class and network capitalism: explaining China's emerging economic order [J]. Administrative Science Quarterly, 1996, 41 (4): 600-628.

[19] Plowman D A, Baker L T, Beck T E, et al. Radical change accidentally: the emergence and amplification of small change [J]. The Academy of Management Journal, 2007, 50 (3): 515-543.

[20] 张钢，张灿泉. 基于组织认知的组织变革模型 [J]. 情报杂志，2010，29 (5): 6-11.

[21] Kotter J. Leading change: why transformation efforts fail [J]. Harvard Business Review, 1995, 73 (2): 59-67.

[22] Bartunek J M, Woodman R W. Beyond Lewin: Toward a temporal approximation of organization development and change [J]. Annual Review of Organizational Psychology & Organizational Behavior, 2015, 2 (1): 157-182.

[23] 于晓宇，吴祝欣，陈颖颖. 国有企业子公司转型升级的锁定效应——组织惯性的视角 [J]. 管理案例研究与评论，2019，12 (6): 638-651.

[24] 孟晓斌，王重鸣，杨建锋. 企业组织变革中的动态能力多层适应性探析 [J]. 外国经济与管理，2008 (2)：1 - 8 + 15.

[25] 刘越. 社会建构论视阈下组织冲突的管理研究 [D]. 哈尔滨工程大学，2012.

[26] Argyris C. Double - loop learning, teaching, and research [J]. Academy of Management Learning & Education, 2002, 1 (2): 206 - 218.

[27] Lavie D, Stettner U, Tushman M L. Exploration and exploitation within and across organizations [J]. Academy Management Annual, 2010, 4 (1): 109 - 155.

[28] 林枫，孙小微，张雄林，等. 探索性学习——利用性学习平衡研究进展及管理意义 [J]. 科学学与科学技术管理，2015，36 (4)：55 - 63.

[29] Tushman M L, Anderson P. Technological discontinuities and organizational environments [J]. Administrative Science Quarterly, 1986, 31 (3): 439 - 465.

[30] Tushman M L, O'Reilly C A. Ambidextrous organization: managing evolutionary and revolutionary change [J]. California Management Review, 1996, 38 (4): 1 - 23.

[31] Gibson C B, Birkinshaw J. The antecedents, consequences, and mediating role of organizational ambidexterity [J]. The Academy of Management Journal, 2004, 47 (2): 209 - 226.

[32] 潘琼，杜义飞，杨静. "约束"在组织学习与持续性变革过程中的双重角色 [J]. 管理学报，2020，17 (9)：1287 - 1297.

[33] W·理查德·斯科特，杰拉尔德·F·戴维斯. 组织理论：理性、自然与开放系统的视角 [M]. 北京：中国人民大学出版社，2011.

[34] Bourdieu P. Social space and symbolic power [J]. Sociological Theory, 1989, 7 (1): 14 -25.

[35] Dimaggio P J, Powell W W. The iron cage revisited: institutional isomorphism and collective rationality in organizational fields [J]. American Sociological Review, 1983, 48 (2): 147 -160.

[36] Hoffman A J. Institutional evolution and change: environmentalism and the u. s. chemical industry [J]. Academy of Management Journal, 1999, 42 (4): 351 -371.

[37] Burnes B, Cooke B. Kurt Lewin's field theory: a review and re - evaluation [J]. International Journal of Management Reviews, 2013, 15 (4): 408 -425.

[38] 李蓉，杜义飞，唐洪娟，等. 组织场承载的战略转型过程—基于长虹集团的案例研究 [J]. 技术经济，2019，38 (6)：19 -28.

[39] Smith W K, Gonin M, Besharov M L. Managing social - business tensions: a review and research agenda for social enterprise [J]. Business Ethics Quarterly, 2013, 23 (3): 407 -442.

[40] 毛益民. 制度逻辑冲突：场域约束与管理实践 [J]. 广东社会科学，2014 (06)：211 -220.

[41] 徐建平. 组织惯例的演化机制与效能研究 [D]. 浙江大学，2011.

[42] Audia P G, Locke E A and Smith K G. The paradox of success:

an archival and a laboratory study of strategic persistence following radical environmental change [J]. Academy of Management Journal, 2000, 43 (5): 837-853.

[43] 王凤彬，李东红，刘月宁，王璁．“竞争”还是“合作”：组织中局部功能替代性部门间冲突的动态演进——基于研华大陆区线上业务的纵向案例研究 [J]. 管理世界，2015 (12): 146-171+188.

[44] 李博臣．“四季沐歌”转型过程中组织冲突管理研究 [D]. 北京理工大学，2017.

[45] March J G. Exploration and exploitation in organizational learning [J]. Organization Science, 1991, 2 (1): 71-87.

[46] Greve H R. Exploration and exploitation in product innovation [J]. Industrial and Corporate Change, 2007, 16 (5): 945-975.

[47] Eisenhardt K M, Brown S L. The art of continuous change: linking complexity theory and time-paced evolution in relentlessly shifting organizations [J]. Administrative Science Quarterly, 1997, 42 (1): 1-34.

[48] 段彦铭．“场域—惯习”视域下西北乡村文化建设研究——以C行政村社火复兴为例 [D]. 西北农林科技大学，2019.

[49] Dimaggio P J, Powell W W. The iron cage revisited: institutional isomorphism and collective rationality in organizational fields [J]. American Sociological Review, 1983, 48 (2): 147-160.

[50] 李志军、尚增健．亟需纠正学术研究和论文写作中的“数学化”“模型化”等不良倾向 [J]. 管理世界，2020, 36 (4): 5-6.

[51] Langley A, Abdallah C. Templates and turns in qualitative stud-

ies of strategy and management [J]. Research Methodology in Strategy and Management, 2011 (6): 201 -235.

[52] Gehman J, Glaser V L, Eisenhardt K M, et al. Finding theory - method fit: a comparison of three qualitative approaches to theory building [J]. Journal of Management Inquiry, 2018 (27): 284 -300.

[53] Cloutier C, Langley A. What makes a process theoretical contribution? [J]. Organization Theory, 2020, 1 (1): 1 -32.

[54] 王凤彬，张雪. 用纵向案例研究讲好中国故事：过程研究范式、过程理论化与中西对话前景 [J]. 管理世界，2022，38 (6): 191 -213.

[55] Baygi M R, Introna L D, Hultin L. Everything flows: studying continuous socio - technological transformation in a fluid and dynamic digital world [J]. MIS Quarterly, 2021, 45 (1): 423 -452.

[56] 陈晓萍，徐淑英，樊景立. 组织与管理研究的实证方法 [M]. 北京：北京大学出版社，2008.

[57] Kvale S. Interviews: an introduction to qualitative research interviewing [M]. Thound Oaks: SAGE Publications Inc, 1996.

[58] 史轩亚，薛敏，杜义飞，等. 资源获取互动及其双缓冲机制——基于 CMNEs 应对国际化节奏不规律的事件路径分析 [J]. 南开管理评论，2021，24 (2): 15 -24.

[59] Langley A. Strategies for theorizing from process data [J]. Academy of Management Review, 1999 (24): 691 -710.

[60] Lincoln Y S, Guba E. Naturalistic enquiry beverly hills [M].

Thound Oaks: SAGE Publications Inc, 1985.

[61] Langley A, Smallman C, Tsoukas H. Process studies of change in organization and management: unveiling temporality, activity and flow [J]. Academy of Management Journal, 2013, 56 (1): 1-13.

[62] Mohr L B. Explaining organizational behavior [M]. SAN Francisco: Jossey-Bass, 1982.

[63] Van de ven A H, Huber G P. Longitudinal field research methods for studying processes of organizational change [J]. Organization Science, 1990, 1 (3): 213-219.

[64] Sung-Choon Kang, Snell S A. Intellectual capital architectures and ambidextrous learning: a framework for human resource management [J]. Journal of Management Studies, 2009, 46 (1): 65-92.

[65] Smith W K, Lewis M W. Toward a theory of paradox: a dynamic equilibrium model of organizing [J]. Academy of Management Review, 2011, 36 (2): 381-403.

[66] Rogan M, Mors M L. A network perspective on individual-level ambidexterity in organizations. Organization Science [J]. Organization Science, 2014, 25 (6): 1860-1877.

[67] McCarthy I P, Gordon B R. Achieving contextual ambidexterity in R&D organizations: A management control system approach [J]. R&D Management, 2011, 41 (3): 240-258.

[68] Zimmermann A, Raisch S, Cardinal L B. Managing persistent tensions on the frontline: a configurational perspective on ambidexterity

[J]. Journal of Management Studies, 2017, 55 (5): 739 - 769.

[69] Stieglitz N, Knudsen T, Becker M C. Adaptation and inertia in dynamic environments [J]. Strategic Management Journal, 2016, 37 (9): 1854 - 1864.

[70] Rond M D, Thietart R A. Choice, chance, and inevitability in strategy [J]. Strategic Management Journal, 2007, 28 (5): 535 - 551.

[71] 潘琼，杜义飞，陈兴春，等. 多重制度逻辑交互关系如何影响持续性变革过程?——基于云南农垦集团20年政企分离转型纵向案例分析 [J]. 技术经济, 2021, 40 (10): 78 - 89.

[72] 李蓉. 企业战略变化过程研究 [D]. 成都: 电子科技大学, 2019.

[73] 杨超，危怀安. 组织演化间断平衡规律研究述评与展望 [J]. 外国经济与管理, 2016, 38 (4): 36 - 48.

[74] Mackay R B, Chia R. Choice, chance, and unintended consequences in strategic change: a process understanding of the rise and fall of northco automotive [J]. Academy of Management Journal, 2013, 56 (1): 208 - 230.

[75] Siggelkow N. Change in the presence of fit: the rise, the fall, and the renaissance of Liz Claiborne [J]. Academy of management journal, 2001, 44 (4): 838 - 857.

[76] 任凤玲. 组织变革的阻力: 组织惯性分析 [J]. 管理科学文摘, 2003 (10): 52 - 54.

[77] 潘琼，杜义飞. 从传统行业经验到产业互联网创新实践——

基于企业家许毅刚的转型实践过程研究［J］. 管理学报，2021，18（1）：1 -11.

［78］Putnam L L，Fairhurst G T，Scott B. Contradictions，dialectics，and paradoxes in organizations：a constitutive approach［J］. The Academy of Management Annals，2016，10（1）：65 - 171.

［79］刘仁军. 组织冲突的结构因素研究［J］. 南开管理评论，2001（4）：30 - 37.

［80］高静美，郭劲光，李宇. 组织变革研究体系的嬗变与中国维度的本土考量［J］. 管理世界，2010（9）：160 - 174 +189.

［81］彼得·德鲁克著，朱雁译. 巨变时代的管理［J］. 情报杂志，2010，29（5）：6 - 11.

［82］Langley A，Tsoukas H. Introducing perspectives on process organization studies［M］. London：SAGE，2010.

［83］Lary A，Merry U. Organizational transformation［M］. SanMateo：Praeger Publisher NY，1986.

［84］Blumenthal B，Haspeslagh P. Toward a definition of corporate transformation［J］. Sloan Management Review，1994，35（3）：101 - 106.

［85］Porter M E. Towards a dynamic theory of strategy［J］. Strategic Management Journal，1991，12（2）：95 - 117.

［86］吴家曦，李华燊. 浙江省中小企业转型升级调查报告［J］. 管理世界，2009，25（8）：1 -5 +9.

［87］王吉发，冯晋，李汉铃. 企业转型的内涵研究［J］. 统计与决策，2006（2）：153 - 157.

[88] 孔伟杰，苏为华．中国制造业企业创新行为的实证研究——基于浙江省制造业1454家企业问卷调查的分析 [J]．统计研究，2009，26 (11)：44-50.

[89] Porter M E. The competitive advantage of nations [M]. London and Basingstoke：MacMillan，1990.

[90] Gereffi G. International trade and industrial upgrading in the apparel commodity chain [J]. Journal of International Economics，1999，48 (1)：37-70.

[91] Humphrey J，Schmitz H. Governance and upgrading：linking industrial cluster and global value chain research [M]. Brighton：Institute of Development Studies，2000.

[92] Poon T S C. Beyond the global production networks：a case of further upgrading of Taiwan's information technology [J]. Industry International Journal of Technology and Globalization，2004 (1)：130-144.

[93] 毛蕴诗，张伟涛，魏姝羽．企业转型升级：中国管理研究的前沿领域——基于SSCI和CSSCI（2002—2013年）的文献研究 [J]．学术研究，2015，57 (1)：72-82.

[94] 邓少军，焦豪，冯臻．复杂动态环境下企业战略转型的过程机制研究 [J]．科研管理，2011，32 (1)：60-67.

[95] 邓向荣．企业组织演化理论评析 [J]．经济学动态，2004 (8)：108-111.

[96] Hannan M T，Freeman J. Structural inertia and organizational change [J]. American Sociological Review，1984，49 (2)：149-164.

[97] Tushman M L, Romanelli E. Organizational revolution: a metamorphosis model of convergence and reorientation [J]. American Psychological Association, 1985 (7): 171-222.

[98] Orlikowski W J. Improvising organizational transformation overtime: a situated change perspective [J]. Information Systems Research, 1996, 7 (1): 63-92.

[99] Moorman C, Miner A S. Organizational improvisation and organizational memory [J]. Academy of Management Review, 1998, 23 (4): 698-723.

[100] Sahlin-Andersson K. Imitating by editing success: the construction of organizational fields [J]. See Czarniawska & Sevon, 1996: 69-92.

[101] Weick K E. Sensemaking in Organizations [M]. Thousand Oaks: Sage, 1995.

[102] Sitkin S B, Sutcliffe K M, Weick K E. Organizational learning [M]. Boca Raton: CRC Press, 1998.

[103] Jing R, Ven A H V D. A yin-yang model of organizational change: the case of chengdu bus group [J]. Management and Organization Review, 2014, 10 (1): 29-54.

[104] 王凤彬，郑腾豪，刘刚. 企业组织变革的动态演化过程——基于海尔和IBM纵向案例的生克化制机理的探讨 [J]. 中国工业经济，2018 (6): 174-192.

[105] Pfeffer J. New directions for organization theory [M]. New York: Oxford Univ. Press, 1997.

[106] 吕一博，韩少杰，苏敬勤．企业组织惯性的表现架构：来源、维度与显现路径 [J]．中国工业经济，2016 (10)：144－160.

[107] Heckmann N，Steger T，Dowling M. Organizational capacity for change，change experience，and change project performance [J]. Journal of Business Research，2015，69 (2)：777－784.

[108] 朱其权，孙海法，罗攀峰，等．国外组织变革能力研究述评 [J]．中国人力资源开发，2015 (17)：30－37.

[109] Judge W Q. Building organizational capacity for change：The strategic leader's new mandate [M]. New York：Business Expert Press，2011.

[110] Meyer C B，Stensaker I G. Developing capacity for change [J]. Journal of Change Management，2006，6 (2)：217－231.

[111] 白长虹，孙旭群．我国企业变革管理的关键影响因素研究 [J]．现代管理科学，2016 (7)：97－99.

[112] 于斌，林勇智．中国企业组织变革关键影响因素关联性实证研究 [J]．现代管理科学，2017 (12)：15－17＋69.

[113] Vince R，Broussine M. Paradox，defense and attachment：accessing and working with emotions and relations underlying organizational change [J]. Organization Studies，1996，17 (1)：1－21.

[114] Armenakis A A，Bedeian A G，陈福军，等．组织变革：20世纪90年代的理论与研究综述 [J]．管理世界，2010 (10)：9－15.

[115] Ford J D，Ford L W. Logics of identity，contradiction，and attraction in change [J]. Academy of Management Review，1994，19 (4)：

756 – 785.

[116] Bullock R J, Donde, et al. It's just a phase we're going through: a review and synthesis of od phase analysis [J]. Group & Organization Management, 1985 (10): 383 – 412.

[117] Cummings T, Huse E. Organization development and change [J]. Fundamentals of Organizational Behavior, 1989 (1): 445 – 489.

[118] Armenakis A A, Harris S G, Feild H S. Making change permanent: a model for institutionalizing change interventions [J]. Research in Organization Change and Development, 1999 (12): 97 – 128.

[119] Waston T J. Group ideologies and organizatioanal change [J]. Journal of Management Studies, 1982 (19): 259 – 275.

[120] Brower R S, Abolafia M Y. The structural embeddedness of resistance among public managers [J]. Group & Organization Management, 1995, 20 (2): 149 – 166.

[121] Ballinger G A, Rockmann K W. Chutes versus ladders: anchoring events and a punctuated – equilibrium perspective on social exchange relationships [J]. The Academy of Management review, 2010, 35 (3): 373 – 391.

[122] Hamlin R P, Bishop D, Mather D W. Marketing earthquakes: a process of brand and market evolution by punctuated equilibrium [J]. Marketing Theory, 2015, 15 (3): 299 – 320.

[123] Tilcsik A, Marquis C Punctuated generosity: how mega – events and natural disasters affect corporate philanthropy in U. S commumities

[J]. Administrative science quarterly, 2013, 58 (1): 111 - 148.

[124] Krücken G, Meier F, Müller A. Information, cooperation, and the blurring of boundaries technology transfer in german and American discourses [J]. Higher Education, 2007, 53 (6): 675 - 696.

[125] 黄翔. 民营企业制度创业策略研究 [D]. 吉林大学, 2016.

[126] Greenwood R, Raynard M, Kodeih F, et al. Institutional complexity and organizational responses [J]. Acedemy of Management Annul, 2011, 5 (1): 317 - 331.

[127] Greenwood R, Hinings C R. Understanding radical organizational change: bringing together the old and the new institutionalism [J]. Academy of Management Review, 1996 (21): 1022 - 1054.

[128] Purdy J M, Gray B. Conflicting Logics, Mechanisms of diffusion, and multilevel dynamics in emerging institutional fields [J]. Academy of Management Journal, 2009, 52 (2): 355 - 380.

[129] 尹珏林, 任兵. 组织场域的衰落、重现与制度创业: 基于中国直销行业的案例研究 [J]. 管理世界, 2009 (S1): 13 - 26 + 130.

[130] 苏郁锋, 吴能全, 周翔. 企业协同演化视角的组织场域制度化研究——以互联网金融为例 [J]. 南开管理评论, 2015, 18 (5): 122 - 135.

[131] Maguire S, Hardy C, Lawrence T B. Institutional entrepreneurship in emerging fields: hiv/aids treatment advocacy in Canada [J]. Academy of Management Journal, 2004, 47 (5): 657 - 679.

[132] Wiedner R, Barrett M, Oborn E. The emergence of change in

unexpected places - resourcing across organizational practices in strategic change [J]. Academy of Management Journal, 2017, 60 (3): 823 - 854.

[133] Rond M D, Thietart R A. Choice, chance, and inevitability in strategy [J]. Strategic Management Journal, 2007, 28 (5): 535 - 551.

[134] 黄胜忠，刘怡. 互联网时代的生态型组织构建研究——基于马云的组织变革逻辑 [J]. 中国人力资源开发，2015 (16): 107 - 112.

[135] Bushe G R, Marshak R J. Revisioning organization development: diagnostic and dialogic premises and patterns of practice [J]. Journal of Applied Behavioral Science A Publication of the Ntl Institute, 2009, 45 (3): 48 - 68.

[136] Bartunek J M, Woodman R W. Beyond lewin: toward a temporal approximation of organization development and change [J]. Annual Review of Organizational Psychology and Organizational Behavior, 2005, 2: 157 - 182.

[137] Bushe G R, Kassam A F. When is appreciative inquiry transformational? a meta - case analysis [J]. Journal of Applied Behavioral Science, 2005, 41 (2): 161 - 181.

[138] Barrett F, David J, Cooperrider L. The articulator of appreciative inquiry [M]. Berlin: Springer International Publishing, 2018.

[139] Burke W W. Organization change: theory and practice [M]. Thousand Oaks CA: Sage Publication, 2002.

[140] 王永伟，马洁，吴湘繁，等. 变革型领导行为、组织学习倾向与组织惯例更新的关系研究 [J]. 管理世界，2012 (9): 110 - 119.

[141] Duetsch M, Sixty years of conflict [J]. International journal of conflict management, 1996, 1 (3): 237 -263.

[142] Achinstein, Betty. Conflict amid community: the micropolitics of teacher collaboration [J]. Teachers College Record, 2002, 104 (3): 421 -455.

[143] 王琦，杜永怡，席酉民. 组织冲突研究回顾与展望 [J]. 预测，2004 (3): 74 -80 +26.

[144] 井润田，李懋，孙亚辉. 我国企业组织外部冲突解决策略的实证研究 [J]. 管理评论，2007 (5): 40 -46 +64.

[145] 肖红军，阳镇. 组织冲突的结构因素研究多重制度逻辑下共益企业的成长：制度融合与响应战略 [J]. 当代经济科学，2019 (3): 01 -12.

[146] 李蓉. 组织战略变化过程的质性研究 [M]. 中国财政经济出版社，2020.

[147] Cameron K S, Quinn R E. Paradox and transformation: toward a framework of change in organization and management [M]. Cambridge, Mass: Ballinger, 1988.

[148] Clegg S R, Cunha J V, Cunha M P. Management paradoxes: a relational view [J]. Human Relations, 2002, 55 (5): 483 -503.

[149] Thomas K W. Conflict and conflict management. handbook of industrial and organizational psychology [M]. Chicago: Rand Mc Nally, 1976.

[150] Hwang K K. Guanxi and mianzi. conflict resolution in chinese society [J]. Intercultural Communication Studies, 1997 (7): 17 -42.

［151］ Oliver C. Strategic responses to institutional processes ［J］. Academy of Management Review, 1991, 16 (1): 145-179.

［152］ Lawrence P R, Lorsch J W. Organization and environment: managing differentiation and integration ［J］. Administrative Science Quarterly, 1968, 13 (1): 180-186.

［153］ Putnam L L, Wilson C. E. Communicative strategies in organizational conflict: reliability and validity of a measurement scale ［M］. Burgoon: Sage Publication. 1982.

［154］ Pache A C, Santos F. Inside the hybrid organization: selective coupling as a response to competing institutional logics ［J］. Academy of Management Journal, 2013, 56 (4): 972-1001.

［155］ 罗宾斯·斯蒂芬·P 著. 组织行为学 ［M］. 孙建敏, 李原译. 北京: 中国人民大学出版社, 1997.

［156］ Farjoun M. Beyond dualism: stability and change as a duality ［J］. Academy of Management Review, 2010 (35): 202-225.

［157］ Putnam L L, Fairhurst G T, Scott B. Contradictions, dialectics, and paradoxes in organizations: a constitutive approach ［J］. The Academy of Management Annals, 2016, 10 (1): 65-171.

［158］ Lewis M, Sundaramurthy C. Control and collaboration: paradoxes of governance ［J］. The Academy of Management Review, 2003, 28 (3): 397-415.

［159］ Pradies C, Tunarosa A, Lewis M W, et al. From vicious to virtuous paradox dynamics: the social - symbolic work of supporting actors

[J]. Organization Studies, 2021, 42 (8): 1241-263.

[160] Jay J. Navigating paradox as a mechanism of change and innovation in hybrid organizations [J]. Academy Of Management Journal, 2013, 56 (1): 137-159.

[161] Seo M G, Putnam L L, Bartunek J M. Handbook of organizational change and innovation [M]. New York: Oxford University Press, 2004: 73-107.

[162] Huxham C, Beech N. Contrary prescriptions: recognizing good practice tensions in management [J]. Organization Studies, 2003, 24 (1): 69-93.

[163] Abdallah C, Denis J L, Langley A. Having your cake and eating it too: discourses of transcendence and their role in organizational change dynamics [J]. Journal of Organizational Change Management, 2011, 24 (3): 333-348.

[164] 席酉民, 尚玉钒. 和谐管理理论 [M]. 北京: 人民大学出版社, 2002.

[165] 席酉民, 熊畅, 刘鹏. 和谐管理理论及其应用述评 [J]. 管理世界, 2020, 36 (2): 195-209+227.

[166] Chen M J. Reconceptualizing the competition - cooperation relationship: a transparadoxical perspective [J]. Journal of Management Inquiry, 2008, 17 (4): 288-304.

[167] Fang T. Yin Yang: A new perspective on culture [J]. Management and Organization Review, 2012, 8 (1): 25-50.

[168] Li P P. Toward an integrative framework of indigenous research: the geocentric implications of yin - yang balance [J]. Asia Pacific Journal of Management, 2012, 29 (4): 849 - 872.

[169] Pruitt D G Rubin J Z Kim S H. Social conflict: escalation stalemate and settlement [M]. New York: McGraw - Hill, 1994.

[170] Wall J A, Callister R R. Conflict and its management [J]. Journal of Management, 1995, 21 (3): 515 - 558.

[171] Besharov M L, Smith W K. Multiple institutional logics in organizations: explaining their varied nature and implications [J]. The Academy of Management Review, 2014, 39 (3): 364 - 381.

[172] Smith W K, Gonin M, Besharov M L. Managing social - business tensions: a review and research agenda for social enterprise [J]. Business Ethics Quarterly, 2013, 23 (3): 407 - 442.

[173] Smith K K. The movement of conflict in organizations: the joint dynamics of splitting and triangulation [J]. Administrative Science Quarterly, 1989, 34 (1): 1 - 20.

[174] 赖明正. 组织变革中利益冲突与组织学习相关之实证研究 [D]. 上海: 复旦大学, 2005.

[175] Raza, S., Standing, C. A Systemic model for managing and evaluating conflicts in organizational change [J]. Systemic Practice and Action Research, 2011, 24 (3): 187 - 210.

[176] Pratt M G, Corley K G. Managing multiple organizational identities: on identity ambiguity, identity conflict, and members reactions [J].

Management and Entrepreneurship, 2015, 20 (1): 99 - 118.

[177] 张泽梅，陈维政．权变冲突管理策略分析 [J]．领导科学，2011 (8): 45 - 47.

[178] Flores L G, Zheng W, Rau D, et al. Organizational learning: subprocess identification, construct validation, and an empirical test of cultural antecedents [J]. Journal of Management, 2012, 38 (2): 640 - 667.

[179] Argote, Linda, Greve, et al. A behavioral theory of the firm—40 years and counting: introduction and impact [J]. Organization Science, 2007, 18 (3): 337 - 349.

[180] Bandura A. Social learning theory [M]. Englewood Cliffs, NJ: Prentice Hall, 1997.

[181] Easterby - Smith M, Araujo L. Organizational learning: current debates and opportunities [M]. London: Sage Publications, 1999.

[182] Lave J, Wenger E. Situated Learning: legitimate peripheral participation [M]. New York: Cambridge University Press, 1991.

[183] Oswick C, Anthony P, Keenoy T, et al. A dialogic analysis of organizational learning [J]. Journal of Management Studies, 2000, 37 (6): 887 - 901.

[184] Argyris C, Schon D A. Organizational learning: a theory of action perspective [M]. New Jersey: Addison - Wesley, 1978.

[185] 陈国权，马萌．组织学习的过程模型研究 [J]．管理科学学报，2000 (3): 15 - 23.

[186] 陈国权．学习型组织的过程模型、本质特征和设计原则

[J]. 中国管理科学，2002（4）：87－95.

［187］Huber G P. Organizational learning：the contributing processes and the literatures［J］. Organization Science，1991，2（1）：88－115.

［188］Slater S F，Narver J C. Market orientation and the learning organization［J］. Journal of Marketing，1995，59（3）：63－74.

［189］Argote，Linda，Miron－Spektor，et al. Organizational learning：from experience to knowledge［J］. Organization Science，2011，22（5）：1123－1137.

［190］田庆锋，张银银，马蓬蓬，等. 企业战略导向、组织学习对商业模式创新的影响研究［J］. 科技管理研究，2018，38（20）：15－23.

［191］谢洪明，葛志良，王成. 社会资本、组织学习与组织创新的关系研究［J］. 管理工程学报，2008（1）：5－10.

［192］Eisenhardt，Martin. Dynamic capabilities what are they［J］. Strategic Management Journal，2000（21）：1105－1121.

［193］李军，关健，陈娟. 组织学习、动态能力与企业战略变化关系的实证研究［J］. 软科学，2012，26（3）：57－63.

［194］焦豪，魏江，崔瑜. 企业动态能力构建路径分析：基于创业导向和组织学习的视角［J］. 管理世界，2008（4）：91－107.

［195］曾萍，蓝海林. 组织学习、知识创新与动态能力：机制和路径［J］. 中国软科学，2009（5）：135－146.

［196］芮明杰，胡金星，张良森. 企业战略转型中组织学习的效用分析［J］. 研究与发展管理，2005（2）：99－104＋118.

［197］贾慧英，王宗军，曹祖毅. 研发投入跳跃与组织绩效：环

境动态性和吸收能力的调节效应［J］. 南开管理评论，2018，21（3）：130－141.

［198］Jansen J J P，Van den Bosch F A J，Volberda H W. Exploratory innovation，exploitative innovation，and ambidexterity：the impact of environmental and organizational antecedents［J］. Schmalenbach Business Review，2005（57）：351－363.

［199］Levinthal D A，Posen H E. Bringing context to the exploration－exploitation trade－off：considering the impact of selection and turbulent environments［M］. Ann Arbor：University of Michigan，2009.

［200］Levinthal D A，March J G. The myopia of learning［J］. Strategic Management Journal，1993（14）：95－112.

［201］Rothaermel F T，Alexandre M T. Ambidexterity in technology sourcing：the moderating role of absorptive capacity［J］. Organization Science，2009，20（4）：759－780.

［202］Rothaermel F T，Deeds D L. Exploration and exploitation alliances in biotechnology：a system of new product development［J］. Strategic Management Journal，2004，25（3）：201－221.

［203］Jansen J J P，Van den Bosch F A J，Volberda H W. Exploratory innovation，exploitative innovation，and performance：effects of organizational antecedents and environmental moderators［J］. Management Science，2006，52（11）：1661－1674.

［204］Cohen W M，Levinthal D A. Absorptive capacity：A new perspective on learning and innovation［J］. Administrative Science Quarterly，

1990, 35 (1): 128 -152.

[205] Rosenkopf L, Nerkar A. Beyond local search: boundary - spanning, exploration, and impact in the optical disk industry [J]. Strategic Management Journal, 2001, 22 (4): 287 -306.

[206] Bourgeois L J. On the measurement of organizational slack [J]. Academy of Management Review, 1981, 6 (1): 29 -39.

[207] Tripsas M. Technology, identity, and inertia through the lens of "the digital photography company." [J]. Organization Science, 2009, 20 (2): 441 -460.

[208] Holmqvist M. A dynamic model of intra - and interorganizational learning [J]. Organization Studies, 2003, 24 (1): 95 -103.

[209] Lewin A Y, Long C P, Carroll T N. The coevolution of new organizational forms [J]. Organization Science, 1999, 10 (5): 535 -550.

[210] Sorensen J B, Stuart T E. Aging, obsolescence, and organizational innovation [J]. Administrative Science Quarterly, 2000, 45 (1): 81 -112.

[211] Back K. Insider trading in continuous time [J]. Review of Financial Studies, 1992, 5 (3): 387 -409.

[212] Lewin K. Field theory in social science [M]. New York: Dorwin Caetwrite. Harper & Brothers, 1951.

[213] 毛益民. 制度逻辑冲突：场域约束与管理实践 [J]. 广东社会科学, 2014 (6): 211 -220.

[214] 吴特, 史曲平. 组织场域、制度约束与银行业战略选

择——立足于组织社会学的分析［J］. 经济经纬，2011（2）：138－142.

［215］刘秀英. 场域视角下区域一体化发展研究［D］. 北京：北京交通大学，2019.

［216］Dacin M T，Munir K，Tracey P. Formal dining at cambridge colleges：linking ritual performance and institutional maintenance［J］. Academy of Management Journal，2010，53（6）：1393－1418.

［217］杜运周，尤树洋. 制度逻辑与制度多元性研究前沿探析与未来研究展望［J］. 外国经济与管理，2013，35（12）：2－10.

［218］Scott W R. Institutions and organizations：ideas，interests & identities［M］. Thousand Oaks：SAGE，2008.

［219］Scott W R. Institutions and organizations［M］. Thousand Oaks：SAGE，2001.

［220］Lawrence T B. From moby dick to free willy：macro－cultural discourse and institutional entrepreneurship in emerging institutional fields［J］. Organization the Critical Journal of Organization Theory & Society，2004，11（5）：689－711.

［221］Reay T，Hinings C R. Managing the rivalry of competing institutional logics［J］. Organization Studies，2009，30（6）：629－652.

［222］程宣梅，谢洪明，陈侃翔，等. 集体行动视角下的制度逻辑演化机制研究——基于专车服务行业的案例分析［J］. 管理科学学报，2018，21（2）：16－36.

［223］Scott W R. Conceptualizing organizational fields：linking organizations and societal systems. in system rationality and partial interests [C]. Nomos Verlagsgesellschaft, 1994.

[224] Everett J. Organizational research and the praxeology of pierre bourdieu [J]. Organizational Research Methods, 2002, 5 (1): 56 – 80.

[225] Amis J, Slack T, Hinings C. The pace, sequence, and linearity of radical change [J]. Academy of Management Journal, 2004, 47 (1): 15 – 39.

[226] Greenwood R, Suddaby R, Hinings C R. Theorizing change: the role of professional associations in the transformation of institutionalized fields [J]. Academy of Management Journal, 2002, 45 (1): 58 – 80.

[227] 潘琼，杜义飞，陈兴春，等. 多重制度逻辑交互关系如何影响持续性变革过程？——基于云南农垦集团20年政企分离转型纵向案例分析 [J]. 技术经济，2021，40 (10): 78 – 89.

[228] Ocasio W. Towards an attention – based view of the firm [J]. Strategic Management Journal, 1997, 18 (S1): 187 – 206.

[229] Dunn, Mary B, Jones, et al. Institutional logics and institutional pluralism: the contestation of care and science logics in medical education, 1967 – 2005 [J]. Administrative Science Quarterly, 2010, 55 (1): 114 – 149.

[230] Thornton P H. The Institutional Logics Perspective: A new approach to culture, structure and process [J]. Leadership & Organization Development Journal, 2012, 15 (6): 583 – 597.

[231] Thornton P H. Markets from Culture: Institutional logics and or-

ganizational decisions in higher education publishing [M]. Thousand Oaks: SAGE, 2004.

[232] Jaskiewicz P, Heinrichs K, Rau S B, et al. To be or not to be: how family firms manage family and commercial logics in succession [J]. Entrepreneurship Theory and Practice, 2016, 40 (2): 781-813.

[233] 钱勇，曹志来. 从脱嵌入到再嵌入：企业组织转型的过程——基于铁煤集团主辅分离改革的案例分析 [J]. 管理世界，2011 (6): 116-131.

[234] Bonnedahl K J, Jensen T. Internationalization of the organizational field: swedish grocery retailers in the European integration process [J]. The International Review of Retail, Distribution and Consumer Research, 2007, 17 (3): 283-302.

[235] 陈怀超，范建红. 组织场域研究脉络梳理与未来展望 [J]. 现代财经（天津财经大学学报），2016，36 (2): 101-113.

[236] David R J, Sine W D, Haveman H A. Seizing opportunity in emerging fields: how institutional entrepreneurs legitimated the professional form of management consulting [J]. Organization Science, 2013, 24 (2): 356-377.

[237] Seo, Myeong-Gu, Creed W E. Douglas. Institutional contradictions, praxis, and institutional change: a dialectical perspective [J]. The Academy of Management Review 2002, 27 (2): 222-247.

[238] 尤树洋. 构建知识视角下产业集群演进的动态过程理论 [D]. 南京：南京大学，2014.

[239] 李志强．转型期农村社会组织：理论阐释与现实建构[D]．长春：吉林大学，2015.

[240] Greenwood R，Raynard M，Kodeih F，et al. Institutional complexity and organizational responses [J]. Acedemy of Management Annul，2011，5 (1)：317 -331.

[241] Zuckerman Ezra W. Middle - Status Conformity：theoretical restatement and empirical demonstration in two markets [J]. Working Papers（Faculty）Stanford Graduate School of Business，2001，107 (2)：379 -429.

[242] McPherson C M，Sauder M. Logics in action：managing institutional complexity in a drug court [J]. Administrative Science Quarterly，2013，58 (2)：165 -196.

[243] Battilana J，Lee M. Advancing research on hybrid organizing - insights from the study of social enterprises [J]. The Academy of Management Annals，2014，8 (1)：397 -441.

[244] Tracey P，Phillips N，Jarvis O. Bridging institutional entrepreneurship and the creation of new organizational forms：a multilevel model [J]. Organization Science，2011，22 (1)：60 -80.

[245] 李晓丹，刘洋．制度复杂理论研究进展及对中国管理研究的启示[J]．管理学报，2015，12 (12)：1741 -1753.

[246] 李纯青，吕俊峰，马宝龙．多元企业认同的身份构建及其张力调和机理[J]．心理科学进展，2018，26 (8)：5 -22.

[247] Battilana J，Dorado S. Building sustainable hybrid organiza-

tions: the case of commercial microfinance organizations [J]. Academy of Management Journal, 2010, 53 (6): 1419 - 1440.

[248] 梁强，徐二明. 从本体认知到战略行为偏向—制度逻辑理论评述与展望 [J]. 经济管理，2018，40 (2): 176 - 191.

[249] Dufays F, Huybrechts B. Where do hybrids come from? entrepreneurial team heterogeneity as an avenue for the emergence of hybrid organizations [J]. International Small Business Journal, 2015 (9): 24 - 27.

[250] Mair J, Hehenberger L. Front - stage and backstage convening: the transition from opposition to mutualistic coexistence in organizational philanthropy [J]. Academy of Management Journal, 2014, 57 (4): 1174 - 2000.

[251] Denis J L, Lamothe L, Langley A. The dynamics of collective leadership and strategic change in pluralistic organizations [J]. Academy of Management Journal, 2001, 44 (4): 809 - 837.

[252] Siggelkow N，张丽华，姜惠. 案例研究的说服力 [J]. 管理世界，2008，(6): 156 - 160.

[253] Cloutier C, Langley A. What makes a process theoretical contribution? [J]. Organization Theory, 2020, 1 (1): 1 - 32.

[254] Dattée B, Alexy O, Autio E. Maneuvering in poor visibility: how firms play the ecosystem game when uncertainty is high [J]. Academy of Management Journal, 2018, 61 (2): 466 - 498.

[255] Morgeson F P, Mitchell T R, Liu D. Event system theory: an event - oriented approach to the organizational sciences [J]. Academy of Management Review, 2015, 40 (4): 515 - 537.

[256] Hussenot, Anthony, Missonier, et al. Encompassing stability and novelty in organization studies: an events - based approach [J]. Organization Studies, 2016, 37 (4): 523 - 546.

[257] 杜义飞. 衍生企业组织演化：驱动与约束的权衡——来自企业纵向事件抽取与趋势分析 [J]. 南开管理评论, 2011, 14 (4): 42 - 49.

[258] 曹光明，陈启杰，武文珍. 组织即兴的概念内涵、研究视角及理论演进探析 [J]. 外国经济与管理, 2012, 34 (8): 35 - 42.

[259] Magni M, Proserpio L, Hoegl M. The role of team behavioral integration and cohesion in shaping individual improvisation [J]. Research policy, 2009, 38 (6): 1044 - 1053.

[260] 买忆媛，叶竹馨，陈淑华. 从“兵来将挡，水来土掩”到组织惯例形成——转型经济中新企业的即兴战略研究 [J]. 管理世界, 2015 (8): 147 - 165.

[261] Rogan M, Mors M L. A network perspective on individual - level ambidexterity in organizations. Organization Science [J]. 2014, 25 (6): 1860 - 1877.

[262] McCarthy I P, Gordon B R. Achieving contextual ambidexterity in R&D organizations: a management control system approach [J]. R&D Management, 2011, 41 (3): 240 - 258.

[263] Thornton P H. The institutional logics perspective: a new approach to culture, structure and process [J]. Leadership & Organization Development Journal, 2012, 15 (6): 583 - 597.

[264] 王涛，陈金亮. 双元制度逻辑的共生演化与动态平衡——基于国有企业组织场域的解释 [J]. 当代经济科学，2018，(4)：75－83.

[265] Gümüsay A A，Smets M，Morris T，God at work：engaging central and incompatible institutional logics through elastic hybridity [J]. Academy of Management Journal，2020，63 (1)：124－154.

[266] Martin G，Bushfield S，Siebert S，Howieson B. Changing logics in healthcare and their effects on the identity motives and identity work of doctors [J]. Organization Studies，2021，42 (9)：1477－1499.

[267] Madsen S R，Miller D，John C R. Readiness for organizational change：do organizational commitment and social relationships in the workplace make a difference? [J]. Human Resource Development Quarterly，2005，16，213－233.

[268] Weber K，Waeger D. Organizations as polities：an open systems perspective [J]. The Academy of Management Annals，2017，11 (2)：886－918.

[269] Anju Mehta. Social exchange at work：impact on employees' emotional，intentional，and behavioral outcomes under continuous change [J]. Journal of Organizational Psychology，2016，16 (1)：43－56.

[270] 姚小涛. 场域流变、组织身份与多元制度逻辑冲突解决之道：基于"宝万之争"及其关联现象的质性研究 [C]. 管理微评论（微信公众号：MMR201609)，2021 年 12 月 21 日.

[271] Burke W W. Organization change：theory and practice [M]. Thousand Oaks CA：Sage Publication，2002.

［272］姜涛，熊伟．组织惯例演化的重新定义：基于组织免疫的视角［J］．浙江大学学报（人文社会科学版），2014，6（44）：141－152.

［273］Schad J，Lewis M W，Raisch S，et al. Paradox research in management science：looking back to move forward［J］. Academy of Management Annals，2016，10（1）：1－60.

［274］Miles M B，Huberman A. M，Miles. 质性资料的分析：方法与实践（第二版）［M］．重庆：重庆大学出版社，2008.

［275］王建刚，杜义飞．市场——技术依赖下后发企业平衡冲突的嵌套模型——基于东汽的纵向案例研究［J］．管理学季刊，2018，3（1）：107－130＋165.

［276］武欣，吴志明．团队共享心智模型的影响因素与效果［J］．心理学报，2005（4）：542－549.

［277］Penrose E. The Theory of the growth of the firm［M］. Long Range Planning，1995.

［278］Nelson R R，Winter S G. An evolutionary theory of economic change［M］. Cambridge：Belknap Press，1982.

［279］Tripsas M，Gavetti G. Capabilities，cognition，and inertia：evidence from digital imaging［J］. Strategic Management J，2000，21（10）：1147－1161.

［280］Van De Ven，Andrew H. Learning while innovating. organization science［J］. Organization Science，1992，3（1）：92－117.

［281］Helms T，Hendrup E，Schäffner B. Sensing the momentum：a process view of change in a multinational corporation［J］. Journal of Change

Management, 2015, 15 (2): 117-141.

[282] Nasim S, Sushil. Revisiting organizational change: exploring the paradox of managing continuity and change [J]. Journal of Change Management, 2011, 11 (2): 185-206.

[283] Griffin, M A. When is more uncertainty better? a model of uncertainty regulation and effectiveness [J]. Academy of Management Review, 2020, 45 (4): 745-766.

[284] Rindova V, Courtney H. To shape or adapt: knowledge problems, epistemologies, and strategic postures under knightian uncertainty [J]. The Academy of Management Review, 2020, 45 (4): 787-807.

[285] 谢康, 吴瑶, 肖静华, 等. 组织变革中的战略风险控制——基于企业互联网转型的多案例研究 [J]. 管理世界, 2016 (2): 133-148+188.

[286] 张玉利, 李乾文. 公司创业导向、双元能力与组织绩效 [J]. 管理科学学报, 2009, 12 (1): 137-152.

[287] 吴瑶, 夏正豪, 胡杨颂, 等. 基于数字化技术共建"和而不同"动态能力——2011—2020 年索菲亚与经销商的纵向案例研究 [J]. 管理世界, 2022, 38 (1): 144-163+206+164.

[288] 肖静华, 谢康, 吴瑶, 等. 企业与消费者协同演化动态能力构建: B2C 电商梦芭莎案例研究 [J]. 管理世界, 2014 (8): 134-151.